REFERENCE TO CRIMINAL TRIAL

刑事审判参考

中华人民共和国最高人民法院
刑事审判第一、二、三、四、五庭／主办

2017年第4集・总第117集

法律出版社
LAW PRESS・CHINA

图书在版编目（CIP）数据

刑事审判参考. 总第117集 / 中华人民共和国最高人民法院刑事审判第一、二、三、四、五庭主办. -- 北京：法律出版社，2019(2021.12重印)
ISBN 978-7-5197-3936-2

Ⅰ. ①刑… Ⅱ. ①中… Ⅲ. ①刑事诉讼－审判－中国－丛刊 Ⅳ. ①D925.218.4

中国版本图书馆CIP数据核字(2019)第216804号

刑事审判参考(总第117集)
XINGSHI SHENPAN CANKAO
(ZONG DI-117 JI)

中华人民共和国
最高人民法院刑事审判
第一、二、三、四、五庭 主办

责任编辑 许 睿 连晓敏
装帧设计 李 瞻

出版发行 法律出版社
编辑统筹 司法实务出版分社
责任校对 朱轶佳
责任印制 胡晓雅
经　　销 新华书店

开本 710毫米×1000毫米 1/16
印张 16.75 **字数** 305千
版本 2019年10月第1版
印次 2021年12月第2次印刷
印刷 固安华明印业有限公司

地址：北京市丰台区莲花池西里7号(100073)
网址：www.lawpress.com.cn
投稿邮箱：info@lawpress.com.cn
举报盗版邮箱：jbwq@lawpress.com.cn

销售电话：010-83938349
客服电话：010-83938350
咨询电话：010-63939796

书号：ISBN 978-7-5197-3936-2
定价：38.00元
凡购买本社图书，如有印装错误，我社负责退换。电话：010-83938349

2017年第4集·总第117集

刑事审判参考

编辑说明

《刑事审判参考》系最高人民法院刑事审判庭主办的业务指导和研究性出版物，自1999年4月创办以来，秉承立足实践、突出实用、重在指导、体现权威的编辑宗旨，在编辑委员会成员、作者和读者的共同努力下，密切联系刑事司法实践，为刑事司法人员提供了有针对性和权威性的业务指导和参考，受到刑事司法工作人员和刑事法律教学、研究人员的广泛肯定和欢迎。

《刑事审判参考》作为最高人民法院用以指导全国各级人民法院刑事审判工作的唯一出版物，由最高人民法院刑事审判第一、二、三、四、五庭共同主办，最高人民法院李少平副院长担任编辑委员会主任，姜伟、高憬宏、杨万明副院长和胡云腾、裴显鼎专委担任副主任。姜伟副院长担任主编，各刑事审判庭庭长担任副主编。

根据《刑事审判参考》主编会的决定，自2012年始，《刑事审判参考》由原32开改版为特16开。改版后的《刑事审判参考》仍为双月出版，全年共出版六集，设有以下栏目：

【指导案例】选择在认定事实、采信证据、适用法律和裁量刑罚等方面具有研究价值的典型案例，详细阐明裁判理由，为刑事司法工作人员处理类似案件提供具体的指导和参考。

【立法、司法规范】收录与刑事司法工作密切相关的法律、行政法规、部门规章、司法解释及其他规范性文件。

【刑事政策】最新的刑事司法政策，如最高人民法院院领导在刑事审判工作会议上的讲话、刑事审判工作会议讨论的问题等。

【审判实务释疑】最高人民法院刑事审判庭解答在刑事审判工作中具有普遍指导价值的法律适用问题。

【理论前沿】摘要登载近期刑事理论界、实务界最新研究成果，及时跟踪研究刑事审判中出现的新问题，为刑事司法人员提供最新理论参考。

【域外司法】评介域外的刑事立法及司法制度、实务问题和典型案例的文章。

【经验交流】地方司法机关制定的刑事司法规范性文件及其背景说明；地方各级人民法院在刑事审判工作中对于某些问题的处理政策和意见等。

【实务探讨】针对刑事司法工作中必须解决的疑难、复杂问题，登载相关学者与司法人员的研究文章，为刑事司法工作人员提供解决相关问题的思路。

【大案传真】登载在社会上影响较大的案件的有关裁判文书，及时传递大要案、热点案件的审判信息。

【疑案争鸣】针对实践中发生的疑难案例，对其中争议问题进行分析，给读者提供参与交流探讨的平台，推动相关问题的深入研究。

【裁判文书评析】选择典型裁判文书进行评析，展现法官智慧，指出不足，促进裁判文书制作水平的不断提高。

最高人民法院刑事审判第一、二、三、四、五庭

目　录

指导案例

[第 1283 号]

张维文、冯太平以危险方法危害公共安全案

——在公交车行驶过程中驾乘人员互殴行为如何定性

一、基本案情

被告人张维文,男,1973 年 6 月 18 日出生,原系重庆市渝运集团綦江公司 508 路公交车驾驶员。2018 年 1 月 26 日被刑事拘留,同年 2 月 9 日被取保候审。

被告人冯太平,男,1963 年 9 月 13 日出生。2018 年 1 月 26 日被刑事拘留,同年 2 月 9 日被取保候审。

重庆市綦江区人民检察院指控被告人张维文、冯太平犯以危险方法危害公共安全罪,向重庆市綦江区人民法院提起公诉。

二被告人对指控的犯罪事实无异议。

二人的辩护人均提出,被告人认罪悔罪,有自首情节,请求法院减轻处罚。

重庆市綦江区人民法院经公开审理查明:

2018 年 1 月 24 日 17 时许,被告人张维文驾驶车牌号为渝 BZ8337 的 508 路公交车从重庆市綦江城区世纪花城出发沿 210 国道往该区石角镇方向行驶,车上搭载 40 余名乘客。当车行驶至綦江区三江街道黄荆村路段时,张维文因避让同向行驶的车辆往左打方向盘,车上乘客被告人冯太平感觉颠簸,因此与张维文发生争吵,二被告人相互对骂。张维文将车辆停靠路边,与冯太平发生厮打,后车上乘客将二人劝开。张维文又继续驾驶车辆。在行驶过程中,张维文和冯太平不顾行车安全,又相互对骂,且发生厮打,致

使公交车失控,撞击到横跨渝黔高速的210国道线三江雷神殿大桥的护栏上,造成大桥护栏及公交车受损的事故,产生维护修复费用3 000余元。事故发生后,张维文和冯太平继续厮打,随后张维文打开车门让乘客下车,冯太平也离开现场。

2018年1月25日,被告人张维文、冯太平经公安机关电话通知后到案,均如实供述上述事实。二人积极赔偿了公交车撞击大桥护栏造成的损失3 000余元。

重庆市綦江区人民法院认为,被告人张维文、冯太平因纠纷发生矛盾,在行驶中的公交车上争吵并厮打,致使公交车撞击护栏,发生事故,尚未造成严重后果,二人行为均已构成以危险方法危害公共安全罪。张维文、冯太平经公安机关电话通知后主动投案,如实供述自己的犯罪事实,系自首,依法可减轻处罚。张维文、冯太平自愿认罪认罚,可酌情从轻处罚。对张维文、冯太平的辩护人关于二人有自首情节,认罪态度好,请求减轻处罚的意见予以采纳。根据本案的事实和情节并结合被告人的认罪、悔罪表现,判决如下:

1. 被告人张维文犯以危险方法危害公共安全罪,判处有期徒刑二年八个月,缓刑三年;

2. 被告人冯太平犯以危险方法危害公共安全罪,判处有期徒刑一年八个月,缓刑二年。

二、主要问题

1. 在公交车行驶过程中,驾驶员同乘客互殴的行为如何定性?

2. 对发生互殴的驾驶员同乘客应当如何裁量刑罚?

三、裁判理由

(一)被告人张维文和冯太平互殴行为的性质认定

在本案审理过程中,对于公交车驾驶员张维文在驾车行驶过程中与乘客冯太平相互厮打,危害公共安全的行为应当如何定性,存在不同意见。

第一种意见认为,被告人张维文和冯太平无罪。主要理由在于:本案属于从事交通运输人员和非从事交通运输人员违反交通运输管理法规，致使公交车失控，撞击到大桥护栏上，造成大桥护栏及公交车受损事故的情形，张维文、冯太平的行为性质均属交通肇事，但没有发生“致人重伤、死亡或者使公私财产遭受重大损失”的后果，依法不能认定为犯罪。

第二种意见认为，被告人张维文和冯太平构成过失以危险方法危害公共安全罪。主要理由在于：首先，从二被告人的主观心态来看，公交车驾驶员张维文在同冯太平发生厮打时，对于可能发生的危害后果持过于自信的主观心态，认为凭自己的驾驶技术可以避免。张维文最初同冯太平发生争吵后将车停下，再同冯太平发生厮打的事实，可以从反面证明张维文对于可能发生的危害后果是持否定态度的。冯太平是在驾驶员张维文先动手的情况下，同张维文进行厮打，系瞬间做出的应急反应，难以认定其对危害后果的发生有追求、放任的心态；同时，由于其仅是搭乘人员，对于汽车驾驶缺乏专业技术，也不能认定其对于危害后果的发生持过于自信、轻信可以避免的态度，因此根据本案具体情况，应当认定冯太平对危害后果的发生有疏忽大意的过失。其次，张维文和冯太平的行为虽然尚未造成严重后果，但已经导致正在行驶中的公交车失控，撞击到横跨渝黔高速的210国道线三江雷神殿大桥的护栏，造成大桥护栏及公交车受损的事故，危害了道路交通安全，依法应当以过失以危险方法危害公共安全罪追究二人刑事责任。

第三种意见认为，被告人张维文和冯太平均构成以危险方法危害公共安全罪。主要理由在于：(1)主观上，张维文和冯太平都明知自己的行为会发生危害公共安全的后果，并对发生的危害后果持放任态度；(2)客观上，张维文与冯太平在行驶的公交车上相互厮打，造成公交车失控，撞击护栏，对公共安全造成了实际危害。

我们同意第三种意见，即被告人张维文和被告人冯太平均构成以危险方法危害公共安全罪。主要理由如下：

1. 被告人张维文、冯太平的行为不构成交通肇事罪，也不构成过失以危险方法危害公共安全罪

根据刑法第一百三十三条的规定，交通肇事罪是指违反交通运输管理法规，因而发生重大事故，致人重伤、死亡或者使公私财产遭受重大损失的

行为。根据刑法第一百一十五条的规定，过失以危险方法危害公共安全罪是指过失以危险方法致人重伤、死亡或者使公私财产遭受重大损失的行为。

从刑法理论上分析，交通肇事罪和过失以危险方法危害公共安全罪都有两个显著特征：一是都是过失犯罪。行为人对于自己的行为造成的危害后果要么由于疏忽大意没有预见，要么已经预见到危害后果却轻信能够避免，因而发生这种危害后果。二是都是结果犯。交通肇事行为和过失以危险方法危害公共安全行为只有在致人重伤、死亡或者使公私财产遭受重大损失的前提下，才构成犯罪。

本案中，被告人张维文、冯太平的行为不符合交通肇事罪和过失以危险方法危害公共安全罪的基本特征。

首先，认为被告人张维文主观上是过于自信的过失、被告人冯太平主观上是疏忽大意的过失的观点不能成立。一方面，乘客同驾驶员在行驶中的公交车上相互厮打，会危害道路交通安全，这符合生活逻辑，也是社会常识，作为交通运输专业人员的张维文和心智成熟的成年人的冯太平当然应当且能够预见自己危险行为的危害后果，认为冯太平因疏忽大意没有认识到这种危害后果的观点既不符合常识，也违反生活逻辑；另一方面，在实施同乘客相互厮打这一高度危险行为的时候，作为驾驶员的张维文没有采取任何防止和避免危害结果发生的行为，不符合认定过于自信的过失的条件。

其次，被告人张维文、冯太平的行为没有发生“致人重伤、死亡或者使公私财产遭受重大损失”的后果。根据审理查明的事实，张维文和冯太平在公交车上相互厮打，导致车辆失控，撞击到公路大桥的护栏上，造成了大桥护栏及公交车受损，但是没有致人重伤、死亡，也没有使公私财产造成重大损失。

2. 被告人张维文、冯太平的行为均构成以危险方法危害公共安全罪

（1）主观上，被告人张维文、冯太平对于在公共汽车上相互厮打造成的危害后果持放任态度，属于刑法理论上的间接故意。驾驶员驾驶公共汽车在道路上行驶，承载着车上驾乘人员、路上行人、车辆本身乃至道路及其他建筑、设施设备的安全，又要随时面对复杂路况或者突发状况，只有注意力高度集中，严格按照技术规范正确行驶，才能恰当处理各种交通状况，保证

运输安全。根据生活常识，只要是具有正常心智的成年人，都应当预见到在公共汽车行驶过程中驾驶员同乘客发生相互厮打，必然会导致驾驶员注意力分散，判断、操控能力下降，难以应对复杂路况或者突发状况，稍有差池，就会危及公共安全。张维文和冯太平明知在行驶的公共汽车上相互厮打会造成危害公共安全的后果，为了出一时之气，逞一时之勇，图一时之快，置车辆、众多乘客、路上行人、设施设备安全于不顾，相互厮打，造成了车辆失控，撞击到公路大桥的护栏上，造成大桥护栏及公交车受损，危害公共安全，张维文及冯太平对于各自行为的后果均持间接故意的心理态度。

(2)客观上，被告人张维文、冯太平实施了以危险方法危害公共安全的行为。张维文作为公交车驾驶员，应当严格执行驾驶技术规范，文明驾驶，切实保证所驾驶公交车辆、乘客、路上行人的人身和相关财产安全。但在乘客冯太平因车辆转弯发生颠簸对其抱怨、指责时，不仅未能遵守职业道德，合理调适和控制自己情绪，反而不依不饶，与冯太平发生争执，并两次率先动手殴打冯太平，尤其是在因争执停车厮打被他人劝解分开后，继续驾驶车辆的过程中，再次动手殴打冯太平的行为，完全属于背离驾驶员职责要求的危险行为。事实上，正是张维文实施的这些危险行为直接造成了公交车失控，撞击大桥护栏，致护栏和公交车受损的后果。

作为乘客的被告人冯太平，理应尊重公交车驾驶员张维文的驾驶工作，即便感受到车辆颠簸，也应对车辆行驶中的各种复杂情况有所理解，理性文明地向驾驶员指出。张维文驾驶公交车避让车辆调整方向，乘客在一定程度上感到颠簸，实属驾乘过程中的正常情况，冯太平数次辱骂正在驾驶公交车的张维文，严重影响张维文的驾驶情绪，导致其注意力分散，操作控制车辆能力下降，已属可能导致危害后果的危险行为，并致使张维文停车与其发生抓扯、厮打。在经人劝解分开，张维文继续驾驶公交车的过程中，冯太平仍一直在驾驶室旁对张维文进行谩骂、指手画脚，其肢体曾数次越过驾驶室栏杆进入驾驶室区域，严重影响了张维文正常驾驶，危险行为进一步升级。在张维文不能忍受冯太平辱骂动手对其进行殴打后，冯太平亦置全车乘客、路人、车辆及其他财产安全于不顾，抓扯张维文衣领，再次同张维文进行厮打，其实施的危险行为再次升级，同张维文背离驾驶职责的危险行为共同导致了车辆失控，撞击大桥护栏，致护栏和车辆受损的后果。

(3)被告人张维文和冯太平的行为对公共安全造成了现实危害。从查明的事实来看，驾驶员张维文同冯太平在行驶的公交车上互殴，使公交车的行驶处于不正常状态，最终公交车失去控制，撞击大桥护栏，致使护栏及车辆本身受损。应当特别指出的是，张维文和冯太平实施危险行为造成的后果不仅于此，更为重要的是对公共安全造成了危害。随着张维文和冯太平危险行为的逐步升级，行驶中的公交车失去控制，所有这些危险都急剧上升并朝着变为现实的方向发展，造成包括40余名乘客以及路面行人在内的不特定多数人的生命、健康以及包括公交车本身、道路上相遇的各类车辆、道路相关设施设备在内的重大财产都处于重大危险当中，这种危险随时都可能变为现实，最后由于偶然的因素，才只造成了护栏和公交车受损。我们认为，张维文和冯太平二人危险行为的危害后果不仅在于实际的损失，也在于对不特定多数人的生命、健康和重大财产安全造成的现实危险。

(二)对于被告人张维文和冯太平互殴行为应当如何裁量刑罚

1. 量刑的幅度

刑法第一百一十四条、第一百一十五条规定，以危险方法危害公共安全，尚未造成严重后果的，处三年以上十年以下有期徒刑；致人重伤、死亡或者使公私财产遭受重大损失的，判处十年以上有期徒刑、无期徒刑或者死刑。

被告人张维文和冯太平在行驶的公交车上互殴，危害公共安全，但是尚未造成严重的实际后果，依照刑法规定，对二人均应在三年以上十年以下有期徒刑的幅度内量刑。

2. 量刑的情节

案发次日，被告人张维文、冯太平接到公安机关电话通知后，明知自己是因为在公交车上互殴被传唤，主动到公安机关接受调查，如实供述自己在公交车上互殴致行驶中的公交车失控，撞击到大桥护栏，致护栏和车辆受损的全部事实。《最高人民法院关于处理自首和立功具体应用法律若干问题的解释》规定，犯罪事实虽被发觉，但犯罪嫌疑人尚未受到讯问、未被采取强制措施时，主动、直接向公安机关、人民检察院或者人民法院投案，可以认定为自动投案。投案以后，二人如实供述了自己的罪行，依法可以认定为自首。

3. 被告人张维文、冯太平的刑事责任区分

（1）从二人的客观行为来分析，乘客冯太平首先指责、谩骂驾驶员张维文，引发纠纷，张维文第一次停车后率先动手殴打冯太平，冯太平随即同张维文相互厮打，被他人劝开后，张维文重新驾车前行，冯太平仍继续对张维文进行谩骂、指手画脚，其肢体越过驾驶室栏杆进入到驾驶室区域，严重影响驾驶员安全行驶，张维文随后动手殴打冯太平，冯太平又抓扯张维文衣领，导致公交车失控，危害公共安全。从客观事实来看，在爆发情绪冲突的时候，张维文和冯太平都没有保持应有的克制，竞相升级危险行为，二人对于危害后果的发生都起重要作用，承担的刑事责任大体相当。

（2）从规范要求来分析，道路交通安全法第六十六条规定，乘车人不得有影响驾驶人安全驾驶的行为。被告人冯太平因为车辆颠簸而对被告人张维文指责、谩骂，引起纠纷并激化矛盾。其辱骂的行为已经严重影响到驾驶人员的情绪，并最终致使事态升级、车辆失控，危害公共安全，应当受到谴责并承担相应的刑事责任。

道路交通安全法第二十二条规定，驾驶人应当按照操作规范安全驾驶、文明驾驶。被告人张维文作为经过职业培训的交通运输专业人员，在驾驶公交车的过程中，承载着全车驾乘人员的生命财产安全和车辆行驶中的道路交通安全，负有特别的安全责任。张维文在遭受被告人冯太平指责、谩骂时，违背职业道德和驾驶技术规范，实施危险行为危害公共安全，亦应当受到谴责并承担相应的刑事责任。

在被告人张维文和冯太平相互实施危险行为共同危害公共安全的情况下，我们认为，保障驾乘人员生命财产安全和道路交通安全是驾驶员的职业要求，因此，张维文负有特别的安全保障责任，也负有特别的注意义务，在客观危害行为同乘客冯太平大致相当的情况下，张维文的行为具有更重的可谴责性和更大的社会危害性，其承担的刑事责任应当相比冯太平更重。

综上，重庆市綦江区人民法院根据二被告人危害公共安全、造成危害后果的事实、认罪悔罪、积极赔偿损失和自首情节等，以以危险方法危害公共

安全罪判处被告人张维文有期徒刑二年八个月,缓刑三年;以以危险方法危害公共安全罪判处被告人冯太平有期徒刑一年八个月,缓刑二年,定罪准确,量刑适当。

(撰稿:重庆市高级人民法院　米　阳
云南大学法学院　张靖雪
审编:最高人民法院刑二庭　韩维中)

[第 1284 号]

苏州市安派精密电子有限公司、庞美兴、罗正华虚开增值税专用发票案

——如何认定单位犯罪中直接负责的主管人员,以及开票单位未到案时能否认定受票单位构成犯罪

一、基本案情

被告单位苏州市安派精密电子有限公司(以下简称安派公司),2011 年 6 月 14 日注册成立。

被告人庞美兴,男,1974 年 6 月 12 日出生,安派公司采购部主管。2015 年 6 月 19 日因本案被取保候审。

被告人罗正华,男,1979 年 3 月 17 日出生,安派公司总经理。2015 年 6 月 12 日因本案被取保候审。

江苏省苏州市吴中区人民检察院以被告单位安派公司,被告人庞美兴、罗正华犯虚开增值税专用发票罪,向苏州市吴中区人民法院提起公诉。

被告人庞美兴的辩护人提出:公诉机关指控的被告单位安派公司、被告人庞美兴接受深圳市浩瑜环贸易有限公司(以下简称浩瑜环公司)、深圳市顺畅通贸易有限公司(以下简称顺畅通公司)虚开增值税专用发票一节,因浩瑜环公司和顺畅通公司均处于非正常经营状态,相关负责人未到案,庞美兴所作的“与深圳两公司没有真实货物交易”“相关发票都是出开票费买来的”等有罪供述缺乏开票单位印证,属于孤证,应不予采信。公诉机关指控的犯罪事实不清,证据不足。

被告人罗正华的辩护人提出:公诉机关指控的被告单位安派公司,被告人庞美兴、罗正华接受三门峡天一实业有限公司(以下简称天一公司)虚开

增值税专用发票一节,被告人罗正华虽名为安派公司总经理,但实际并无总经理的地位和职权,其只分管市场开拓和销售,平时经常在外公关客户,公司内部的生产、采购、财务等事务均由被告人庞美兴负责;在原材料采购付款方面,只要有庞美兴签字审核即可,罗正华签字只是履行公司财务惯例,并无实际意义,如没有庞美兴签批,只有罗正华签批,公司财务不会同意付款。因此,罗正华在公司内的实际职务只相当于部门经理,其并不具有总经理职务所应有的全面管理职权,在庞美兴向其表明犯罪意图、实施犯罪时,其无法对庞美兴施加有效制约,不属于单位犯罪中直接负责的主管人员,不构成犯罪。

苏州市吴中区人民法院经审理查明:

1. 被告单位安派公司及其采购部主管被告人庞美兴、总经理被告人罗正华于2012年3月至2012年5月间,在无真实货物交易的情况下,以支付开票费为对价,接受销货单位为天一公司的河南增值税专用发票合计5份,价税合计人民币3 699 803.1元。其中税款人民币537 578.22元已于同期向税务部门申报抵扣。

2. 被告单位安派公司及其采购部主管被告人庞美兴于2013年8月间,在无真实货物交易的情况下,以支付开票费为对价,接受销货单位为浩瑜环公司的深圳增值税专用发票合计11份,价税合计人民币1 285 515元。其中税款人民币186 784.18元已于同期向税务部门申报抵扣。

3. 被告单位安派公司及其采购部主管被告人庞美兴于2013年11月间,在无真实货物交易的情况下,以支付开票费为对价,接受销货单位为顺畅通公司的深圳增值税专用发票合计36份,价税合计人民币4 207 788元。其中税款人民币611 388元已于同期向税务部门申报抵扣。

(其他事实略)

苏州市吴中区人民法院认为:关于被告人庞美兴的辩护人提出的辩护意见,经查,庞美兴的供述和证人杜俊、陈建枚的证言均证实安派公司与深圳两公司之间没有真实业务往来以及安派公司与深圳两公司之间存在资金回流的事实,该事实有记账凭证、送货单、入库单、银行业务回单及交易记录、手写账目明细等书证佐证。因此,上述辩护意见与事实不符,不予采纳。

关于被告人罗正华的辩护人提出的辩护意见，经查，庞美兴、罗正华的供述和证人谢彪等人的证言均证实了罗正华在公司的职责和权限，该事实有安派公司章程、组织架构图、会议记录、电子邮件往来记录、付款申请单等书证佐证，罗正华作为公司总经理，具有全面管理公司的权限，其代表单位纵容被告人庞美兴实施犯罪，应认定为单位犯罪中直接负责的主管人员。因此，上述辩护意见与事实不符，不予采纳。综上，被告单位安派公司在没有真实货物交易的情况下，让他人为自己虚开增值税专用发票，数额巨大，其行为已构成虚开增值税专用发票罪；被告人庞美兴、罗正华作为被告单位中直接负责的主管人员，对其应以虚开增值税专用发票罪追究其刑事责任。依照《中华人民共和国刑法》第二百零五条第一款、第二款、第三款，第六十四条，第六十七条第一款，第七十二条第一款，第七十三条第二款、第三款之规定，判决如下：

1. 被告单位安派公司犯虚开增值税专用发票罪，判处罚金人民币三十万元；

2. 被告人庞美兴犯虚开增值税专用发票罪，判处有期徒刑三年，缓刑四年；

3. 被告人罗正华犯虚开增值税专用发票罪，判处有期徒刑二年六个月，缓刑三年。

宣判后，被告单位安派公司，被告人庞美兴、罗正华均未提出上诉，公诉机关也未提出抗诉。判决已经发生法律效力。

二、主要问题

1. 单位犯罪中“直接负责的主管人员”如何认定？

2. 如开票单位未到案，能否认定受票单位构成虚开增值税专用发票罪？

三、裁判理由

（一）如何认定单位犯罪中直接负责的主管人员

刑法第二百零五条规定，虚开增值税专用发票罪的犯罪主体包括单位。该条同时规定，构成本罪，在对单位判处罚金的同时，还应追究直接负责的主管人员和其他直接责任人员的刑事责任。实践中,在认定直接负责的主管人员时,往往因其地位的特殊性、职权的宏观性以及参与犯罪的隐蔽性等特点而存在争议。我们认为,可以从以下两个方面把握:

1. 直接负责的主管人员应为单位的管理人员,不包括一般工作人员

单位犯罪是由单位决策机构按照单位决策程序决定,产生单位犯意,再由直接责任人员实施的。而单位犯意一经产生,即表现为单位的整体意志。单位决策机构的成员范围并不及于单位的全体成员,在一般情况下,能够跻身单位决策层的,往往是单位的管理人员。这部分人涵盖多个层级,既可以是单位的高层管理人员,如董事会成员、党组成员、法定代表人等;也可以是单位的中下层管理人员,如分公司负责人、部门负责人等。进入决策机构意味着上述人员可以按照单位内部既有的决策程序,参与决定单位运行过程中的重人事项,包括实施单位犯罪。

相对于管理人员,单位中的一般工作人员往往不担负管理职责,其参与单位事务的主要方式不是决策,而是执行。作为单位意志的执行者,尽管一般工作人员也可以在有限的范围内影响单位决策,但其无法决定单位意志的产生、形成和变更。因此,一般工作人员不属于直接负责的主管人员,只可能作为其他直接责任人员而存在。

2. 单位的管理人员应对单位犯罪直接负责

2001年1月21日最高人民法院发布的《全国法院审理金融犯罪案件工作座谈会纪要》(以下简称《纪要》)在"关于单位犯罪问题"的第二条规定,直接负责的主管人员,是在单位实施的犯罪中起决定、批准、授意、纵容、指挥等作用的人员,一般是单位的主管负责人,包括法定代表人。

应当注意的是,直接负责包括"直接"和"负责"两个方面,在强调"负责"的同时,不能忽视"直接"。如前所述,单位犯意产生于单位的决策机构按照预设的决策程序所作的决定,而单位的决策机构中包含众多管理人员,并非每个管理人员都会参与决策的制定和完善。实践中,不同管理人员在决策程序的不同阶段的参与程度千差万别。例如,虚开增值税专用发票常伴有资金的走账和回流,一般而言,单位在对外支付大额资金前需要履行内部审批程序,如先由采购部门填写付款申请单,然后报采购部门主管审批同

意,再报分管业务经理审批同意,最后交由董事长审批同意后付款。如果董事长召集各环节管理人员开会,研究决定购买发票抵扣税款,并敦促各环节管理人员在合同签订、资金走账和回流以及货物入库、单据制作等方面提供审批便利,则可以认为各环节的管理人员存在犯意沟通,均为单位犯罪的顺利实施提供了相应的保障,各环节的管理人员均应对单位犯罪直接负责,承担相应的刑事责任。但在司法实践中,并非每个案件都属于上述这种典型的审批流程各环节的管理人员沟通犯意、各司其职,全部参与决策单位犯罪的情形。单位的管理人员在预谋犯罪时,出于封锁消息、逃避处罚的目的,往往会限定参与犯罪的人员范围,可能表现为上级管理人员选择审批流程中重要环节的负责人参与,而对次要环节的负责人则隐瞒实情,仅以行政命令的方式要求其贯彻上级决定;也可能表现为下级管理人员欺瞒上级,以伪造的合同、送货单、入库单等手续骗得上级的同意和审批,以单位名义决策、实施犯罪。在上述情形中,审批流程各环节的管理人员对单位犯罪所承担责任的性质是有区别的。其中,明确知晓单位犯意、积极参与单位犯罪的决策和组织,并为上下环节实施犯罪提供职务便利的管理人员应对单位犯罪直接负责;而因受蒙蔽不当履行工作职责,或者虽然知晓他人意图实施犯罪,但本人并未实际参与决定、批准、授意、纵容、指挥等重要工作,只是出于下级对上级的服从,受上级指派或者奉命完成本职工作的管理人员,因缺乏犯罪的故意或主动性,且其权限通常仅涉及程序性事项,难以对单位犯罪的最终决策产生实质影响,一般不宜认定为直接责任人员,以避免不当扩大打击范围。

需要指出的是,相比单位中下层管理人员而言,高层管理人员在单位中的地位更高,决策权限更大,影响单位犯罪的能力也更强。因此,在单位犯罪中,高层管理人员的决策权比中下层管理人员更具有实质意义,但这并不意味着高层管理人员就当然地构成犯罪,中下层管理人员就与犯罪无缘。是否构成犯罪与职务级别、地位高低、权力大小并无必然联系,关键在于该管理人员在单位犯罪中的参与程度是否起到了《纪要》中所论及的“决定、批准、授意、纵容、指挥等”五种重要作用。如果没起到上述重要作用,即便该管理人员是单位的“一把手”、主要负责人,也不应对单位犯罪直接负责。

具体到本案,首先,从安派公司的章程规定和组织架构分析,被告人罗正华作为总经理,其职权范围由公司管理层集体讨论确定,涉及公司生产经营等诸多方面,具有总经理的全部职权,与董事长谢彪处于同一职务层次,而庞美兴只是采购部主管。卷内证据显示,安派公司于2012年5月20日召开了管理工作会议,会议明确了高层管理人员的分工,即由罗正华"制定管理架构和流程,统筹江苏工厂之管理",由庞美兴负责"采购、仓库等管理工作"。《各部门签字审批流程》也显示,"各事业部采购物料时,需要总经理(罗正华)确认,总经理(罗正华)直接管理各下属部门,同时监督采购、人事行政、财务","下属部门所发生的单据要由主管部门审核,再由总经理(罗正华)签字"。其次,从安派公司的日常管理分析,罗正华对公司进行了全面管理,参与决策了公司的重要事务,实际担负了总经理的全部职权。谢彪、罗正华等人的往来电子邮件显示,公司涉及高层管理人员的薪资调整、年度工作汇报、主持召开会议等事项的上传下达都是通过罗正华来完成的,例如,罗正华向下属部门发送的邮件中有"按照谢董(谢彪)的意见,现就公司各位总经理、副总的薪资、福利做重新调整:罗正华25 000元,庞美兴20 000元""需要特别调整的,请提交给我和谢董审批""每月定期召开KPI月度总结会议,我和谢董参加会议,并听取工作报告""庞总(庞美兴),2011年度总结报告还剩张祥林所属部门没有更新,请跟进"等内容。可见,罗正华不仅要向庞美兴等人传达董事长谢彪的最高指示,还要做好审批人力资源调整、薪酬待遇调整、召开会议、听取工作汇报等各类日常管理事务,其对公司的经营管理职权是全方位的。

针对被告人罗正华的辩护人所提"没有罗正华本人签字,只有庞美兴签字,财务照样可以付款"的意见,公诉机关向法庭出示了2012年5月前后财务部邓艳梅发给被告人庞美兴的电子邮件,上述邮件显示,财务人员在将付款申请表附件发给庞美兴的同时,还将该邮件抄送了罗正华等人。也就是说,尽管有些书面单据上没有罗正华的亲笔签名,但罗正华对于上述单据的内容是知晓的。财务人员在实际操作过程中变通履行了公司的审批制度,罗正华虽未签字,但其知晓相关付款事项,实际履行了相应的监督管理职责。

因此，我们认为，被告人罗正华作为安派公司总经理，具有全面管理公司的职权，被告人庞美兴作为罗正华下属，接受罗正华领导，罗正华对庞美兴能够实施有效制约。在安派公司接受天一公司虚开增值税专用发票一节，当庞美兴向罗正华表明犯意后，罗正华未有效阻止庞美兴实施犯罪，反而予以赞同，在单位犯罪中起到了纵容下属人员实施犯罪的作用，属于单位犯罪中直接负责的主管人员，应当构成虚开增值税专用发票罪。

而在安派公司接受深圳两公司虚开增值税专用发票一节，购买发票是由庞美兴一人组织、策划并主导实施的，诸如联系中间人、约定开票费和资金走账回流等犯罪的具体细节，庞美兴均未向罗正华汇报，罗正华对此不知情，也未利用领导职权为单位犯罪的实施提供便利，在单位犯罪中未起到实质作用，不应承担刑事责任。

（二）开票单位未到案的，可依证据认定受票单位构成虚开增值税专用发票罪

在司法实践中，虚开增值税专用发票罪常表现为“无货虚开”，即开票单位与受票单位之间没有真实的业务往来，无真实货物交易，受票单位出于抵扣进项税额，减轻企业税负的目的，通过支付一定数额的开票费，向开票单位购买增值税专用发票。证明“无货”是办理该类案件的关键所在。

由于货物交易存在于上下家单位之间，要证实“无货”，一般需要开票单位和受票单位的相关负责人都到案，双方供证一致，再以银行账户交易记录等证据证实资金走账和回流等情况佐证，确定“无货”属实，方可认定。在真实的货物交易中，买卖双方一般不会有资金回流的情况，货款单向流入卖方。在交接货物时，通常需要填写送货单、入库单、货物清点记录等文书，并由买卖双方签字确认；而在“无货”的情况下，开票单位和受票单位为了掩盖罪行，往往会签订虚假的买卖合同，伪造送货单、入库单、清点记录等文书材料，这需要我们进行认真审查、甄别。比如，有些文书材料没有交接人员的签名，只有上下家的单位公章，显然与正常的商品交易习惯不符，则可以从侧面印证“无货”的事实。

需要说明的是，有时开票单位与受票单位为了规避税务稽查，会以支付现金的方式交易开票费，“全程无痕”，致使资金的走账和回流无迹可查，给

准确认定“无货”带来困难。此时,若仅有受票单位一方供认“无货”,无其他证据印证,在审查时应倍加慎重。

本案中,浩瑜环公司和顺畅通公司均处于非正常经营状态,上述两公司的相关负责人未到案接受询问,因此,无法通过开票单位核实其与安派公司之间是否存在真实的货物交易。但是,庞美兴对安派公司和深圳两公司之间没有真实货物交易的情况供认不讳,还详细描述了资金走账和回流的具体步骤:庞美兴先将货款全额汇入深圳两公司账户,深圳两公司收到后,扣留开票费部分,并通知庞美兴来深圳见面,当面将剩余资金以现金的形式回流给庞美兴,庞美兴再将回流资金500万元交给公司财务人员陈建枚。对此,公诉机关向法庭出示了安派公司与深圳两公司之间的银行账户交易凭证,证实确有与发票价税合计金额一致的资金转入深圳两公司账户;又出示了陈建枚提供的记账本,证实事后庞美兴确有500万元现金回流;此外,公诉机关还向法庭出示了安派公司与深圳两公司之间的送货单,这些送货单均为空白单据,无发货方、收货方、入库方和保管方等人员的签字,其真实性无从核实,这恰恰印证了庞美兴关于“送货单是后来伪造的”供述。因而,虽然深圳两公司未到案,但相关证据足以认定安派公司与深圳两公司之间存在虚开增值税专用发票的犯罪事实。

综上,苏州市吴中区人民法院依法认定安派公司构成虚开增值税专用发票罪,并追究被告人庞美兴、罗正华的刑事责任是正确的。

(撰稿:苏州市吴中区人民检察院　郑　毅
审编:最高人民法院刑二庭　韩维中)

[第1285号]

陈君宏故意杀人案

——船舶碰撞发生船只倾覆、船员落水的后果，肇事责任人能够救助而不救助，逃离现场致使落水船员死亡行为的认定

一、基本案情

被告人陈君宏，男，1980年1月5日出生，因本案于2012年3月1日被取保候审，同年8月24日被逮捕。

浙江省宁波市北仑区人民检察院以陈君宏犯故意杀人罪向宁波市北仑区人民法院提起公诉。公诉机关指控认为，被告人陈君宏在发生船舶碰撞事故，对方船舶倾覆、船员落水后，明知驾船逃逸可能导致他人生命处于危险境地的情况下，不履行救助义务，造成多人因失救而死亡或者失踪的严重后果，其行为已构成故意杀人罪，提请法院依法惩处。

被告人陈君宏辩称，“恒利88”轮在碰撞事故中也有受损，自己系为了避让行船和自救才驾船离开现场，并非逃离现场。其辩护人认为，陈君宏虽是船长，但驾驶船舶的经验并不丰富，虽然事故后处置措施不当，但并没有杀人故意，其行为应当以交通肇事罪论处。另外，陈君宏有自首情节，已与被害方达成调解协议并支付了部分赔偿款，有认罪、悔罪表现，建议法庭对其从轻处罚。

宁波市北仑区人民法院经审理查明：2011年2月27日凌晨0时7分许，被告人陈君宏担任船长的“恒利88”轮在由南通驶往广东途中，因陈君宏指挥不当，在舟山佛渡岛南侧约2海里处与由台州温岭驶往上海的“浙玉机618”轮雾中相遇，“恒利88”轮的艏尖撞进“浙玉机618”轮右舷中间靠前位

置。两船发生碰撞事故后,"浙玉机618"轮因严重受损随即沉没,船员落水。陈君宏明知此时落水船员面临生命危险,仍亲自驾船逃离现场,直至同日1时37分,陈君宏才拨打电话向海事部门报告事故。后在"浙玉机618"轮船员家属催促下,陈君宏于当日3时许返回事故现场施救。"浙玉机618"轮上7名船员因得不到及时救助,其中余国云、王春来、余灵龙、郑国祯、徐良平5人落水死亡,潘伯松、潘云军2人失踪。经宁波海事局调查认定,在上述事故中,"恒利88"轮负主要责任,陈君宏是本起事故的主要责任人。事故双方经浙江省高级人民法院调解,已就民事赔偿达成协议,被告人陈君宏一方按协议赔偿对方部分经济损失。

宁波市北仑区人民法院审理认为,被告人陈君宏违反交通安全管理法规,致使发生船舶碰撞事故,在明知对方船员生命处于危险境地的情况下,不及时履行救助义务,造成被撞船只船员因得不到及时救助而溺水死亡5人、失踪2人,其行为已构成故意杀人罪,应追究其刑事责任。被告人陈君宏关于其没有事后逃逸的辩解,与法院经审理查明的事实不符,不予采信。陈君宏的辩护人以陈君宏驾驶船舶驶离现场没有杀人故意,其行为应当以交通肇事罪论处的意见不能成立,法院不予采纳。陈君宏经侦查机关电话通知后能够主动投案,并如实供述自己的罪行,系自首,依法予以从轻处罚。鉴于陈君宏积极履行赔偿义务,酌情予以从轻处罚。辩护人以此为由建议法院对陈君宏从轻处罚的辩护意见,予以采纳。依照《中华人民共和国刑法》第二百三十二条、第六十七条第一款、第五十五条第一款、第五十六条第一款之规定,判决如下:被告人陈君宏犯故意杀人罪,判处有期徒刑十五年,剥夺政治权利三年。

宣判后,被告人陈君宏以自己没有逃避法律追究的犯罪故意,原判定性错误为由提出上诉。

浙江省宁波市中级人民法院经审理认为,上诉人陈君宏明知自己的先前碰撞行为导致对方船员落水,在船员生命处于危险境地的情况下不及时履行救助义务,造成被撞船只船员因得不到及时救助而溺水死亡5人、失踪2人的严重后果,已构成故意杀人罪。陈君宏及其辩护人辩解,事发之后驶离现场是为了避让后面船只和自救的理由不能成立。原判定罪准确,量刑适当,适用法律正确,审判程序合法,据此,宁波市中级人民法院作出维持原判的刑事裁定。

二、主要问题

船舶碰撞发生船只倾覆、船员落水的后果,肇事责任人能够救助而不救助,逃离现场致使落水船员死亡的,能否认定为故意杀人罪?

三、裁判理由

法院认定被告人陈君宏构成故意杀人罪的主要理由是,本案中船舶碰撞事故造成的落水船员溺水死亡后果,系由肇事船舶的先行碰撞行为和被告人不采取救助措施的行为所导致。这一认定不仅符合事实与刑法规定,而且符合刑法理论。由于被告人先行的过失碰撞行为使他人的生命处于危险境地,此时便产生救助义务,不履行救助义务而导致他人死亡的,可以认定为故意杀人罪,即不履行救助义务的间接故意杀人罪。

在本案中,船舶事故发生后,海事执法机关第一时间介入事故调查,最终形成的《浙江宁波"2·27""浙玉机618"与"恒利88"碰撞事故调查报告》(以下简称《调查报告》),对案件事实、证据及事故责任所进行的分析与界定,为认定本案的犯罪性质及其责任划分提供了依据。人民法院据此对被告人定罪量刑,有着确实充分的事实与法律依据。就认定本案而言,必须明确以下几个问题:

(一)船员落水溺亡能否归因于肇事船舶碰撞后的逃逸行为

与车辆肇事的事故不同,船舶碰撞事故无法保留现场,行为人肇事后逃逸通常没有第三方目击证人证实。实践中肇事船舶逃逸现象比较突出,有的一旦被追查到,行为人也往往以自己不知道发生碰撞事故,或者己方船舶也存在翻沉的危险为由开脱罪责。如果受害方船员无一生还,肇事船员再订立攻守同盟,逃脱法律责任的概率便很高。另外,落水人员死于碰撞事故的当场还是死于无人救助的溺水,也是很难证明的事实。因此,船舶肇事发生后,执法部门只能通过比对和分析船身的痕迹、船舶设施的记录信息才能查明事故的起因进而划分出主体的责任。这项工作的专业技术性很强,因而通过严格执法促进行业内部的自律与监督显得非常重要。

通过审查本案“恒利88”轮上的船员自证碰撞事故的相关情况，可以印证《调查报告》认定的“恒利88”轮与“浙玉机618”轮碰撞的以下事实：船长陈君宏在指挥船舶雾中航行时，存在瞭望疏忽、对碰撞危险估计不足、未使用安全航速航行、未及早采取避让行动等过失，违反了《1972年国际海上避碰规则》《中华人民共和国海上交通安全法》的有关规定。“恒利88”轮事发后未及时向主管机关报告、擅自驶离现场，客观上延误了救助“浙玉机618”轮的时间，在本起事故中负主要责任，其船长陈君宏是本起事故的主要责任人；“浙玉机618”轮在本起事故中负次要责任。《调查报告》还载明受害船员落水后还在打电话求救，有关证人证言能够证明至少有3名船员因无人救助而溺水死亡。《调查报告》虽然没有明确认定“恒利88”轮具有逃逸情节，但其认定的“恒利88”轮“擅自驶离现场”和“事发后未及时向主管机关报告”的事实，足以认定被告人主观上对事故的明知以及客观上具有逃逸情节的事实。

宁波市北仑区人民检察院指控，“浙玉机618”轮上几名船员落水后，有的还手抓翻沉的船边给家属打电话求救并报告“恒利88”轮肇事逃逸等情节，有力地佐证了被告人陈君宏在发生船舶碰撞事故，对方船只倾覆、船员落水后，明知驾船逃逸可能导致他人生命处于危险境地的情况下，未采取救助措施，由此造成多人因失救而死亡或者失踪的基本事实。陈君宏以船舶碰撞后因急于自救而驶离现场的辩解没有得到其他证据证实，且与《调查报告》认定的事实不符。宁波市北仑区人民法院在审理案件中查明，船长陈君宏所称“碰撞后实施应急冲滩”的说法不符合事实，依据是：(1)“恒利88”轮未超载，货舱未进水，船舶具有一定的抗沉性。从碰撞后雷达回放来看，该轮在近1小时的航行中状态稳定，船长应该能够判定当时不至于严重危及船舶自身安全，有条件采取救助行动。(2)碰撞发生后，“恒利88”轮按计划航线驶离现场，事故后近2小时才向主管机关报告，约2时30分后才掉头返回，至3时20分后才回到事发水域，客观上延误了救助时间。据此可以认定，被告人在明知事故发生的情况下逃逸并由此导致落水船员无法及时得到救助而溺亡的事实成立。

（二）先行行为致落水船员处于危险境地，行为人不履行救助义务的，能否认定为故意杀人罪

关于本案的定性问题存在两种意见：第一种意见认为，本案构成交通肇事罪，主要理由是，"肇事后逃逸"只能说明被告人具有逃避法律追究的主观动机，不能证明船长具有杀人的故意，具有逃逸情节可在七年以上十五年以下量刑，但是不应改变案件的定性。第二种意见认为，本案构成故意杀人罪，主要理由是，与车辆肇事不同，船舶碰撞一旦造成船员落水，船员的生命当即处于现实危险境地，肇事方不予救助的"逃逸行为"使落水船员失去获救的机会，放任了落水船员死亡后果的发生，认定为故意杀人罪符合刑法理论及相关司法解释的规定。

我们倾向于第二种意见，理由如下：

1. 先行行为是作为义务的来源之一，海上船舶碰撞使对方船员落水而逃逸的，证明肇事者决意拒绝履行救助义务，放弃处于危险境地的船员的生命，依法可构成不作为的故意杀人罪。申言之，海上船舶肇事通常没有第三方救助的可能，逃逸行为使落水人员丧失唯一的获救机会，认定为故意杀人罪符合案件事实与法律规定。本案船舶碰撞发生在2011年2月27日凌晨0时7分许，既是冬季，又是凌晨，海水温度非常低，落水人员通常在15～20分钟之后便会失去知觉。夜间海上能见度较低，即使有船舶经过案发现场也很难发现落水船员，"恒利88"轮肇事逃逸意味着落水船员失去最后一棵"救命稻草"。对于落水船员因得不到救助可能死亡的危害结果，被告人陈君宏主观上应具有明确的认识，其为了逃避法律追究而逃逸的行为，意味着放任落水船员死亡结果的发生，符合故意杀人罪的主客观要件。

2. 对本案被告人以故意杀人罪定罪处罚，符合《最高人民法院关于审理交通肇事刑事案件具体应用法律若干问题的解释》（以下简称《解释》）第六条"行为人在交通肇事后为逃避法律追究，将被害人带离事故现场后隐藏或者遗弃，致使被害人无法得到救助而死亡或者严重残疾的，应当分别依照刑法第二百三十二条、第二百三十四条第二款的规定，以故意杀人罪或者故意伤害罪定罪处罚"规定的内在精神。本案发生在深夜的茫茫大海上，肇事船舶的逃逸行为使落水船员处于无人救助的危险境地，与《解释》中"将被害人

带离事故现场后隐藏或者遗弃，致使被害人无法得到救助而死亡”的情形相吻合。《解释》之所以将该种情形定性为故意杀人罪，是因为“隐藏或者遗弃”作为一种先前行为致使受害人处于无人救助的危险境地，不履行救助义务便意味着放任受害人死亡结果的发生，故符合不作为故意杀人罪的构成要件。本案虽无“将被害人带离事故现场后隐藏或者遗弃”的行为，但其逃逸行为造成的实际后果与“将被害人带离事故现场后隐藏或者遗弃”的情况并无本质不同。在司法解释已明确地将交通肇事后为逃避法律追究，将被害人带离事故现场后隐藏或者遗弃，致使被害人无法得到救助而死亡的行为认定为故意杀人的情况下，将本案被告人的行为认定为故意杀人罪，符合司法解释的精神以及刑法原理。

3. 肇事船舶在明知船员落水情况下的逃离现场行为不同于一般的交通肇事逃逸行为。陆上车辆肇事逃逸，被害人会有途经车辆或人员施救的可能，而海上船舶肇事后，被害人很难得到他船的救助，即使附近船舶闻迅赶来，通常也来不及挽回落水人员的生命，即使在水温较高的夏季，海浪、暗流也时刻会吞噬落水人员的生命。相较而言，茫茫大海上发生的逃逸行为，其实际危险性与危害性更为突出，在类似本案的场合下，被告人驾船逃离的行为，几乎意味着宣告落水人员的死亡，对此类行为的定罪处罚应当区别于一般的交通肇事逃逸行为，在其已符合不作为的故意杀人罪构成要件的情况下，应当优先考虑适用该罪名，唯此方能体现罪责刑相适应原则。

本案定性为故意杀人罪是海事刑事司法实践的一个突破。我国是海运大国，船舶肇事逃逸致使落水人员死亡和失踪的案件时有发生，以往的船舶肇事致人死亡案件要么以行政处罚和调解息事宁人，要么只追究民事侵权责任，以交通肇事罪入刑的案件比较鲜见，本案定性为故意杀人罪系全国首例。本案的示范价值在于：案件定性为故意杀人罪提高了船舶肇事逃逸行为的违法成本，最高刑期能够由交通肇事罪的有期徒刑十五年提升到故意杀人罪的死刑，从而，既可发挥刑罚一般预防的作用，也能为今后审理类似案件提供指引。

需要特别指出的是，肇事船舶的先前碰撞行为使落水人员处于危险境地，即产生救助义务，肇事船舶的逃逸行为背后反映的是不予救助的情节，这也是认定为不作为的故意杀人罪的主要依据，如果行为人虽因过失造成船舶碰撞事故，但能够积极救助遇难人员的，则不能参照本案以故意杀人罪定罪处罚。此外，在个别情况下，大船与小船在海上发生碰撞事故时，大船自身对碰撞的感受并不明显，有的甚至误认为撞到了海上漂浮物。如果能够认定责任人确实不知道本船发生了碰撞事故而驶离现场的，由于其对由此产生的救助义务不明知，即便发生人员溺亡的后果，通常也不能按照故意杀人罪论处。

（撰写：宁波大学法学院　赵　微

审编：最高人民法院刑二庭　于同志）

[第 1286 号]

连恩青故意杀人案

——如何结合临床诊断证明和司法精神病鉴定意见准确认定被告人作案时的刑事责任能力

一、基本案情

被告人连恩青,男,1980 年 6 月 11 日出生,汉族,初中文化,农民。因涉嫌犯故意杀人罪于 2013 年 11 月 18 日被逮捕。

浙江省台州市人民检察院以被告人连恩青犯故意杀人罪,向台州市中级人民法院提起公诉。

台州市中级人民法院经公开审理查明:2012 年 3 月,被告人连恩青因鼻部疾病,在浙江省温岭市第一人民医院就诊时接受了该医院耳鼻喉科医生蔡朝阳的手术治疗。此后,连恩青认为手术后效果不佳,遂多次到该医院复查、投诉,并要求再次手术,未果。其间,连恩青还多次到其他医院就诊,均诊断其鼻部无异常。为此,连恩青对蔡朝阳医生及该医院处理其投诉事宜的耳鼻喉科医生王云杰(被害人,殁年 45 岁)、为其进行 CT 检查的医生林海勇心生怨恨,预谋报复杀人。2013 年 10 月 25 日 8 时 20 分许,连恩青携带事先准备的木柄铁锤、尖刀来到温岭市第一人民医院门诊大楼五楼耳鼻喉科门诊,见王云杰、蔡朝阳分别在各自的诊室坐诊,决意作案,遂进入王云杰诊室,站在王云杰背后持铁锤击打王云杰头部。因铁锤木把断裂,铁锤头掉落在地,连恩青丢下铁锤木柄又掏出尖刀捅刺王云杰。王云杰逃离诊室,连恩青即持刀追赶,在同楼层的口腔科门诊室追上王云杰并连续捅刺王云杰胸腹部、背部等处,还持刀捅刺劝阻其行凶的该医院医生王伟杰(被害人,时年 59 岁)右腋下一刀,在摆脱王伟杰阻拦后再次捅刺王云杰胸部。随后,连恩青持刀返回耳鼻喉科门诊寻找蔡朝阳,见蔡朝阳诊室房门已被锁住无法进入,便用尖刀刀柄敲碎诊室门玻璃后离开。接着,连恩青又持刀来到该医院放射科一楼 CT 室操作间寻找林海勇,误将该 CT 室医生江晓勇(被害人,时年 39 岁)认作林海勇,上前持刀捅刺江晓勇胸腹部三刀,在得知其捅刺的并非林海勇时即停止了行凶。连恩青随即被在场人员及闻讯赶来的保安当场抓获。王云杰因被刺致心脏、肺动脉及肺破裂,经抢救无效于当日死亡;江晓勇的损伤构成重伤;王伟杰的损伤未达轻伤。经浙江省立同德医院司法鉴定所鉴定,连恩青作案时意识清晰,作案动机现实,辨认和控制能力存在,具有完全刑事责任能力。

台州市中级人民法院认为,被告人连恩青因对手术治疗效果不满意,在多方求医治疗仍未解决其疾病痛苦的情况下,将失望情绪发泄到为其诊治释疑的医生身上,事先预谋并持铁锤和尖刀故意杀害他人,致一人死亡、一人重伤、一人受伤的严重后果,其行为已构成故意杀人罪。其犯罪情节特别严重,依法应予严惩。连恩青及其辩护人申请对其精神疾病重新鉴定,提出医院在手术治疗过程中存在 CT 片造假、医疗事故,在引发本案上存在过错等意见不成立,不予采纳。本案中,医院在手术治疗过程中不存在医疗事故,并积极协调处理连恩青的术后投诉,尽力诊治连恩青所反映的病症,不存在对连恩青疾病治疗上的过错,也不能认定在引发本案上有过错。虽然医院在对待连恩青的投诉及后续处理上存在瑕疵,连恩青归案后能如实供述犯罪事实,在作案过程中存在发现捅刺对象错误后没有持刀继续捅刺的情况,但鉴于本案所造成的后果特别严重,社会影响恶劣,尚不足以对其从轻处罚。依照《中华人民共和国刑法》第二百三十二条、第五十七条第一款之规定,对被告人连恩青以故意杀人罪判处死刑,剥夺政治权利终身。

一审宣判后,被告人连恩青提出上诉,认为原审判决未查清犯罪诱因,医院在医疗过程中过度修除鼻甲且对鼻黏膜进行了切除,从而导致并发症,医院对其做的手术存在过错,医院在处理其投诉及后续处理过程中也存在过错;精神病司法鉴定意见认为其存在疑病观念不当。其辩护人另提出,连恩青鼻子手术后出现头痛、胸闷、鼻子干燥等,符合空鼻症症状,连恩青行凶时精神已经达到崩溃边缘,要求二审重新对其刑事责任能力作出鉴定,结合本案的犯罪诱因、动机等酌情对其从轻处罚。

浙江省高级人民法院经审理认为，被告人连恩青故意杀人犯罪情节极其恶劣，犯罪后果特别严重，依法应予严惩。连恩青上诉及其辩护人提出要求重新进行精神疾病鉴定及要求从轻处罚的理由不足，不予采纳。原判定罪和适用法律正确，量刑适当，审判程序合法。依照《中华人民共和国刑法》第二百三十二条、第五十七条第一款及《中华人民共和国刑事诉讼法》(2012年修正)第二百二十五条第一款第一项之规定，裁定驳回上诉，维持原判，并依法报请最高人民法院核准。

最高人民法院复核认为，被告人连恩青因对浙江省温岭市第一人民医院的治疗效果和投诉处理事宜不满，到医院持械行凶，故意非法剥夺医生生命，致一人死亡、一人重伤、一人受伤，其行为已构成故意杀人罪。犯罪性质特别恶劣，手段特别残忍，情节、后果特别严重，应依法惩处。第一审判决、第二审裁定认定的事实清楚，证据确实、充分，定罪准确，量刑适当，审判程序合法。依照《中华人民共和国刑事诉讼法》(2012年修正)第二百三十五条、第二百三十九条和《最高人民法院关于适用〈中华人民共和国刑事诉讼法〉的解释》第三百五十条第一项的规定，裁定核准浙江省高级人民法院(2014)浙刑一终字第50号维持第一审以故意杀人罪判处被告人连恩青死刑，剥夺政治权利终身的刑事裁定。

二、主要问题

临床诊断证明与司法精神病鉴定意见中关于被告人精神状态的判断不一致时，如何认定被告人作案时的刑事责任能力？

三、裁判理由

刑事责任能力是指行为人能够辨认或者控制自己行为，并对自己行为负责任的能力。刑法第十八条规定：精神病人在不能辨认或者不能控制自己行为的时候造成危害结果，经法定程序鉴定确认的，不负刑事责任；间歇性的精神病人在精神正常的时候犯罪，应当负刑事责任；尚未完全丧失辨认或者控制自己行为能力的精神病人犯罪的，应当负刑事责任，但是可以从轻或者减轻处罚。对于有精神障碍的行为人,在医院临床诊断或司法鉴定过程中,可能会因诊断或鉴定角度不同、侧重点不同而得出不同的结论。而且,临床诊断和司法鉴定的思路、方法不同:临床诊断往往是"有病推定",检查患者或者查看病历时会搜索有病依据;而司法鉴定则是"无病推定",需全面搜集并审查判断患者的所有情况,审查案情的全部材料,而临床诊断则没有这一过程。故临床诊断结果和司法鉴定意见可能不相一致。当二者关于被告人精神状态的判断不一致时,法官要严格、审慎审查,结合相关证据准确认定被告人作案时的刑事责任能力。

本案中,被告人连恩青作案前曾在其家人劝说下到上海市精神卫生中心进行了为期2个多月的精神疾病方面的治疗,被诊断为持久妄想性障碍,作案时距出院10天时间。浙江省立同德医院在连恩青归案后对其进行司法精神病鉴定,认为连恩青患有疑病症,未达到妄想的程度;作案时意识清晰,作案动机现实,辨认和控制能力存在,有完全刑事责任能力。可见,连恩青所患是持久妄想性障碍还是疑病症,医院诊断结果与司法鉴定意见并不一致。这就需要法官根据两种精神障碍的不同特征,结合被告人的具体症状作出判定。本案复核阶段,法官曾两次当面提审连恩青,并邀请精神病学专家面对面观察其精神状态,还多次就本案涉及的精神病学方面的专业性问题咨询权威专家,组织专家论证,进行全面、审慎的审查。一般而言,对精神障碍者刑事责任能力进行判断分两个层次:第一层次是判断行为人是否有精神障碍,及患有何种精神障碍;第二层次是进一步判断行为人是否因精神障碍而致辨认或者控制行为的能力减弱或丧失。结合本案分述如下:

(一)连恩青患有属于轻度精神障碍的疑病症,而非持久妄想性障碍

首先,持久妄想性障碍和疑病症的相同之处是患者均怀疑自己患有严重疾病,但二者存在本质区别:持久妄想性障碍又称偏执性精神病,属精神病性障碍,主要特征是患者头脑中存在某些根深蒂固的错误观念,表现为没有事实基础的长期持续性妄想,临床常见被害妄想和关系妄想。疑病妄想患者多坚持认为自己身体有病或某部分有缺陷等,对实际情况歪曲或无中生有,妄想内容较荒谬,无事实根据,一般不积极求治。而疑病症则属非精神病性精神障碍,系神经功能症的一种,表现为患者确实存在一定的疾病或

身体不适,其对自身的健康状况或身体的某一部分过分关注,关注程度与实际健康状况很不相称,经常诉不适,并四处求医,希望好转,但各种客观检查的正常结果和医生的解释均不能打消患者的疑虑。疑病症患者疑心的病并非荒谬,其身体某一部分确有不适。本案中,判断连恩青患有的是持久妄想性障碍还是疑病症,关键是看连恩青认为的疾病是否有事实依据,其鼻部是否确有不适。经查,连恩青手术前鼻部患有鼻甲肥大、鼻中隔偏曲造成鼻腔堵塞、呼吸不畅的疾病。连恩青在手术后认为其鼻部的疾病未治愈,且更加严重,导致呼吸困难、胸闷,希望再次对其进行手术,并多次到不同医院就诊。部分医院仍诊断为鼻中隔稍偏曲,两侧下鼻甲稍肥厚。但是,经各医院检查,连恩青的鼻部疾病并未达到其认为的严重程度。因此,温岭市第一人民医院对连恩青的手术有一定效果,但未彻底治愈,仍有相应症状,不适感未完全消除,连恩青认为鼻部仍有疾病有事实根据,符合疑病症的特征。

其次,疑病症患者有焦虑、失眠症状。连恩青亲属反映的连恩青晚上基本只睡两三个小时,醒后在村里转来转去的反常情况也符合疑病症症状。部分疑病症患者感觉身体不适,产生焦虑情绪,导致身体更加不适,焦虑情绪更加严重,恶性循环,从而产生愤怒情绪,甚至会发展到暴力发泄的程度。连恩青偏执、易激动的表现与其日趋严重的疑病症症状有关。

再次,医院临床诊断与司法鉴定意见不一致,是因为诊断与鉴定角度不同、侧重点不同。若仅关注患者"坚信自己患有严重疾病",而没关注其"身体的某一部分确有不适",就会诊断为持久妄想性障碍;反之,考虑患者"身体的某一部分确有不适",只是其关注程度与实际健康状况很不相称,就会诊断为疑病症。

最后,虽然上海市精神卫生中心诊断连恩青患有持久妄想性障碍,但具体检查内容为:"连恩青意识清楚,接触尚合作,对答切题,思维连贯,未引出幻觉,存在内感性不适,猜疑,情绪尚平静,有一定兴趣爱好,情感反应尚协调,意志要求存在,智能可,自知力部分经治疗结果为好转。"从表述的病情来看,连恩青只是存在轻度精神障碍,具有辨认和控制能力。

综上所述,连恩青的精神状态更符合疑病症的特征,其所认为疾病的严重程度与实际不符,由心理因素导致,其所患应为非精神病性的轻度精神障碍。

(二)连恩青的辨认和控制能力没有因患属于轻度精神障碍的疑病症而受损,具有完全刑事责任能力

首先,连恩青具有辨认自己行为的能力。辨认能力是控制能力的前提和基础。司法精神医学界普遍采用作案动机理论来判断辨认能力,将作案动机分为四种:病理动机,由妄想或幻觉等认知过程障碍引起,缺少现实目的;现实动机,由需要或现实冲突引起,动机和目的是明确的、现实的;混合动机,病理动机与现实动机兼备;不明动机,此动机是无意识的,行为要达到目的也是无意识的。现实动机属于正常动机,其他三种动机则属于异常动机。一般来说,病理动机即丧失了辨认能力,但对其他几种动机则需要综合分析,应根据行为人的病情严重程度、作案时与作案后的精神状态,分析精神障碍与犯罪行为之间有无潜在的联系,从而评定行为人的辨认能力状况。

本案中,连恩青认为其就医的不同医院的医生通过网络串通,伪造虚假的CT片,掩盖其疾病和医疗黑幕,因此对浙江省温岭市第一人民医院的医生产生怨恨,报复杀人。连恩青的想法虽有不合理因素,但并无病理性作案动机,而具有现实的作案动机。一是连恩青手术后鼻部不适感未完全消失,其感觉鼻部仍有病有一定现实基础,并非凭空想象。二是连恩青认为其就医的不同医院的医生通过网络串通,伪造虚假的CT片,掩盖其疾病和医疗黑幕,既与其内向、孤僻、偏激、多疑的性格及自身对网络不甚了解有直接关系,又与当前网络技术发达,媒体时常报道医院负面新闻的社会背景有关,连恩青的想法并未完全脱离现实生活。三是医院方出具的CT报告单曾将连恩青的名字、年龄、婚姻状况写错,连恩青在投诉期间于2012年12月26日、27日分别进行了两次CT检查,但医院于12月27日对其进行CT检查后却出具了前一天即26日的检查报告,上述瑕疵成为连恩青怀疑医院CT片造假的依据。医院管理和医生工作上的瑕疵是客观存在的,故连恩青的想法有现实基础,并非妄想,其所患疑病症未影响到其作案时的辨认能力。

其次,连恩青的作案过程也反映其具有完整的辨认和控制自己行为的能力。一是连恩青作案对象明确,作案思路清晰。连恩青作案前准备了铁锤和尖刀,确定其要报复的王云杰、蔡朝阳均在医院坐诊后才决定动手;因

其认为找王云杰看过病后所拍的CT片都有问题,致无法反映其鼻部问题、无法做手术,故最痛恨王云杰,决定先杀王云杰,再杀蔡朝阳和林海勇,事先确定了报复的对象和顺序;对王云杰动手前先思考了一二分钟,其供称回忆就医过程后才决定杀人;撞不开蔡朝阳诊室的门,就用刀柄敲碎门玻璃,感觉时间不多便赶紧离开;对江晓勇作案时,发现捅刺对象错误后即停止行凶,以上种种行为表现说明连恩青具有清晰的判断自己行为性质的能力,对自己实施的行为能够完全控制。二是连恩青作案时具有很强的自我保护意识。连恩青捅刺王云杰时发现一只鞋子掉了,离开后又返回穿鞋,连恩青供称,如穿一只鞋会引起他人注意、怀疑,可能会被抓住,故返回穿好鞋离开;连恩青离开捅刺王云杰的现场,准备下楼时将尖刀隐藏,与上楼的保安擦肩而过时对保安说"捅人的人还在楼上",以误导保安,为自己继续作案争取时间,充分反映连恩青作案时具有很强的自我保护意识。三是连恩青归案后第一次供述就详细交代了作案过程及就医情况,此后供述稳定一致,与在案其他证据证实的情况能相互印证,反映其作案时意识清楚。从法院提讯情况来看,连恩青表现正常,情绪稳定,对答切题,有正常的认知和控制能力,除较偏执之外精神方面并无异常。

综上,被告人连恩青预谋犯罪,有现实的作案动机和明确的作案对象,发现杀错人后能及时中止,并有明显的自我保护意识,在作案过程中存在辨认能力和控制能力,具有完全刑事责任能力。浙江省立同德医院司法鉴定所出具的"连恩青患有疑病症,但作案时意识清晰,作案动机现实,辨认和控制能力存在"的鉴定意见,论证合理,结论客观准确,鉴定程序合法,人民法院审查后依法予以采信,并根据本案的事实、性质、情节,结合被告人的主观恶性,以故意杀人罪判处被告人连恩青死刑。

(撰稿:最高人民法院刑一庭　余　淼　许常海
审编:最高人民法院刑一庭　管应时)

[第 1287 号]

刘传林故意伤害案

——对采用灌、泼硫酸方式故意伤害他人的，如何把握死刑适用标准

一、基本案情

被告人刘传林，男，1954 年 1 月 22 日出生，农民。因涉嫌犯故意伤害罪于 2015 年 8 月 26 日被逮捕。

湖南省郴州市人民检察院以被告人刘传林犯故意伤害罪，向郴州市中级人民法院提起公诉。

被告人刘传林及其辩护人对公诉机关指控刘传林故意伤害的事实无异议，但辩称事情是由被害人父亲引起。刘传林的辩护人另提出刘传林有自首情节，系初犯、偶犯，认罪态度好，建议对其从轻处罚。

郴州市中级人民法院经公开审理查明：

被告人刘传林与刘元生、刘元生的侄子刘某某均系湖南省永兴县油麻乡高城村老高城组村民。2015 年 5 月，刘传林与刘元生因琐事在刘某某家发生打斗，刘传林受伤。后刘传林要求刘某某赔偿医疗费，经村干部及当地派出所调解未果，遂起意用硫酸泼洒刘某某的孩子。刘传林从他人处骗得硫酸后，将硫酸倒入平时用来喝茶的塑料水壶中，准备作案。同年 8 月 17 日 11 时许，刘传林见刘某某的儿子刘甲（被害人，时年 8 岁）、女儿刘乙（被害人，殁年 5 岁）与其孙子在一起玩耍，便赶回家中拿出装有硫酸的塑料水壶，将刘甲、刘乙骗至村后山树林中偏僻处，强行给刘甲灌食硫酸，刘甲反抗，刘传林将刘甲按倒在地，将硫酸泼洒在刘甲的脸上、身上。刘甲挣脱后跑回村中求救。刘传林又强行将硫酸灌入刘乙口中，并朝刘乙的脸上、身上泼洒。

作案后,刘传林主动向公安机关投案。刘甲、刘乙相继被送往医院抢救,刘甲经抢救脱险,刘乙经抢救无效于同月19日死亡。经鉴定,刘乙系被他人用强腐蚀性物质作用于体表和上消化道,致极重度烧伤,因呼吸、循环衰竭死亡;刘甲头面部、胸部、双眼球被硫酸烧伤,现双眼无光感,容貌重度毁损,评定为重伤一级、一级伤残。

郴州市中级人民法院认为,被告人刘传林采取强行灌食和泼洒硫酸的方式故意伤害他人,致一人死亡,一人重伤,其行为已构成故意伤害罪。刘传林因刘某某没有及时劝阻其与他人的厮打而迁怒于刘某某,继而用硫酸报复无辜的被害人,作案动机卑劣,犯罪手段特别残忍,后果特别严重,社会危害性极大,且不悔罪,虽有自首情节,但不足以从轻处罚。据此,依照《中华人民共和国刑法》第二百三十四条第二款、第六十七条第一款、第五十七条第一款之规定,以被告人刘传林犯故意伤害罪,判处死刑,剥夺政治权利终身。

一审宣判后,被告人刘传林未提出上诉,检察机关未抗诉。湖南省高级人民法院经复核,裁定同意原判,并依法报请最高人民法院核准。最高人民法院于2017年4月24日核准了被告人刘传林死刑。

二、主要问题

对采用灌、泼硫酸方式进行故意伤害的案件,如何把握死刑的适用标准?

三、裁判理由

故意伤害罪和故意杀人罪都是侵犯公民人身权利的犯罪,但与故意杀人罪相比,故意伤害罪的社会危害性和被告人的主观恶性有所不同,适用死刑应当比故意杀人罪更加慎重,标准更加严格。从刑法对法定刑的配置看,故意杀人罪是"处死刑、无期徒刑或者十年以上有期徒刑",而对故意伤害犯罪,是在"致人死亡或者以特别残忍的手段致人重伤造成严重残疾的"条件下,"处十年以上有期徒刑、无期徒刑或者死刑"。这种条件配置和轻重不同的法定刑排序,体现了立法对故意杀人罪和故意伤害罪适用死刑的不同态度。

从近年的司法实践来看，对故意伤害案件适用死刑，要综合考虑犯罪的起因、动机、目的、手段等情节，犯罪的后果，被告人的主观恶性和人身危害性等因素，全面分析影响量刑的轻重情节，根据被告人的罪责，并考虑涉案当地的社会治安状况和犯罪行为对人民群众安全感的影响，区分案件的不同情况对待，以确保死刑的慎重适用。其中，对于故意伤害致人死亡的被告人决定是否适用死刑时，要将严重危害社会治安的案件与民间纠纷引发的案件进行区分，将手段特别残忍、情节特别恶劣的与手段、情节一般的进行区分，将预谋犯罪与激情犯罪进行区分，等等。对于以特别残忍手段致人重伤造成严重残疾的故意伤害案件，适用死刑时应当更加严格把握，并不是只要达到"严重残疾"的程度就必须判处被告人死刑，而是要根据致人"严重残疾"的具体情况，综合考虑犯罪情节和"严重残疾"的程度等情况，慎重决定。对于以特别残忍手段造成被害人重伤致特别严重残疾的被告人，可以适用死刑立即执行。

本案是一起采用灌食、泼洒硫酸方式实施的恶性故意伤害犯罪案件。从起因来看，本案属于民间矛盾激化引发，与针对不特定对象实施的严重危害社会治安的故意伤害犯罪有所不同，且被告人作案后投案自首，但是，本案从犯罪性质到犯罪情节、犯罪后果，都需要体现从严惩处：其一，犯罪手段特别残忍，犯罪情节恶劣，后果极其严重。刘传林利用被害人刘甲、刘乙对长辈的信任，将二被害人骗至村外，当着自己孙子（时年5岁）的面，强行向刘甲灌食硫酸，遭到反抗后又朝刘甲身上泼洒，致刘甲面目全非。其孙子吓得大哭后，刘传林仍不罢手，又朝刘乙强行灌食和泼洒硫酸，致刘乙体表和上消化道极重度烧伤死亡。刘甲消化道烧伤，双眼睑外翻、双眼球烧毁，鼻部大部分缺失变平畸形，口唇严重外翻，张口度仅能容二指，颏颈前部瘢痕严重连痂挛缩，左耳廓完全缺失，构成一级重伤、一级伤残。其二，被害方对引发案件没有过错。根据查明的事实，刘某某既未唆使其叔叔刘元生殴打刘传林，也未参与刘元生和刘传林的打斗，对刘传林的损伤无法定赔偿义务。虽然刘某某未主动阻止刘元生与刘传林的打斗，但事发后已因此向刘传林道歉，并被刘传林的亲戚殴打，在情理上也不亏欠刘传林。在此情况下,刘传林仍起意报复刘某某,明知硫酸具有强腐蚀性,能严重毁容或致人死亡,预谋向刘某某的两个年幼的孩子灌食、泼洒硫酸,可谓犯罪动机十分卑劣。其三,刘传林虽投案自首,但认罪态度一般,无明显悔罪表现。刘传林作案后向亲属表示感觉出了气,为家族争了光,归案后也仅承认向二被害人泼洒硫酸,二被害人的损伤是其所致,始终否认向二人强行灌食硫酸的犯罪情节,供述避重就轻,开庭时明确表示无法赔偿。经法院工作,刘传林的亲属仍拒绝代为赔偿,被害方对刘传林也不予谅解。此外,本案性质恶劣、后果极其严重,在当地引起极为恶劣的影响。综合上述理由,最高人民法院认为,本案是以特别残忍手段造成被害人死亡和特别严重残疾的案件,刘传林属罪行极其严重,故依法核准刘传林死刑。

需要指出的是,虽然本案被告人刘传林被核准死刑,但对故意伤害犯罪适用死刑整体上应十分慎重。泼硫酸通常被认为属于特别残忍的犯罪手段,但如在后果不属于极其严重,而只是致一人重伤,残疾等级也不是很高的情况下,则一般不判处死刑立即执行。此外,对于因民间矛盾激化引发的、犯罪情节和后果一般的伤害案件,被害人有过错或者对引发案件负有直接责任的伤害案件,被告人犯罪后对被害人积极施救或者积极赔偿、取得被害方谅解的伤害案件,一般不适用死刑。对于伤害案件,即使犯罪后果严重,只要犯罪手段不是特别残忍、情节不是特别恶劣的,也应本着化解社会矛盾、修复被破坏的社会关系的目的,尽量开展附带民事调解等矛盾化解工作,以确保死刑的慎重适用。

(撰稿:最高人民法院刑五庭　王秋玲　李　彤
审编:最高人民法院刑五庭　欧阳南平)

[第1288号]

梁娟医疗事故案

——医务人员在医院安排下的违规医疗行为应当如何定性

一、基本案情

被告人梁娟,女,汉族,1983年11月20日出生,安徽省宿州同济医院护士。

安徽省宿州市埇桥区人民检察院以被告人梁娟犯非法行医罪,向安徽省宿州市埇桥区人民法院提起公诉。

被告人梁娟对公诉机关的指控无异议,并愿意适当赔偿附带民事诉讼原告人的经济损失。

被告人梁娟的辩护人提出:梁娟系同济医院的护士,其给被害人杨某某注射丙泊酚系职务行为;丙泊酚不属于麻醉药品,被告人梁娟的行为不构成非法行医罪。如认定被告人梁娟的行为构成犯罪,其具有自首、立功情节。

宿州市埇桥区人民法院经公开审理查明:被告人梁娟系宿州同济医院护士,未取得医生执业资格。2014年5月16日上午,宿州同济医院妇产科医生陶艳丽安排助理医师孙静给被害人杨某某做人流手术,被告人梁娟给杨某某静脉推注丙泊酚,手术结束后杨某某昏迷,经抢救无效死亡。经法医鉴定,被害人杨某某系因在人流手术过程中静脉推注麻醉药丙泊酚导致呼吸抑制而死亡。案发后宿州同济医院已赔偿被害人杨某某亲属人民币60万元。

宿州市埇桥区人民法院认为,被告人梁娟身为宿州同济医院的护士,未取得麻醉师和医生执业资格,在为被害人杨某某做人流手术时注射麻醉药丙泊酚,造成被害人杨某某死亡的严重结果,其行为构成非法行医罪。被告人梁娟归案后能如实供述犯罪事实,依法可予从轻处罚。依据《中华人民共和国刑法》第三百三十六条、第五十二条、第六十七条第三款、第六十一条及《最高人民法院关于民事诉讼证据的若干规定》第二条第二款之规定，判决被告人梁娟犯非法行医罪，判处有期徒刑十年，并处罚金人民币一万元。

一审判决后，被告人梁娟不服，向安徽省宿州市中级人民法院提起上诉。

梁娟上诉提出，她是医院的护士，是按照医院安排并遵照医嘱注射的丙泊酚，是履行职务行为，不构成非法行医罪。

梁娟的辩护人提出，宿州同济医院是合法的从事医疗的经营单位，医院内部管理混乱、严重违规操作是造成本次事故的根本原因，梁娟是第一次打麻醉，是受医生安排违规操作，梁娟的行为不构成非法行医罪，应构成医疗事故罪。

宿州市人民检察院认为，丙泊酚是麻醉药，应由受过训练的麻醉师或者加强监护病房的医生给药，护士不能独立注射，认定梁娟构成医疗事故罪于法无据，应认定梁娟构成非法行医罪。

宿州市中级人民法院查明：上诉人梁娟系宿州同济医院的护士，陶艳丽、孙静是同济医院妇科的医生，均系助理医师，陶艳丽担任主任。2014年5月16日上午，被害人杨某某到宿州同济医院妇科就诊，陶艳丽安排助理医师孙静给杨某某做人流手术，在孙静表示可以麻醉时，上诉人梁娟在明知麻醉药丙泊酚应由受过训练的麻醉师或加强监护病房的医生给药的情况下，给被害人杨某某静脉推注了丙泊酚注射液，手术结束后杨某某昏迷，经抢救无效死亡。经法医鉴定，被害人杨某某系因在人流手术过程中静脉推注丙泊酚导致呼吸抑制而死亡，可以排除杨某某系毒物中毒致死、机械性窒息致死、机械性损伤致死和原发性疾病致死。案发后宿州同济医院赔偿被害人杨某某亲属人民币60万元。二审期间，上诉人梁娟及其亲属与被害人亲属自行达成调解协议，赔偿被害人亲属14万元，取得被害人亲属的谅解。

宿州市中级人民法院认为，梁娟作为宿州同济医院的医务人员在诊疗护理工作中严重违反法律、法规、规章和诊疗护理规范、常规，造成就诊人杨某某死亡，其行为构成医疗事故罪，依法应予惩处。梁娟归案后能如实供述主要犯罪事实,构成坦白,且有立功(检举他人犯罪线索)、赔偿被害人亲属经济损失并取得谅解等从轻处罚情节,可依法对其从轻处罚,但其在取保候审期间潜逃,严重影响司法权威,不宜适用缓刑。依据《中华人民共和国刑法》第三百三十五条、第六十七条第三款、第六十八条、第六十一条以及《中华人民共和国刑事诉讼法》第二百二十五条第一款第二项之规定,撤销一审判决,以医疗事故罪改判梁娟有期徒刑二年。

二、主要问题

被告人作为护士,在医院安排下违法从事治疗行为,导致医疗事故发生的,应当如何定罪?

三、裁判理由

本案审理中,对于被告人梁娟的行为如何定性,存在以下几种观点:

第一种观点认为,被告人梁娟的行为构成非法行医罪。理由是:梁娟作为护士,知道自己没有行医资格,也没有麻醉师资格,在为被害人杨某某做人流手术时注射丙泊酚,而丙泊酚注射液属于麻醉药,应严格按照该药的使用说明,由受过训练的麻醉师或病房医生来给药。梁娟作为宿州同济医院的护士,擅自为被害人静脉注射丙泊酚,超出其职权范围,属于非法行医行为,应构成非法行医罪。

第二种观点认为,被告人梁娟的行为构成过失致人死亡罪。理由是:梁娟作为护士应聘到同济医院,一直担任护士的职务,没有非法行医的故意,不能认定梁娟构成非法行医罪。梁娟对被害人的死亡具有过失,应当以过失致人死亡罪定罪量刑。

第三种观点认为,被告人梁娟不构成犯罪。理由是:梁娟系业务过失导致被害人死亡,对其罪名选择应是特殊罪名优于普通罪名,梁娟如果构成犯罪,只能是医疗事故罪,但本案没有进行医疗事故责任认定,认定梁娟构成犯罪事实不清,证据不足。

第四种观点认为,被告人梁娟的行为构成医疗事故罪。

我们同意第四种观点,理由如下:

（一）推注麻醉药丙泊酚并非被告人梁娟个人的擅自行为，梁娟不构成非法行医罪

《最高人民法院关于审理非法行医刑事案件具体应用法律若干问题的解释》（以下简称《解释》）第一条规定，刑法第三百三十六条第一款中“未取得医生执业资格的人非法行医”是指以下情形：（1）未取得或者以非法手段取得医师资格从事医疗活动的；（2）被依法吊销医师执业证书期间从事医疗活动的；（3）未取得乡村医生执业证书，从事乡村医疗活动的；（4）家庭接生员实施家庭接生以外的医疗行为的。虽然非法行医罪不要求以营利为目的，但实践中该罪的打击重点一直是以营利为目的、长期以非法行医为业的人。

一审法院认为，被告人梁娟构成非法行医罪，理由是梁娟为他人静脉注射麻醉药丙泊酚，已超出其职权范围，不属职务行为，属于“未取得医师资格从事医疗活动”的情况。这种观点值得商榷。宿州同济医院是一家合法成立的私立医院，梁娟作为护士应聘到同济医院，一直担任护士的职务，领取护士的薪水。根据孙静、赵亚楠、薛斌、陈明等证人的证言和梁娟的供述分析，陶艳丽是宿州同济医院妇科主任，有对妇科医务人员的人事安排权利，且该医院妇科仅有陶艳丽具有购买、保管麻醉药的权限。案发当天，陶艳丽安排助理医师孙静给杨某某做人流手术，并未外聘麻醉师，虽然陶艳丽否认安排梁娟推注麻醉药丙泊酚，但综合全案证据，可以推定梁娟参与手术是受医院安排的。在孙静表示可以麻醉时，作为护士的梁娟给被害人杨某某静脉推注了麻醉药丙泊酚，手术结束后杨某某昏迷，经抢救无效死亡。这是一个完整的诊疗活动，梁娟的行为是该诊疗活动的一个环节。从宿州同济医院妇科的管理和整个诊疗过程来看，可以认定梁娟参与手术、推注麻醉药丙泊酚的行为系受院方安排的职务行为，并非其个人擅自决定。因而，虽然梁娟本人没有医师资格，但是其推注麻醉药实际是医院和医师授权下的职务行为，尽管这一授权从管理角度是违规的，但梁娟本人不属于《解释》规定的“未取得医生执业资格的人非法行医”的四种情形，依法不构成非法行医罪。

（二）被告人梁娟具有明显过错，符合医疗事故罪的构成要件

刑法第三百三十五条规定，医疗事故罪是指医务人员严重不负责任，造

成就诊人死亡或者严重损害就诊人身体健康的行为。《医疗事故处理条例》第二条规定,医疗事故是指医疗机构及其医务人员在医疗活动中,违反医疗卫生管理法律、行政法规、部门规章和诊疗护理规范、常规,过失造成患者人身损害的事故。

医疗事故罪的主体为特殊主体,即必须是医务人员。医务人员是指具有一定医学知识和医疗技能,取得行医资格,直接从事医疗护理工作的人员,包括医院医务人员及经批准的个体行医者、医疗防疫人员、药剂人员、护理人员和其他技术人员。梁娟是取得护士执业资格的护士,符合本罪的主体要件。

在客观上,由于梁娟严重不负责任的行为造成了就诊人的死亡。所谓严重不负责任,是指在诊疗护理工作中,严重违反法律、法规、规章和诊疗护理规范、常规,即医疗中的违法违规行为。本案中,孙静仅是助理医师,不具有独立进行手术的资格,根据执业医师法第三十条第一款的规定,执业助理医师应当在执业医师的指导下,在医疗、预防、保健机构中按照其执业类别执业。孙静在没有执业医师指导的情况下为被害人做人流手术,这是违法违规的;丙泊酚注射液应由受过训练的麻醉师或加强监护病房的医生来给药,梁娟是宿州同济医院的护士,没有医师资质而给患者推注麻醉药丙泊酚注射液,也是违法违规的。对于杨某某的死亡,宿州同济医院具有不可推卸的责任,而梁娟严重不负责任的医务行为正是医疗事故发生的直接原因。

医疗事故罪在主观方面表现为过失,即行为人主观上对病人伤亡存在重大业务过失。所谓业务过失,是指担任某种职务或从事某种职业的人,违反业务上的特定注意义务的主观心态。本案中,综合梁娟的供述和其身份、职业等,可以认定梁娟能够清楚认识自己从事麻醉行为的危险性,梁娟明知自己没有医师资质而给患者推注麻醉药丙泊酚注射液,存在重大的业务过失。

综合上述情况,我们认为,即使被告人梁娟的行为属于其所就职的同济医院安排的职务行为,但其个人仍然存在重大业务过失,符合医疗事故罪的犯罪构成,可依法构成该罪。

需要说明的是,医疗事故责任认定书是认定医疗事故罪的充分条件而非必要条件。根据《医疗事故处理条例》的规定,卫生行政部门接到医疗机构关于重大医疗过失行为的报告或者医疗事故争议当事人要求处理医疗事故争议的申请后,对需要进行医疗事故技术鉴定的,应当交由负责医疗事故技术鉴定工作的医学会组织鉴定;医患双方协商解决医疗事故争议,需要进行医疗事故技术鉴定的,由双方当事人共同委托负责医疗事故技术鉴定工作的医学会组织鉴定。同时,《医疗事故处理条例》第三十一条对于医疗事故技术鉴定书的主要内容进行了规定,其关键内容包括"(四)医疗行为是否违反医疗卫生管理法律、行政法规、部门规章和诊疗护理规范、常规;(五)医疗过失行为与人身损害后果之间是否存在因果关系;(六)医疗过失行为在医疗事故损害后果中的责任程度"。本案中,虽然没有医疗事故责任认定书,但是在案有尸体检验、理化检验、病理检验等司法鉴定结论,全面、翔实、清楚地证明了被告人梁娟的行为与被害人死亡之间具有直接因果关系,明确杨某某系因在人流过程中静脉推注丙泊酚导致呼吸抑制而死亡,排除杨某某系毒物中毒致死、机械性窒息致死、机械性损伤致死和原发性疾病致死,医院不具有无法预见和无法避免的免责情形。即使没有医疗事故责任认定书也不影响医疗事故罪的成立。换言之,医疗事故责任认定书只是认定被告人行为是否构成医疗事故罪的其中一个证据,法院可以综合全案证据来认定医疗事故责任。

(三)梁娟不构成过失致人死亡罪

医疗事故罪在造成致人死亡的结果时与过失致人死亡罪存在法条竞合关系。但二罪之间的区分也是明显的:医疗事故罪的主体是特殊主体,即医务人员;主观方面为特定的业务过失;客体上除了侵犯他人的生命健康权外,还侵犯了医疗机构的管理秩序;客观上也通常表现为诊疗中的违规行为。根据特殊罪名优于普通罪名原则,符合上述犯罪构成的应当以医疗事故罪定罪处罚。

(四)认定被告人梁娟构成医疗事故罪符合罪责刑相适应原则

实践中,对于已取得护士资格而未取得医生执业资格的护士,擅自从事诊疗活动损害就诊人身体健康的,以非法行医罪论处争议不大。但是本案中,被害人到合法成立的私立医院就诊,由医生安排手术,被告人梁娟在医院的安排下从事超出其护理工作职责的麻醉行为，之所以发生被害人死亡的后果，与医院对医护人员资格、诊疗行为、手术规程等管理存在漏洞明显有关，如以非法行医罪对护士梁娟判处有期徒刑十年，既不符合非法行医罪的构成要件，也明显有失公允。我们认为，二审法院综合考虑案件的性质、情节以及医院方面的过错、赔偿等，以医疗事故罪改判梁娟有期徒刑二年是正确的。

（撰稿：安徽省宿州市中级人民法院刑一庭　蔡玉良　贾　硕
最高人民法院刑二庭　段　凰
审编：最高人民法院刑二庭　韩维中）

[第1289号]

张正伟污染环境案

——环境污染犯罪案件刑事附带民事公益诉讼有关问题

一、基本案情

被告人张正伟,男,1975年6月12日出生,农民。因涉嫌犯污染环境罪于2018年8月9日被逮捕。

公诉机关暨附带民事公益诉讼起诉人浙江省德清县人民检察院。

德清县人民检察院以被告人张正伟犯污染环境罪,于2018年9月29日向德清县人民法院提起公诉。德清县人民法院于当日立案受理,依法适用简易程序审理。在审理过程中,德清县人民检察院向德清县人民法院提起刑事附带民事公益诉讼,认为张正伟违反国家法律规定,排放重金属超标的污水,其行为破坏了生态环境,损害了社会公共利益,应当承担环境侵权的民事责任。德清县人民法院依法转为适用普通程序,由三名审判员与四名人民陪审员组成七人合议庭公开开庭进行了审理。德清县人民检察院检察长出庭支持公诉及刑事附带民事公益诉讼起诉。

德清县人民法院经审理查明:

2018年5月4日至5月8日间,被告人张正伟在浙江省德清县阜溪街道曲园北路1232号厂房内,私自设立加工作坊,加工中岛架、展柜等不锈钢产品,使用化学试剂进行清洗,后将未经处理的重金属废水经沉淀后直接排放至雨水管网,污水排放量约为600公斤。2018年5月11日,经德清县环境保护监测站检测,排污口废水重金属铜含量为24.1 mg/L,超过《污水综合排放标准》(GB 8978—1996)规定的一级标准限值(0.5 mg/L)48.2倍。

2018年6月25日,德清县环境保护局将被告人张正伟涉嫌污染环境罪一案移送德清县公安局,德清县公安局于次日立案侦查。2018年7月6日,张正伟投案自首,并如实供述了犯罪行为。

另查明,由杭州市环境保护科学研究院、煤科集团杭州环保研究院有限公司、浙江清雨环保工程有限公司三名环境影响评价工程师组成的专家组,出具了环境污染损害评估意见,认为本案环境损害费用适用虚拟成本法进行估算,所涉及的地表水体环境功能区类型为Ⅲ类,环境损害赔偿额在44 546元至59 394.66元。德清县人民检察院支付了评估费用人民币7 000元。

2018年11月13日,被告人张正伟向德清县人民检察院预交了环境损害赔偿金及评估费用共计51 546元。

德清县人民法院经审理认为,被告人张正伟违反国家规定,在未办理任何环保手续且未采取任何环保防治措施的情况下,排放含重金属铜的污水,超过国家排放标准十倍以上,严重污染环境,侵犯了国家对危险废物的安全管理制度,其行为已构成污染环境罪。张正伟自动投案,如实供述自己的犯罪事实,系自首,依法可以从轻处罚。根据张正伟的自首情节,综合其认罪、悔罪表现,以及主动预交赔偿金的情形,对其可以适用缓刑。张正伟的辩护人提出的适用缓刑意见,予以采纳。

被告人张正伟非法排放污水,破坏了生态环境,损害了社会公共利益,依法应承担相应的民事责任。德清县人民检察院发现张正伟的污染环境违法行为后,履行了公告程序,在公告期满适格主体未提起民事诉讼的情况下,提起附带民事公益诉讼,符合法律规定。因涉案污水已经雨水管网排放至阜溪等开放水域,以当前情势无法回收处理,污水致使阜溪水体污染,造成了生态环境风险及损失,张正伟应依法承担赔偿责任。德清县人民检察院主张的损失数额,有专家评估意见为证,且经张正伟质证无异议,予以采信。故对德清县人民检察院要求张正伟赔偿因排污造成的生态环境损害44 546元的诉讼请求,予以支持。德清县人民检察院为确定损害支出的专家评估费用7 000元,应由张正伟承担。为保护环境安全,打击污染环境犯罪,维护社会生态环境公共权益,依照《中华人民共和国刑法》第三百三十八条,第六十七条第一款,第七十二条,第七十三条第二款、第三款,第五十二条,第五十三条,第三十六条第一款;《中华人民共和国环境保护法》第六十四条;《中华人民共和国侵权责任法》第十五条第一款第六项、第六十五条;《最高人民法院、最高人民检察院关于办理环境污染刑事案件适用法律若干问题的解释》第一条第一款第四项;《最高人民法院关于审理环境民事公益诉讼案件适用法律若干问题的解释》第十八条、第二十二条;《中华人民共和国刑事诉讼法》第一百零一条第二款;《中华人民共和国民事诉讼法》第五十五条第二款之规定,作出如下判决:

1. 被告人张正伟犯污染环境罪,判处有期徒刑七个月,缓刑一年四个月,并处罚金人民币一万元;

2. 被告人张正伟于判决生效之日起十日内赔偿生态环境损失人民币44 546元;

3. 被告人张正伟于判决生效之日起十日内向德清县人民检察院支付评估费用人民币7 000元;

4. 禁止被告人张正伟在缓刑考验期间从事与排放、倾倒、处置危险废物有关的职业及活动。

一审宣判后,在法定期限内,被告人张正伟未提出上诉,公诉机关亦未提起抗诉,判决已发生法律效力。

二、主要问题

1. 刑事附带民事公益诉讼案件,法院审判组织应如何确定?

2. 污染环境犯罪刑事附带民事诉讼案件中,环境损害赔偿数额应如何认定?

三、裁判理由

(一)关于本案审判组织的确定

《最高人民法院关于审理环境民事公益诉讼案件适用法律若干问题的解释》(法释〔2015〕1号)第六条规定,第一审环境民事公益诉讼案件原则上应由中级以上人民法院管辖。中级人民法院认为确有必要的,可以在报请高级人民法院批准后,裁定将案件交由基层人民法院审理。但随着公益诉讼制度的不断推进与完善,刑事附带民事公益诉讼作为一种便捷的特殊公益诉讼形式,逐渐成为检察机关参与公益诉讼的主要途径。对于此类案件的管辖,《最高人民法院、最高人民检察院关于检察公益诉讼案件适用法律若干问题的解释》(法释〔2018〕6号,以下简称《解释》)第二十条规定,人民检察院对破坏生态环境和资源保护、食品药品安全领域侵害众多消费者合法权益等损害社会公共利益的犯罪行为提起刑事公诉时,可以向人民法院一并提起附带民事公益诉讼,由人民法院同一审判组织审理。根据该解释,对于检察机关提起的第一审刑事附带民事公益诉讼,基层人民法院无须层报高级人民法院批准即可直接受理。司法实践中,基层人民法院直接受理的第一审刑事附带民事公益诉讼案件成为目前公益诉讼的重要组成部分。

本案中,德清县人民法院在审理被告人张正伟污染环境刑事案件过程中,受理德清县人民检察院提起的附带民事公益诉讼,符合前述关于刑事附带民事公益诉讼的管辖规定及实践操作,但在受理后如何确定审判组织审理本案的问题上,主要有两种意见:

第一种意见认为,本案应该由原审判员继续独任审理。刑事诉讼法第一百零四条规定,附带民事诉讼应当同刑事案件由同一审判组织一并审判。《解释》也明确对于检察机关提起的刑事附带民事公益诉讼案件,由人民法院同一审判组织审理。本案在刑事案件审理过程中,已经根据案情确定了由一名审判员独任审判,故应由该审判员继续一并审理刑事附带民事公益诉讼。

第二种意见认为,本案应该转为普通程序并组成七人合议庭审理。根据刑事诉讼法第一百八十三条规定,基层人民法院审判第一审案件,应当由审判员三人或者由审判员和人民陪审员共三人或者七人组成合议庭进行,但是基层人民法院适用简易程序、速裁程序的案件可以由审判员一人独任审判。该法第二百一十五条规定,有重大社会影响的案件,不适用简易程序审理。本案应该转为普通程序审理,并适用人民陪审员法的规定,由人民陪审员和法官组成七人合议庭进行审理。

我们赞同第二种意见,具体理由如下:

第一,本案出现了不适用简易程序的法定情形,应转为普通程序组成合议庭审理。为提高司法效率,刑事诉讼法规定了简易程序、速裁程序等特别程序,并规定了适用简易程序审理的条件,同时列明了不适用简易程序的案件情形,但对"有重大社会影响的""其他不宜适用简易程序审理的"等规定该如何把握,基本由人民法院根据案件实际情况自行理解并适用。本案中,德清县人民法院在受理刑事案件后,根据实际案情,决定适用简易程序由审判员一人独任审判,并无不当。但因本案涉及社会公共环境权益,检察院决定提起刑事附带民事公益诉讼,法院的裁判结果将对辖区产生重大社会影响,出现了刑事诉讼法规定的不适用简易程序的法定情形,故应转为适用普通程序组成合议庭审理。

第二,人民陪审员法第十六条第二项规定,人民法院审判根据民事诉讼法、行政诉讼法提起的公益诉讼案件,由人民陪审员和法官组成七人合议庭进行。本案符合这种情形。

第三,组成七人合议庭审理本案,更能体现司法的公正价值取向。刑事诉讼法确定刑事附带民事诉讼制度,主要是考虑诉讼的效率问题。人民法院在审理刑事案件时,由同一审判组织审理附带民事诉讼,既方便了刑事被害人维护合法权益,又节约了司法资源。而人民陪审员法相关规定的主要目的在于保障公民参加审判活动,促进司法公正,提升司法公信。人民陪审员法第十六条规定人民法院审理公益诉讼等重大第一审案件应由人民陪审员和法官组成七人合议庭审理,对司法公正提出了形式要求。办理刑事附带民事公益诉讼案件,确定由原审判组织一人独任审判还是由三人或者七人组成合议庭审理,实际上体现了效率与公正两种司法价值的选择。本案组成七人合议庭审理,首先从形式上保障了案件的公正审理,是正确的、恰当的。

(二)关于本案环境损害赔偿数额的确定

德清县人民检察院委托杭州市环境保护科学研究院、煤科集团杭州环保研究院有限公司、浙江清雨环保工程有限公司三名环境影响评价工程师组成专家组,就本案环境污染损害出具了评估意见,适用虚拟成本法估算环境损害费用,认为所涉及的地表水体环境功能区类型为Ⅲ类,计算出环境损害赔偿额在44 546元至59 394.66元之间。据此,德清县人民检察院主张被告人张正伟赔偿环境污染损害44 546元,并申请其中一名专家组成员出庭提出意见。煤科集团杭州环保研究院有限公司的环境影响评价工程师张迎喜出庭发表意见,认为涉案污水直接排入雨水管网,最终流入阜溪,对生态环境造成损害。评估意见采用虚拟成本法进行估算,将企业单位污染物治理平均成本(含固定资产折旧)乘以根据受污染影响区域的环境功能敏感程度而确定的一定倍数,作为环境损害数额的上下限值,本案估算的环境损害赔偿额为 44 546 元至 59 394.66 元。

有意见认为,有专门知识的人提出的意见不属于任何一种法定证据形式,根据《最高人民法院关于适用〈中华人民共和国民事诉讼法〉的解释》第一百二十二条的规定,应视为当事人陈述,不能作为证据对待,更不能作为定案的根据。本案仅凭三名环境影响评价工程师出具的评估意见,即便其中一名工程师到庭提出意见并接受询问,也不能据此作出要求被告人张正伟赔偿环境污染损害 44 546 元的判决。我们认为,司法实践中对专家意见在裁判中的作用素有争论,但不能据此否认专家意见在法院裁判中的辅助作用,特别是其在证据认定、裁量刑罚等方面,具有重要的参考价值。本案的附带民事公益诉讼,实为因被告人张正伟的犯罪行为侵犯公共环境权益而提起的侵权之诉。《最高人民法院关于审理环境侵权责任纠纷案件适用法律若干问题的解释》第九条规定:"当事人申请通知一至两名具有专门知识的人出庭,就鉴定意见或者污染物认定、损害结果、因果关系等专业问题提出意见的,人民法院可以准许。当事人未申请,人民法院认为有必要的,可以进行释明。具有专门知识的人在法庭上提出的意见,经当事人质证,可以作为认定案件事实的根据。"该规定为法院采信专家意见提供了明确的依据。本案中,被告人张正伟将加工不锈钢产生的污水通过雨水管网排入阜溪开放性水域,客观上对阜溪水体环境造成损害及生态风险,本案三名环境影响评价工程师接受委托,通过实地走访及调查论证,并根据环境影响评价的相关规定,采用虚拟成本法,结合损害地的环境状况,给出了需赔偿的数额区间,并当庭提出意见且作了详细说明。根据上述意见,德清县人民检察院选择损害赔偿区间的最低值作为诉讼主张,经被告人张正伟及其委托代理人质证无异议,并当庭表示愿意赔偿。上述专家意见,经本案合议庭审查后认为科学、公正,可以作为损害赔偿数额确定的根据,为本案合议庭运用自由裁量权作出裁判提供了重要参照。

需要注意的是,在环境侵权案件审理过程中,对有专门知识的人提出的意见进行认证,要严格参照法定证据形式的认证程序,必须经当事人充分质证,以及法庭的认真论证,确保只有科学的、客观的、严谨的专家意见才能作为认定案件事实的根据。

综上所述,德清县人民法院在受理了德清县人民检察院提起的附带民事公益诉讼后,由独任审判转为组成七人合议庭审理,是合法的、适当的。在本案审理过程中,合议庭根据有专门知识的人提出的损害评估意见,确定本案环境损害赔偿数额,进而作出支持德清县人民检察院的民事赔偿诉讼请求,是正确的。

(撰稿:浙江省高级人民法院　郑晓红
浙江省德清县人民法院　何晓红　王昆明
审编:最高人民法院刑二庭　韩维中)

［第1290号］

唐立新、蔡立兵贩卖毒品案

——如何把握贩卖毒品罪的既遂未遂标准
与毒品犯罪上下家的死刑适用标准

一、基本案情

被告人蔡立兵，男，1973年10月26日出生，无业。1991年3月14日因犯抢劫罪被判处有期徒刑三年。因本案于2011年12月23日被逮捕。

被告人唐立新，男，1967年8月17日出生，无业。2011年12月23日被逮捕。

（其他被告人情况略）

湖南省郴州市人民检察院以被告人唐立新、蔡立兵犯贩卖毒品罪，向郴州市中级人民法院提起公诉。

被告人唐立新及其辩护人提出，公诉机关指控的第一起贩毒事实证据不足；第二起贩毒的毒品未流入社会，社会危害不大，请求对唐立新从轻处罚。

被告人蔡立兵及其辩护人提出，蔡立兵为吸食而购买毒品，公诉机关指控蔡立兵购买毒品系为贩卖的证据不足，且第二起贩毒的毒品未转移给蔡立兵，蔡立兵购买毒品的行为并未完成，不能定罪。

郴州市中级人民法院经公开审理查明：

2011年间，被告人蔡立兵从天津市来到湖南省郴州市，认识了被告人廖小军（同案被告人，已判刑）。经廖小军介绍，蔡立兵从被告人唐立新处购买毒品，带回天津市用于自己吸食和贩卖。蔡立兵驾驶一辆东南牌小轿车到郴州购买毒品，并雇请雷水林（另案处理）驾驶一辆骐达牌小轿车在郴州市

区内接送。具体犯罪事实如下:

1. 2011年7月,被告人蔡立兵从天津市来到郴州市找到廖小军,欲购买毒品。廖小军找到被告人唐立新,唐立新即从"阿英"(在逃)处购进冰毒100克,在郴州市第三人民医院家属区廖小军家中卖给蔡立兵。之后,蔡立兵将毒品带回天津市用于自己吸食和贩卖。

2. 2011年10月底,被告人蔡立兵联系廖小军,欲购买2 000多克冰毒。廖小军将该信息告诉被告人唐立新。唐立新遂找到彭永根(同案被告人,已判刑)商议购买毒品卖给蔡立兵。同年11月15日,蔡立兵携带60.3万元毒资,驾驶东南牌小轿车从天津市来到郴州市,住在廖小军的妹妹廖某某家中。同月16日,彭永根在广东省陆丰市从"阿高"(在逃)处以每克220元的价格购进冰毒2 000余克。同月17日下午,彭永根将冰毒带回郴州,同日18时许,唐立新购买了电子秤并与彭永根接应,将蔡立兵约至郴州市春天公寓进行交易。三人会合后,蔡立兵对毒品验货、称重,并与唐立新、彭永根议定购买该批冰毒的价格为每克260元。其间,唐立新另将300粒"麻古"以1万元的价格卖给蔡立兵。唐立新与蔡立兵因此次毒品交易系廖小军从中介绍,商定各出5 000元给廖作为好处费,并当场打电话告知廖。唐立新、彭永根、蔡立兵将毒品包装好,准备出门前往廖某某住处取毒资时,被公安人员抓获。公安人员当场缴获白色晶体5包,红色药丸2包,经鉴定,白色晶体净重2 227克,甲基苯丙胺含量为57.8%;红色药丸净重30.338 9克,从中检出甲基苯丙胺和咖啡因成分。随后,公安机关从廖某某家卧室衣柜边查获蔡立兵藏匿的毒资60.3万元,从蔡立兵驾驶的东南牌小轿车中查获"麻古"337粒,净重26.220 8克。

郴州市中级人民法院认为,被告人唐立新、蔡立兵违反国家对毒品的管制法规,明知冰毒、"麻古"系毒品而予以贩卖,二人的行为均构成贩卖毒品罪。唐立新共贩卖毒品两次,其中冰毒2 327克,"麻古"30.338 9克;蔡立兵共贩卖毒品两次,其中冰毒2 327克,"麻古"56.559 7克。蔡立兵向唐立新购买100克冰毒用于吸食、贩卖的事实有唐立新、蔡立兵、雷水林在侦查阶段的供述相互印证,且公安机关在侦查阶段的审讯均合法有效,足以认定。蔡立兵一次性向唐立新购买价值60多万元的冰毒全部用于自己吸食,不符合常理,况且此前其已有过贩毒行为,蔡立兵、雷水林在侦查阶段的供述亦证实蔡立兵购买毒品除自己吸食外还用于贩卖,故蔡立兵及其辩护人所提蔡立兵购买毒品用于吸食的辩解和辩护意见不能成立。第二次贩毒中,唐立新从廖小军处获悉蔡立兵欲购买大量毒品后,主动联系彭永根商量贩毒牟利,并指使彭永根寻找、购买毒品,打电话与蔡立兵商谈毒品交易价格和安排交易地点,在彭永根买到毒品后又接应彭永根一同前往由其选定的交易地点与蔡立兵进行交易,系该起毒品犯罪的犯意提起、组织策划、具体实施者。蔡立兵应唐立新之约进入毒品交易现场,双方谈妥了毒品交易价格,并对毒品进行了查验和称重,准备赶往另一地点交付购毒款,故该起犯罪已经既遂。依照《中华人民共和国刑法》第三百四十七条第二款第一项,第二十五条第一款,第二十六条第一款、第四款,第四十八条第一款,第五十七条第一款等规定,判决如下:被告人唐立新犯贩卖毒品罪,判处死刑,剥夺政治权利终身,并处没收个人全部财产;被告人蔡立兵犯贩卖毒品罪,判处死刑,剥夺政治权利终身,并处没收个人全部财产。

一审宣判后,被告人唐立新、蔡立兵提出上诉。唐立新及其辩护人提出,一审认定第一起贩毒事实的证据不足;第二起贩毒系未遂,毒品未流入社会造成更大危害;唐立新归案后认罪态度好,一审对其量刑过重。蔡立兵及其辩护人提出,第一起贩毒中蔡立兵仅购买60克冰毒用于吸食;第二起贩毒系未遂,一审对其量刑过重。

湖南省高级人民法院经二审审理认为,第一起贩毒事实有依法取得的唐立新、蔡立兵和雷水林的供述证实,足以认定;第二起毒品交易是公安机关通过侦查掌握各被告人交易毒品的情况后布控破案,该起毒品没有流入社会,且唐立新、蔡立兵到案后如实供述自己的犯罪事实,但二人涉案毒品数量均多达2 000余克,社会危害大,不足以对二人从轻处罚。原审认定的事实清楚,证据确实、充分,定罪准确,量刑适当,审判程序合法。依照《中华人民共和国刑事诉讼法》(2012年修正,下同)第二百二十五条第一款第一项等规定,裁定驳回上诉,维持原判,并依照《中华人民共和国刑事诉讼法》第二百三十六条第二款之规定,对唐立新、蔡立兵的死刑判决依法报请最高人民法院核准。

最高人民法院经复核认为,被告人蔡立兵以贩卖为目的,伙同他人非法购买甲基苯丙胺并销售,单独或伙同他人非法购买甲基苯丙胺片剂,其行为已构成贩卖毒品罪。被告人唐立新以贩卖为目的,非法购买毒品甲基苯丙胺和甲基苯丙胺片剂并销售,其行为已构成贩卖毒品罪。蔡立兵提出购买毒品犯意,委托廖小军联系购买毒品,雇请雷水林驾车接应,直接交易、销售毒品,在共同贩卖毒品犯罪中起主要作用,系主犯,应当按照其所参与的全部犯罪处罚。蔡立兵曾因犯抢劫罪被判处刑罚,本案中又系犯罪的诱发者,行为更为积极、主动,对促成毒品交易所起作用更大,且跨省贩卖毒品数量大,主观恶性深,人身危险性和社会危害性大,罪行极其严重,应依法惩处。唐立新贩卖毒品数量大,社会危害性大,但在本案中的罪责相对小于蔡立兵,依法对其判处死刑,可不立即执行。第一审判决、第二审裁定认定的事实清楚,证据确实、充分,定罪准确,审判程序合法,对蔡立兵量刑适当。依照《中华人民共和国刑法》第三百四十七条第二款第一项、第七款,第二十六条第一款、第四款,第四十八条第一款,第五十七条第一款;《中华人民共和国刑事诉讼法》第二百三十五条、第二百三十九条和《最高人民法院关于适用〈中华人民共和国刑事诉讼法〉的解释》第三百五十二条的规定,核准蔡立兵死刑,改判唐立新死刑,缓期二年执行。

二、主要问题

1. 如何准确把握贩卖毒品罪的既遂与未遂标准?
2. 如何准确把握贩卖毒品案件中的上下家的死刑适用标准?

三、裁判理由

(一)认定贩卖毒品罪的既遂,宜采取"进入实质交易环节"的标准

司法实践中,贩卖毒品情形复杂多样,有的毒品和毒资均已转移给对方,有的支付了毒资、尚未收到毒品,有的双方已进入交易现场并实施了一定交易行为,有的则刚刚着手进行交易,等等。对于这些贩卖毒品案件,既遂与未遂一直是控辩双方关注的重要问题,因为该问题直接关乎被告人的刑罚轻重,甚至影响到是否对被告人适用死刑。长期以来,理论上对贩卖毒

品罪既遂标准的认定问题一直存在争议,有“契约说”“实际交付说”“进入交易说”“成交说”“出卖说”“买入说”等多种观点,实践中对该问题的认识和把握也不尽一致,影响了部分毒品案件的处理,需要加以规范和统一。

如前所述,本案第二起贩卖毒品行为就涉及既遂与未遂的认定问题。法院在审理过程中,对被告人唐立新属于犯罪既遂认识一致,即唐立新应被告人蔡立兵的请求而购买毒品,系为卖出而买入毒品,与毒品上家的交易行为已经完成。但是,对于蔡立兵是否成立犯罪既遂,则有不同意见。一种意见认为,应以毒品上家实际交付毒品作为犯罪既遂标准,只要毒品下家未实际收到毒品,便不成立既遂。蔡立兵因没有支付毒资而未实际控制毒品,在准备取毒资时被公安人员抓获,属于因意志以外的原因无法完成毒品交易,成立犯罪未遂。另一种意见认为,应以毒品是否进入交易环节为准,至于是否实际交付毒品,均不影响犯罪既遂的成立。唐立新与蔡立兵进入毒品交易现场,谈妥了交易价格,对带到现场的毒品进行了查验和称重,虽然还没有交付毒资和毒品,亦可以认定为犯罪既遂。

我们认为,就本案而言,第二种意见是可取的。主要理由是,这种意见符合司法实践中比较普遍采取的“进入实质交易环节”的既遂认定标准,也符合当前禁毒形势的客观需要,有利于打击与遏制毒品犯罪。我国经过连续多年开展禁毒人民战争,在一定程度上遏制了毒品快速蔓延的势头,但由于受国际毒潮泛滥和国内多种因素影响,我国仍处于毒品问题蔓延期、毒品犯罪高发期和毒品治理攻坚期,大宗制毒、贩毒、运毒犯罪活动多发,青少年吸毒人数增长迅猛,禁毒斗争形势严峻复杂,禁毒工作任务依然十分艰巨。面对如此严峻的毒品犯罪形势,坚持依法从严惩处毒品犯罪,无疑是治理毒品犯罪的重要手段。实践中,由于毒品犯罪具有高度隐蔽性,侦查难度大,一旦毒品交易行为已完成就难以被查缉,故“人毒俱获”成为侦破毒品犯罪案件的重要特征。本案毒品交易完成之前,公安人员即采取收网行动,将各被告人抓获并查获了被告人蔡立兵的毒品,毒品上下家已经进入毒品交易现场并实施了验货、谈价、称重等实际交易行为,仅差支付毒资后交付毒品的环节未完成。如果以毒品是否实际交付给下家为标准来认定犯罪既遂与否,则会使一部分毒品犯罪案件作未遂处理,不利于对毒品犯罪的打击。因此,在毒品犯罪既遂与未遂的认定上,应当充分考虑有利于依法严惩毒品犯罪的原则,以是否进入实质交易环节作为判断犯罪既遂与未遂的标准。

但需要说明的是,本案的情况具有一定特殊性,看起来被告人蔡立兵作为买家尚未拿到毒品,似乎存在认定为犯罪未遂的余地,但由于其已经完成验货、称量等重要交易行为,蔡立兵也把购毒款带在身边准备支付,如果不是公安机关此时进行抓捕,则双方则必然完成本次交易。故不能简单以公安机关抓捕时间的早晚来认定是否既遂。当然,对毒品犯罪也并非完全不区分既遂与未遂,对于实践中典型的犯罪未遂,如买方尚未达到交易地点,或者买到的是假毒品等情形,可以认定为犯罪未遂。审判中对"进入实质交易环节"的把握也不能太宽,以免把一些本应认定为犯罪未遂的情形作为既遂处理,失之过严。

(二)要根据"数量+其他情节"的原则,准确把握贩卖毒品案件中的上下家的死刑适用标准

贩卖毒品案件中的上下家的死刑适用问题,一直是审判实践中的难题。在以往一段时期内,存在对毒品上家判处死刑、对下家判处死缓的思路和做法。因为毒品上家掌握毒品来源,系毒品源头或者更接近毒源,相较于下家,社会危害更大,罪责更重。但2015年最高人民法院印发的《全国法院毒品犯罪审判工作座谈会纪要》(以下简称《武汉会议纪要》)出台后,对以往的做法有所调整。《武汉会议纪要》首次对毒品犯罪上下家的死刑适用问题作出规定,即对于贩卖毒品案件中的上下家,要结合其贩毒数量、次数及对象范围,犯罪的主动性,对促成交易所发挥的作用,犯罪行为的危害后果等因素,综合考虑其主观恶性和人身危险性,慎重、稳妥地决定死刑适用。对于买卖同宗毒品的上下家,涉案毒品数量刚超过实际掌握的死刑数量标准的,一般不能同时判处死刑;上家主动联络销售毒品,积极促成毒品交易的,通常可以判处上家死刑;下家积极筹资,主动向上家约购毒品,对促成交易起更大作用的,可以考虑判处下家死刑。涉案毒品数量达到巨大以上的,也要综合上述因素决定死刑适用,同时判处上下家死刑符合罪刑相适应原则,并有利于全案量刑平衡的,可以依法判处。上述规定,对于处理贩卖毒品案件中的上下家死刑适用问题具有重要指导意义。

本案中,被告人蔡立兵除了向被告人唐立新购买甲基苯丙胺2 327克、甲基苯丙胺片剂30.338 9克外,另外向他人购买甲基苯丙胺片剂26.220 8克。该二人贩卖毒品数量大,社会危害性大,罪行极其严重,依法可以判处死刑。但是,根据《武汉会议纪要》的上述规定,唐立新、蔡立兵所贩卖毒品中的绝大部分系同宗毒品,二人涉案毒品数量相当,虽然已超过判处死刑的数量标准,但尚不属于数量巨大,只能判处其中一人死刑。因此,需要仔细区分唐立新、蔡立兵对促成毒品所起作用大小、社会危害程度及主观恶性、人身危险性等因素,准确决定刑罚。最高人民法院复核后核准蔡立兵死刑,改判唐立新死缓的主要理由如下:

第一,被告人蔡立兵对促成毒品交易所起作用更大。从具体行为看,蔡立兵在毒品犯罪中的主动性大于被告人唐立新。虽然唐立新是蔡立兵的上家,但其并非囤毒待售,而是应蔡立兵的要求向他人购入毒品,然后再加价卖给蔡立兵。蔡立兵向唐立新求购毒品,先后两次驾车携带购毒款从天津到湖南进行毒品交易,且被告人廖小军、彭永根和雷水林均系因蔡立兵而参与到毒品犯罪当中。因此,蔡立兵是本案的诱发者,行为更积极、主动,对促成毒品交易所起作用大于唐立新。

第二,被告人蔡立兵贩毒行为的社会危害性更大。蔡立兵先后两次从天津前往湖南向被告人唐立新购买毒品,系跨省长途贩卖毒品。第一次所购甲基苯丙胺除蔡立兵自己吸食外,还在天津贩卖给他人;第二次购毒,系蔡立兵约购毒品,唐立新请求彭永根联系购买毒品,随后彭永根从广东购来毒品,且该批毒品数量大,已远远超出蔡立兵个人正常吸食量,如果不是被公安机关及时查获,定会被蔡立兵运回天津出售给他人。此外,蔡立兵还从他人处购买了甲基苯丙胺片剂。因此,蔡立兵的购毒行为导致毒品从毒源地向外扩散,促进了毒品的进一步流转和消费,具有更大的社会危害性。

第三,被告人蔡立兵的人身危险性更大。蔡立兵曾因犯抢劫罪被判处有期徒刑三年,刑满释放后却不知悔改,本次又实施贩卖毒品犯罪,虽然不构成累犯,但也反映出其主观恶性深,人身危险性大。此外,蔡立兵供述,其向被告人唐立新购买毒品之前,曾向他人购买过甲基苯丙胺用于吸食和贩卖牟利。而侦查机关并未查实唐立新在本次犯罪之前实施过其他违法或者犯罪行为,其人身危险性相对小于蔡立兵。

最高人民法院对本案的复核结果体现了对毒品犯罪上下家适用死刑的把握思路。需要说明的是,近年来涉案毒品数量巨大的案件时有出现,毒品数量越大,意味着可以判处二人以上死刑的根据也越充分,但对毒品犯罪案件始终需要贯彻执行"严格控制、慎重适用"的死刑政策,不能简单以涉案毒品数量巨大为由就不区分上下家的罪责大小。对于能够区分罪责大小的,不能仅因为数量巨大就同时判处二人以上死刑。

(撰稿:最高人民法院刑五庭　李晓光　赵　娟
审编:最高人民法院刑五庭　马　岩)

[第 1291 号]

胡宗友、李仲达组织卖淫案

——卖淫女被嫖客杀害的,能否认定为组织卖淫罪的"情节严重"

一、基本案情

被告人胡宗友,女,1975 年 3 月 23 日出生,2016 年 8 月 30 日被逮捕。

被告人李仲达,男,1955 年 4 月 1 日出生,2016 年 8 月 30 日被逮捕。

四川省宜宾市翠屏区人民检察院于 2016 年 11 月 16 日以被告人胡宗友、李仲达犯容留卖淫罪向宜宾市翠屏区人民法院提起公诉。翠屏区人民法院在审理过程中,根据在案证据发现二被告人组织卖淫的时间最迟应开始于 2013 年,但起诉书指控二被告人开始实施犯罪的时间为 2015 年 11 月。为此,向翠屏区人民检察院建议补充或变更起诉,翠屏区人民检察院在法定的七日回复期限内未作出回复。翠屏区人民法院遂依法就起诉指控的犯罪事实进行审理。

翠屏区人民法院经审理查明:被告人胡宗友、李仲达于 1999 年认识后同居。2015 年 11 月至 2016 年 8 月 15 日间,胡宗友与李仲达利用租赁的宜宾市建设路 72 号、74 号、80 号门面以及胡宗友自购的建设路 62 号门面经营按摩店。经营期间,二被告人相继招募牟永某、陈正某、陈泽某等人从事卖淫活动。二被告人与上述卖淫女约定按 80 元提 20 元、100 元提 30 元、120 元至 150 元提 40 元、400 元至 600 元提 100 元的比例进行提成,同时负责卖淫女的吃、住。为使其从事的卖淫活动更加隐蔽,二被告人还相继租赁了位于宜宾市建设路66 号1 单元2 楼3 号、3 楼8 号及2 单元2 楼6 号的租住房给上述卖淫女从事卖淫活动。在此期间,二被告人每月获利共计 6 000 余元。

胡宗友负责店内的各项管理,李仲达协助胡宗友管理,并在卖淫女从事卖淫活动时负责通风报信。2016年8月15日中午,卖淫女牟永某与嫖客陈旋在建设路66号1单元2楼3号从事卖淫活动时,因嫖资纠纷被陈旋杀害(2017年8月16日,宜宾市中级人民法院以故意杀人罪判处陈旋无期徒刑,剥夺政治权利终身)。公安机关在查处牟永某被杀害案件时,二被告人自动投案,主动供认了组织他人卖淫的犯罪事实。

翠屏区人民法院认为,被告人胡宗友、李仲达于2014年6月起开始直至案发,利用自有房屋和通过长期租赁数套房屋,相继招募、管理牟永某等多名卖淫女从事卖淫活动,从中牟利的行为已构成组织卖淫罪。公诉机关指控的罪名不当,予以纠正。鉴于公诉机关不同意补充或者变更起诉在审理过程中发现的可能影响定罪的新事实,依法仅就二被告人从2015年11月起直至案发的组织卖淫事实予以定罪量刑。在共同犯罪中,胡宗友起主要作用,是主犯;李仲达起次要作用,是从犯,依法予以从轻处罚。公安机关在查处陈旋故意杀人案件时,被告人胡宗友、李仲达自动投案,并主动供认了公安机关尚未掌握的组织他人卖淫的犯罪事实,属自首,依法予以从轻处罚。案发后,二被告人的亲属代为支付了牟永某的丧葬费,有悔罪表现,酌情予以从轻处罚。依照《中华人民共和国刑法》第三百五十八条第一款,第二十五条第一款,第二十六条第一款、第四款,第六十七条第一款,第五十二条,第五十三条以及《最高人民法院、最高人民检察院关于办理组织、强迫、引诱、容留、介绍卖淫刑事案件适用法律若干问题的解释》第一条、第十三条第一款的规定,判决如下:

1. 被告人胡宗友犯组织卖淫罪,判处有期徒刑八年,并处罚金人民币十二万元。

2. 被告人李仲达犯组织卖淫罪,判处有期徒刑六年,并处罚金人民币六万元。

宣判后,被告人胡宗友、李仲达均以其行为不构成组织卖淫罪,仅构成容留卖淫罪等理由提出上诉。

宜宾市中级人民法院经审理查明的事实、证据与一审无异。

宜宾市中级人民法院认为:被告人胡宗友、李仲达为牟取非法利益,通过提供食宿、门店招嫖、定点卖淫、约定分成等方式对卖淫女进行管理，组织多名卖淫女进行卖淫活动的行为已构成组织卖淫罪。原审判决认定的事实清楚，证据充分，定罪正确。卖淫女牟永某在卖淫违法活动期间被嫖客杀害，但原审人民法院未予认定二被告人的组织卖淫行为与卖淫女牟永某的死亡结果之间的因果关系，对此未予评价。裁定驳回上诉，维持原判。

二、主要问题

1. 如何区分组织卖淫罪和容留卖淫罪？

2. 卖淫女在实施卖淫违法行为时被嫖客杀害的，能否认定为组织卖淫罪“情节严重”？

3. 公诉机关指控罪名和人民法院认定罪名不一致时，人民法院应当如何处理？

4. 人民法院在审理中发现新的事实的，该如何处理？

5. 二审法院对一审判决未认定的加重量刑情节，该如何处理？

三、裁判理由

（一）被告人胡宗友、李仲达的行为构成组织卖淫罪

组织行为一般表现为使分散的个人有序进行某种活动，组织的手段包括但不限于暴力、胁迫、引诱等行为。具体到组织卖淫行为中，就是使分散从事卖淫活动的个人，通过有组织的行为进行卖淫活动。根据《最高人民法院、最高人民检察院关于办理组织、强迫、引诱、容留、介绍卖淫刑事案件适用法律若干问题的解释》（以下简称《涉卖淫刑案解释》）第一条的规定，以招募、雇佣、纠集等手段，管理或者控制他人卖淫，卖淫人员在三人以上的，应当认定为刑法第三百五十八条规定的“组织他人卖淫”。在司法实践中，组织卖淫一般表现为两种方式：（1）设置卖淫场所或者变相卖淫场所，管理、控制卖淫人员，招揽嫖娼者；（2）没有固定卖淫场所，通过管理、控制卖淫人员，有组织地进行卖淫活动。前者如以开设旅店、娱乐场所等名义纠集控制多人从事卖淫活动，后者如实践中常见的以 APP、网络等电子方式组织卖淫活动。控制是组织卖淫的最主要实现方式，是指通过以暴力、胁迫、引诱等方

式,对卖淫人员施加物理或者心理的影响,使其难以摆脱行为人的影响。容留卖淫罪是指在一定期限内允许他人在自己控制的场所内卖淫,既包括在自己所有的、管理的、使用的、经营的固定或者临时租借的场所容留卖淫、嫖娼人员从事卖淫、嫖娼活动;也包括在流动场所,如运输工具内容留他人卖淫、嫖娼。

实践中,一些组织卖淫行为容易被认定为容留卖淫行为,主要原因就是有的组织卖淫行为,就是采取容留等手段,进而管理、控制卖淫活动的,即组织卖淫包含了容留卖淫的内容。这在我国刑法理论上称为"包容竞合",即一个罪名的外延是另一罪名外延的一部分,犯罪事实同时符合两个犯罪构成要件的情形。对此类情形的处理原则是适用全部法优于部分法的原则。换言之,虽然甲乙两罪之间从逻辑上看没有竞合关系,但是由于立法者的设定,甲乙两罪之间存在包容(完全法)和被包容(不完全法)的关系,行为符合甲罪的构成要件,也同时符合乙罪的构成要件,但是行为人仅成立甲罪,而排斥乙罪的适用,即重罪包容轻罪。[①] 根据"包容竞合"理论,组织卖淫行为通过容留、介绍卖淫等行为实现组织卖淫的目的,因组织卖淫行为包含了介绍、容留卖淫等行为,在针对同一对象的情况下,不再对介绍、容留卖淫等行为单独进行刑法上的评价,不再单独定罪而是依照组织卖淫罪定罪处理。

具体到本案,被告人胡宗友、李仲达开设按摩店,招募卖淫女到店里上班,并以提供食宿、门店招嫖、租赁房屋专门用作卖淫场所、约定分成等方式将牟永某、陈正某、陈泽某、谭光某等多名卖淫女组织起来,在统一管理下进行卖淫活动。这些行为已不再是简单地提供场所容留他人卖淫,而是表明被告人胡宗友、李仲达对卖淫嫖娼活动实施了管理行为。虽然本案中的管理行为相对比较松散,组织行为也仅由二被告人实施,不像一些卖淫团伙那样具有组织严密、管理严格、控制有力的特征,但其行为本质上属于组织卖淫性质。组织卖淫罪的构成要件也不要求组织卖淫的行为人必须具有一定的组织性,而只要求行为人实施了组织行为即可。

另外,本案的卖淫人员在人数上达到了组织卖淫罪的要求。组织卖淫

① 周光权:《刑法总论》(第三版),中国人民大学出版社2016年版,第377页。

罪要求被组织卖淫的人员必须达到三人以上，胡宗友、李仲达组织的卖淫人员有牟永某、陈正某、陈泽某等七人，人数上已经符合组织卖淫罪的要件。

综上，一审、二审法院认定被告人胡宗友、李仲达的行为构成组织卖淫罪是正确的。

（二）卖淫女在实施卖淫违法行为时被嫖客杀害的，应当认定为组织卖淫罪的“情节严重”

《涉卖淫刑案解释》第二条规定了组织卖淫罪“情节严重”的六种情形。根据该条第五项的规定，造成被组织卖淫的人自残、自杀或者其他严重后果的，应当认定为组织卖淫罪“情节严重”。如何理解该条文中的“其他严重后果”？首先，这里的严重后果不是基于组织者的故意行为。如果是组织者的故意行为，则应当依照刑法第三百五十八条第三款的规定，以故意杀人罪、故意伤害罪等对组织者实施数罪并罚。[①] 其次，理解该条文中的“其他严重后果”的内涵和外延，应当按照体系解释的方法。体系解释是刑法解释方法之一，其目的在于避免断章取义，以便实现刑法或者刑法条文内部的协调与平衡。因为“法律条文只有当它处于与它有关的所有条文的整体之中才显出真正的含义，或它所出现的项目会明确该条文的真正含义。有时把它与其他条文——其他法令或者同一法典的其他条款—— 一比较，其含义也就明确了”。[②] 对不明确的规定应当通过明确的规定来考查其含义。因此，对“其他严重后果”，应当基于罪刑法定原则的要求，按照体系解释方法，遵循同类解释规则进行。据此，我们认为，这里的“其他严重后果”是指与严重残疾、死亡基本同质的后果，如造成被害人精神病致不能生活自理的，造成多人重伤的，等等，而不是没有任何范围约束的严重结果。最后，这里的“其他严重后果”，必须是被害人即卖淫女在卖淫期间发生的，且该严重后果与卖淫活动有紧密的因果或者条件关系。

就本案而言，卖淫女牟永某于 2016 年 8 月 15 日在进行卖淫活动时，因嫖资纠纷被嫖客陈旋杀害。在该案中，卖淫女的死亡既非其自杀引起，也非

① 参见周峰、党建军、陆建红、杨华：《〈关于审理组织、强迫、引诱、容留、介绍卖淫刑事案件适用法律若干问题的解释〉的理解与适用》，载《人民司法》2017 年第 25 期。

② ［法］亨利·莱维·布律尔：《法律社会学》，许钧译，上海人民出版社 1987 年版，第 70 页。

被告人胡宗友、李仲达所实施,但发生在其从事卖淫活动期间,且因嫖资纠纷而引发,因此,与卖淫活动有着刑法意义上的紧密联系,应当认定为“其他严重后果”。

(三)公诉机关指控罪名和人民法院经审理后认定的罪名不一致时,人民法院应当按照审理认定的罪名作出有罪判决

根据刑事诉讼法第二百条第一项的规定,对于案件事实清楚,证据确实、充分,依据法律认定被告人有罪的,人民法院应当作出有罪判决。根据《最高人民法院关于适用〈中华人民共和国刑事诉讼法〉的解释》第二百四十一条第一款第二项的规定,起诉指控的事实清楚,证据确实、充分,指控的罪名与审理认定的罪名不一致的,应当按照审理认定的罪名作出有罪判决。我们认为,公诉机关指控罪名与人民法院认定罪名不一致时如何判决的问题,实际上就是审判权由何机关行使的问题。判决是人民法院依据审理查明的案件事实,依法对案件作出的实体认定,认定的主体是人民法院。因此,判决认定的罪名不受起诉指控罪名的限制。其中包括三种情形:(1)指控甲罪名,判决认定为乙罪名的;(2)判决认定罪名数少于指控罪名数的;(3)判决认定罪名数多于指控罪名数的。

需要注意的是,由于法庭审理是围绕指控的犯罪进行的,特别是控辩双方主要围绕指控的罪名能否成立开展辩论,因此,人民法院作出与指控的罪名不一致的有罪判决,应当设法保障被告方的辩护权。基于这一考虑,《最高人民法院关于适用〈中华人民共和国刑事诉讼法〉的解释》第二百四十一条第二款规定:“具有前款第二项规定情形的,人民法院应当在判决前听取控辩双方的意见,保障被告人、辩护人充分行使辩护权。必要时,可以重新开庭,组织控辩双方围绕被告人的行为构成何罪进行辩论。”审判实践中,人民法院拟根据审判认定的罪名作出有罪判决前,应当采取多种方式就变更罪名问题听取控辩双方的意见,既可以召集控辩双方在庭外共同听取意见,也可以在庭外分别听取控辩双方的意见。根据案件的具体情况,在案件社会影响大,拟认定的罪名重于指控的罪名等必要情况下,可以重新开庭,组织控辩双方围绕罪名确定问题进行辩论。

综上所述,公诉机关指控被告人胡宗友、李仲达犯容留卖淫罪,而人民法

院经开庭审理后，认定胡宗友、李仲达的行为构成组织卖淫罪，既符合案件的客观事实和被告人的主观故意内容，在程序上也是符合刑事诉讼法规定的。

（四）人民法院在审理中发现新的事实的，应当建议公诉机关补充或者变更起诉

本案中，公诉机关以被告人李仲达、胡宗友犯容留卖淫罪向翠屏区人民法院提起公诉后，法院在审理过程中，根据在案证据发现二被告人组织卖淫的时间最迟应开始于2013年，但起诉书指控二被告人开始实施犯罪的时间为2015年11月，对此应如何处理？我们认为，应当建议公诉机关补充或者变更起诉。主要理由是，根据《最高人民法院关于适用〈中华人民共和国刑事诉讼法〉的解释》第二百四十三条的规定："审判期间，人民法院发现新的事实，可能影响定罪的，可以建议人民检察院补充或者变更起诉；人民检察院不同意或者在七日内未回复意见的，人民法院应当就起诉指控的犯罪事实，依照本解释第二百四十一条的规定作出判决、裁定。"这里的"可能影响定罪"，不能仅仅从罪名角度理解，而应当从定罪量刑这一广义的定罪概念去理解。人民法院在审理过程中发现的新事实，可能与公诉机关指控的事实属于同类性质的事实，不影响对被告人认定罪名，但涉及罪轻与罪重，量刑重与量刑轻的问题。

就本案而言，翠屏区人民法院在审理过程中发现了指控犯罪事实以外，被告人还有其他组织卖淫犯罪事实，即审理发现的被告人胡宗友、李仲达组织卖淫的起始时间为2013年，早于指控的2015年11月；也就是说，二被告人自2013年至2015年11月实施的组织卖淫事实，公诉机关未指控。为此，原审法院认为，审理过程中发现的新事实，可能影响定罪，故依照司法解释的规定，建议公诉机关补充或者变更起诉，但公诉机关在法定的七日回复期限内未作出回复。翠屏区人民法院遂依法就起诉指控的犯罪事实进行审理，并作出相应的判决，是妥当的。

（五）二审法院对一审判决未认定的加重量刑情节，应当依照上诉不加刑的原则作出裁判

上诉不加刑原则，是指第二审人民法院审判被告人提出上诉的案件，不得以任何理由加重被告人刑罚的一项审判原则。该原则不仅是被告人在审

判阶段行使辩护权的重要保障,更是第二审人民法院确保审判质量的重要条件。实践中,贯彻上诉不加刑原则,主要是要防止借发回重审之机,由一审法院在重审时加重对被告人判处的刑罚。为此,刑事诉讼法第二百三十七条第一款明确规定,“第二审人民法院发回原审人民法院重新审判的案件,除有新的犯罪事实,人民检察院补充起诉的以外,原审人民法院也不得加重被告人的刑罚”。

本案中,卖淫女牟永某在被告人胡宗友、李仲达组织卖淫活动期间因嫖资纠纷被嫖娼人员陈旋杀害。该事实一审法院的判决书中也予以认定,但并未据此认定胡宗友、李仲达所犯组织卖淫罪构成“情节严重”。因此,一审认定的事实是清楚的,二审法院即使发回重新审判,一审法院也无法将“卖淫女牟永某被杀害”一节作为新的事实对待,公诉机关对此也不存在补充起诉的问题。因此,对二被告人组织卖淫“情节严重”的问题,二审法院既不能直接对二被告人加刑,也无法通过发回重审的方法对二被告人加刑,只能作出维持原判的裁定。

需要指出的是,二审法院的刑事裁定并未明确表明上诉不加刑原则,对卖淫女牟永某在从事卖淫违法活动期间被嫖客杀害一节,却以“原审人民法院未予认定二被告人的组织卖淫行为与卖淫女牟永某的死亡结果之间的因果关系”为由,作出“对此不予评价”的表述,是不当的。二审法院应当将“牟永某被杀害”认定为二被告人组织卖淫“情节严重”的情形,并依照上诉不加刑原则作出裁判。

(撰稿:最高人民法院刑四庭　张华锋
审编:最高人民法院刑四庭　陆建红)

[第1292号]

周兰英组织卖淫案

——如何区分组织卖淫罪与容留卖淫罪

一、基本案情

被告人周兰英，女，1968年9月25日出生，2015年12月14日被逮捕。

广西壮族自治区灵川县人民检察院以被告人周兰英犯组织卖淫罪，向灵川县人民法院提起公诉。

灵川县人民法院经审理查明：2015年4月至12月间，被告人周兰英以牟利为目的，在其居住的灵川县八里街八里五路工商大院3栋2楼的家中设置卖淫场所，招募、容留朱某某、邵某某、蒋某、李某、邓某某等卖淫女卖淫，由周兰英与嫖客谈价，以每次70元至75元的价格收取嫖资，分给卖淫女50元，周兰英从中抽取提成，非法获利。

灵川县人民法院认为，被告人周兰英以牟利为目的，以招募、容留的手段，控制多人从事卖淫，其行为已构成组织卖淫罪。被告人周兰英犯罪后能如实供述其罪行，依法可以从轻处罚。据此，依照《中华人民共和国刑法》第三百五十八条第一款、第五十二条、第五十三条、第六十七条第三款之规定，判决被告人周兰英犯组织卖淫罪，判处有期徒刑五年，并处罚金人民币五千元。

宣判后，周兰英提出上诉，称其没有组织、招聘、唆使妇女进行卖淫活动，没有提供卖淫场所，其主观上没有组织、容留妇女卖淫，请求二审法院对其改判有期徒刑三年，并适用缓刑。

广西壮族自治区桂林市中级人民法院经审理查明的事实与一审认定的事实一致。桂林市中级人民法院认为，周兰英以牟利为目的，以招募、容留的手段，控制多人从事卖淫，其行为已构成组织卖淫罪。周兰英以自己购买的房屋作为卖淫的场所，招募、容留多名卖淫女，通过熟人或者以前的嫖客介绍嫖娼人员，其亲自与嫖客谈价并收取嫖娼费的事实，有多名卖淫女、嫖客的证言及公安机关在其家中当场抓获卖淫女、嫖客的照片予以证实，其归案后的供述与上述证据相互印证。故其上述上诉理由不予采信。其关于适用缓刑的上诉理由不予采纳。裁定驳回上诉，维持原判。

二、主要问题

如何区分组织卖淫罪与容留卖淫罪？

三、裁判理由

关于被告人周兰英的行为构成组织卖淫罪还是容留卖淫罪，审理中有两种不同观点。

第一种观点认为，周兰英的行为只构成容留卖淫罪。主要理由是：周兰英只是提供场所给卖淫女卖淫时使用，是其个人的行为，不具有组织行为的特征；且卖淫女都是主动到周兰英家中的，并非周兰英招募而来的。

第二种观点认为，周兰英的行为构成组织卖淫罪。主要理由是：周兰英将自己的住宅提供给卖淫女卖淫时使用，其实质是设置卖淫场所的行为；周兰英通过向朋友及牌友以“一传十，十传百”的方式宣传其家中有卖淫服务，一方面是招揽嫖客，另一方面也起到了招募卖淫女的作用；周兰英与嫖客谈嫖娼价格并收取嫖资、分配嫖资的行为，其实质是组织卖淫罪的管理行为，而不是被动的容留卖淫行为。

我们同意第二种意见。理由如下：

（一）组织卖淫与容留卖淫的最大区别在于行为人对卖淫人员是否实施了管理、控制行为

《最高人民法院、最高人民检察院关于办理组织、强迫、引诱、容留、介绍卖淫刑事案件适用法律若干问题的解释》（以下简称《涉卖淫刑案解释》）第一条规定：“以招募、雇佣、纠集等手段，管理或者控制他人卖淫，卖淫人员在三人以上的，应当认定为刑法第三百五十八条规定的‘组织他人卖淫’。组织卖淫者是否设置固定的卖淫场所、组织卖淫者人数多少、规模大小，不影

响组织卖淫行为的认定。”结合刑法理论和该司法解释的规定,我们认为,关于组织卖淫,其主要特征体现在以下几个方面:

1.组织卖淫的第一特征是具备组织行为,既包括如何将卖淫人员组织在一起的行为,也包括将卖淫人员组织起来后如何管理、控制卖淫活动的行为。前者是手段,如招募、雇佣、纠集等,实践中,也包括引诱、容留等手段。但组织卖淫中的引诱、容留与单纯的引诱、容留卖淫是有质的区别的:组织卖淫中的引诱、容留,是为组织卖淫服务的,作为组织卖淫的一种手段;而单纯的引诱、容留卖淫,其本身就是犯罪客观方面的基本内容,而没有发展到组织卖淫的程度。后者则是对卖淫行为的组织,具体表现为对卖淫人员以及卖淫活动的管理与控制。至于卖淫人员是否自愿卖淫,不影响组织卖淫行为的成立。但是如果是强迫他人卖淫的,则可能构成强迫卖淫罪或者组织、强迫卖淫罪。管理和控制的主要表现就是卖淫人员在何处、何时卖淫、向谁卖淫、如何收费、如何分配卖淫的收入甚至卖淫人员的日常行为都是由行为人决定的。即使是卖淫人员自愿卖淫,但在上述事项上也是由组织卖淫行为人决定的。

实践中,有意见提出,组织卖淫行为应体现在行为人的组织性上。我们认为,刑法中类似于黑社会组织犯罪这类的有组织性犯罪与组织卖淫罪在本质上是不一样的。组织卖淫罪的罪质特征主要体现在其组织行为上,即组织卖淫人员进行卖淫活动,个人也可以组织他人卖淫,而不是体现在组织者的组织结构上。

2.组织卖淫的第二特征是具备一定规模。组织卖淫对组织者的人数没有要求,但对被组织者即卖淫人员的人数历来都是有要求的,即组织卖淫行为必须是管理和控制多人卖淫。例如,最高人民法院、最高人民检察院1992年12月11日印发的《关于执行〈全国人民代表大会常务委员会关于严禁卖淫嫖娼的决定〉的若干问题的解答》(以下简称《解答》,已废止)规定,“组织他人卖淫罪,是指以招募、雇佣、强迫、引诱、容留等手段,控制多人从事卖淫的行为”。按照对刑法词义的一般理解,多人就是指三人以上。实践中,有意见认为,组织一人或者两人卖淫也可以以组织卖淫处理。我们认为,这一理解不符合组织卖淫行为的特征。《涉卖淫刑案解释》吸纳了《解答》的合理规定，将组织卖淫罪中被组织卖淫人员的人数明确规定为三人以上。

3.关于组织卖淫是否必须具备场所要件的问题。在一般情况下，组织卖淫行为人是设置或者变相设置卖淫场所的，如以宾馆、洗浴中心、会所、发廊、旅店、饭店等为固定场所或者以经营宾馆、洗浴中心、会所等为名，行组织卖淫之实。但近年来，面对严厉的“扫黄”行动，一些不法之徒采取动态管理方式，即不建立固定的卖淫窝点，而是利用现代化的交通与通信工具，指挥、控制多人从事卖淫活动。这种动态管理模式，将组织卖淫行为化整为零，或者将分散的单个卖淫人员组织起来，既能扩大卖淫活动的范围，又便于逃避公安机关的追查。这类没有固定场所的组织卖淫，非常明显地体现了组织者的管理、控制行为，即卖淫者并非作为单独个体而存在，而是受制于组织者，随时接受他们的指令去办事，有一定的组织性和纪律性。正因如此，《涉卖淫刑案解释》第一条第二款规定：“组织卖淫者是否设置固定的卖淫场所、组织卖淫者人数多少、规模大小，不影响组织卖淫行为的认定。”

而容留他人卖淫，是指故意为他人从事卖淫、嫖娼活动提供场所的行为，既包括在自己所有、管理、使用、经营的固定或者临时租借的场所容留卖淫、嫖娼人员从事卖淫、嫖娼活动，也包括在流动场所，如运输工具中容留他们卖淫、嫖娼。①

通过以上对组织卖淫行为主要特征的分析，我们可以看出，组织卖淫，尤其是以容留卖淫为手段的组织卖淫与单纯的容留卖淫的主要区别在于：首先，行为人对卖淫人员的卖淫活动是否实施了管理、控制行为，即组织卖淫行为人最主要的行为特征是对卖淫活动进行了管理、控制，而容留卖淫行为人对卖淫人员的卖淫活动既不管理，更不控制，而仅仅提供固定或者临时租借的场所以及流动场所，对卖淫人员在何时卖淫、向谁卖淫、如何收费等均不过问，只收取一定的场所费用甚至不收取任何费用，至于卖淫人员的日常活动，均由卖淫人员自行安排。其次，两者在人数上也有一定的区别，即组织卖淫中的卖淫人员必须达到三人以上，而容留卖淫中的卖淫人员可以

---

① 参见王爱立主编：《中华人民共和国刑法解读》（第四版），中国法制出版社2015年版，第860页。

在三人以上，也可以在三人以下。例如，根据《涉卖淫刑案解释》第八条第一款第三项的规定，容留未成年人、孕妇、智障人员、患有严重性病的人卖淫的，容留一人即构成容留卖淫罪。如果行为人虽然实施了组织行为，但被组织卖淫人员的人数不到三人的，这种情况下只能依法降格作容留或介绍卖淫处理。

（二）本案被告人周兰英的行为系组织卖淫行为

在本案中，周兰英招募、容留朱某某、邵某某、蒋某、李某、邓某某等五名卖淫女卖淫的行为应当依法认定为组织卖淫罪，而不是容留卖淫罪。其理由主要在于周兰英的行为符合组织卖淫罪的本质特征，实施了组织卖淫行为。

1. 周兰英采用的手段并非单一的容留手段，而是采用了招募、容留等手段。卖淫女中，朱某某、邵某某等人是自愿卖淫然后找到周兰英的居住处即卖淫窝点，而李某是通过网友介绍来的。嫖客黄某某是通过 QQ 聊天经人介绍来的，嫖客赵某某则是通过出租车司机介绍来的。周兰英则供述，其在家里开了卖淫窝点后，通过向朋友及牌友以“一传十，十传百”的方式宣传其家中有卖淫小姐服务。综上，自身宣传及朋友介绍，是其招募卖淫人员，寻找嫖客的主要方式，其所采取的手段符合组织卖淫罪的行为方式。

2. 周兰英对卖淫嫖娼活动实施了管理行为，主要体现在其亲自与嫖客商定嫖娼价格，并决定嫖资的分配。本案卖淫人员均证实，嫖客上门后，周兰英亲自接待，亲自谈嫖娼价格并亲自收取嫖资，然后分给卖淫人员每次卖淫费用 50 元，剩余的均由周兰英占有。同时，周兰英还为卖淫人员提供一日三餐的伙食。虽然周兰英的管理行为相对比较松散，组织行为也由其一人实施，不如卖淫团伙那样具有组织严密、管理严格、控制有力的特征，但其行为本质上属于组织卖淫。组织卖淫罪的构成要件也不要求组织行为人必须具有一定的组织性，而只需要行为人实施了组织行为即可。

3. 周兰英管理的卖淫人员在人数上达到了组织卖淫罪的要求。组织卖淫罪要求被组织卖淫的人员必须达到三人以上，周兰英组织的卖淫人员有朱某某、邵某某、蒋某、李某、邓某某等五人，人数上已经符合组织卖淫罪的要件。

综上,一审、二审法院认定被告人周兰英组织五名卖淫女进行卖淫活动,其行为构成组织卖淫罪,并根据周兰英犯罪后能如实供述其罪行,依法从轻处罚,从而判处其有期徒刑五年,并处罚金人民币五千元,是适当的。需要说明的是,本案的发生和一审、二审裁判均发生在《涉卖淫刑案解释》实施前,但在适用法律上,与司法解释规定的精神是契合的。

(撰稿:最高人民法院刑四庭　陆建红

审编:最高人民法院刑四庭　周　峰)

[第1293号]

于维、彭玉蓉组织卖淫案

——组织卖淫中有引诱、介绍卖淫行为的如何适用法律

一、基本案情

被告人于维,女,汉族,1987年10月10日出生,2016年1月15日被逮捕。

被告人彭玉蓉,女,汉族,1996年11月25日出生,2016年1月15日被逮捕。

湖南省益阳市人民检察院以被告人于维、彭玉蓉犯组织卖淫罪,向益阳市中级人民法院提起公诉。

益阳市中级人民法院经审理查明:2014年3月至2015年12月间,被告人于维单独或伙同被告人彭玉蓉,采用以后在学校出了事可以帮忙解决、以后跟其混社会等方式引诱在校读书的女学生,先后招募了刘某(14岁)、郑某某(14岁)、帅某某(15岁)、彭某某(14岁)、冷某(13岁)、王某(14岁)、余某某(14岁)、张某某(14岁)、徐某某(15岁)、余某(14岁)等十余名受害人,然后以必须付出代价为由,组织这十余名受害人在其控制之下,多次向孙某等八名嫖客,以事先约定好的每次500元至1 000元的价格从事卖淫活动,处女以8 000元至10 000元的价格供孙某等嫖娼。于维、彭玉蓉组织受害人卖淫服务获得的款项均全部交由于维统一安排,除了每次支付受害人100元至200元不等的报酬外,其余所有的获利十余万元均由于维控制与支配。

益阳市中级人民法院认为,被告人于维、彭玉蓉组织未成年少女卖淫,情节严重,其行为已构成组织卖淫罪。在组织卖淫共同犯罪中,于维、彭玉蓉均起主要作用,均系主犯。于维、彭玉蓉组织未成年人卖淫,依法应当从

重处罚。彭玉蓉在未满十八周岁时实施的组织卖淫犯罪,依法从轻处罚。关于于维及其辩护人提出的其行为应当定性为胁从犯或者构成介绍卖淫罪,被告人彭玉蓉及其辩护人提出的其行为应当定性为介绍卖淫罪的辩解和辩护理由,经查,于维、彭玉蓉为谋取利益,组织未成年人卖淫,实施了组织纠集被害人、介绍联系嫖客、收取嫖资、给被害人分配少量嫖资的行为,故足以认定于维、彭玉蓉犯组织卖淫罪,对上述辩解和辩护意见均不予采纳。依照《中华人民共和国刑法》第三百五十八条第一款、第二款,第十七条第三款,第二十五条第一款,第二十六条第一款、第四款,第五十七条第一款之规定,判决如下:

1. 被告人于维犯组织卖淫罪,判处无期徒刑,剥夺政治权利终身,并处没收个人全部财产;

2. 被告人彭玉蓉犯组织卖淫罪,判处有期徒刑十五年,并处罚金十万元。

宣判后,被告人于维、彭玉蓉均提出上诉。

湖南省高级人民法院经审理认为,被告人于维、彭玉蓉组织多名未成年女性卖淫,其行为均已构成组织卖淫罪,且情节严重。在共同组织卖淫犯罪中,于维、彭玉蓉均系主犯。于维上诉提出,其揭发他人犯罪行为,有立功表现,量刑过重。经查,无证据证明于维有揭发他人犯罪行为的立功表现;于维、彭玉蓉组织十余名未成年女性,其中还包括一名未满十四周岁的幼女卖淫,属情节严重,故原判量刑适当,对于维的上诉理由不予采纳。彭玉蓉上诉提出,其没有实际获利,量刑过重。经查,是否实际获利并不影响构成组织卖淫罪,原判根据彭玉蓉在共同犯罪中的作用及实施部分犯罪行为时未满十八周岁等情节,对其量刑适当,对彭玉蓉的上诉理由亦不予采纳。综上,原审判决认定的犯罪事实清楚,证据确实、充分,定罪准确,量刑适当,审判程序合法。裁定驳回上诉,维持原判。

二、主要问题

1. 组织卖淫罪是否以营利为构成要件?

2. 组织卖淫中有引诱、介绍卖淫行为的,应如何定罪处罚?

三、裁判理由

(一)组织卖淫罪不以营利为构成要件

被告人彭玉蓉一直对自己行为的性质作出辩解,认为自己在整个过程中没有实际获利,故不构成组织卖淫罪,而应认定为介绍卖淫罪。一审、二审未采纳该辩解和辩护意见,认为是否实际获利不影响构成组织卖淫罪,彭玉蓉依法构成组织卖淫罪。我们认为,一审、二审法院的认定是正确的。

组织卖淫罪是指以招募、雇佣、引诱、容留、介绍等手段,管理、控制多人从事卖淫的行为。本罪侵犯的主要客体是社会治安管理秩序和良好的社会风尚;客观方面表现为组织他人从事卖淫活动;犯罪主体为一般主体;主观方面系故意。组织卖淫罪属于破坏社会管理秩序类犯罪,社会危害性主要体现在对社会秩序、社会风化的破坏,行为人是否以营利为目的、是否实际营利与其行为的社会危害性、刑事当罚性并无直接关系。只要行为人客观上实施了组织他人从事卖淫活动的行为,即符合该罪的客观要件。虽然司法实践中大多数的组织卖淫行为人是以营利为目的的,但是确实也有行为人组织卖淫并无直接的获利目的,或者虽有组织行为但尚未盈利的。对此,只要符合组织卖淫罪的犯罪构成,则应当以组织卖淫罪定罪处罚,而不考虑其是否以营利为目的或者是否实际盈利。

本案中,被告人彭玉蓉伙同被告人于维组织少女卖淫。根据于维的供述,2014 年下半年彭玉蓉与其商议,要其负责找“小妹子”(卖淫女),彭玉蓉负责联系嫖客,之后的卖淫活动一般情况下是彭玉蓉联系嫖客,再由其联系“小妹子”。彭玉蓉也供认,其从 2014 年开始找于维介绍“小妹子”给他人嫖娼。受害人王某、彭某某、张某某、徐某某等人亦陈述,系由于维、彭玉蓉二人安排、介绍卖淫。嫖客孙某等人也证明,系通过彭玉蓉、于维介绍与多名“小妹子”发生性关系的,嫖资支付给于维、彭玉蓉或者“小妹子”,嫖娼活动开始是于维、彭玉蓉一起安排的,后来彭玉蓉因为吸毒被抓了就由于维安排。上述证据表明,彭玉蓉在组织卖淫活动中联系嫖客并介绍卖淫人员,实施了引诱、介绍卖淫的行为,并与于维共同对卖淫人员实施管理和控制,其行为已构成组织卖淫罪。虽然组织卖淫的收入均由于维支配、挥霍,彭玉蓉未实际获利,但是该情节不影响其构成组织卖淫罪。

(二)组织卖淫中有引诱、介绍卖淫行为的,择一重罪处罚

本案中被告人于维、彭玉蓉先后组织十余名未成年少女从事卖淫活动。在此过程中,为了劝说上述人员从事卖淫,根据于维的供述,主要通过"洗脑"的方式,以利益诱惑受害人卖淫。在具体卖淫活动中,先是嫖客联系于维、彭玉蓉,二人与嫖客商谈好价格后再挑选适当的卖淫人员并送到嫖客入住的宾馆房间内推荐介绍,促成卖淫交易达成。从于维、彭玉蓉的行为特征看,二人既符合组织卖淫罪的要件,又符合引诱、介绍卖淫罪的要件。

对于此种情况下的法律适用问题,我们认为,组织卖淫罪与引诱、容留、介绍卖淫罪在手段上有重合之处,均可以表现为引诱、容留、介绍卖淫行为。一般认为,组织卖淫罪与引诱、容留、介绍卖淫罪系法条竞合关系,其适用原则为重法优于轻法。当行为人以引诱、容留、介绍的手段组织卖淫时,既可构成组织卖淫罪,又可构成引诱、容留、介绍卖淫罪的,择一重罪处罚。根据刑法第三百五十八条第一款的规定,组织卖淫的,处五年以上十年以下有期徒刑,并处罚金;情节严重的,处十年以上有期徒刑或者无期徒刑,并处罚金或没收财产。而刑法第三百五十九条第一款规定,引诱、容留、介绍卖淫的,处五年以下有期徒刑、拘役或者管制,并处罚金;情节严重的,处五年以上有期徒刑,并处刑罚。两相比较,组织卖淫罪的处罚重于引诱、容留、介绍卖淫罪,故一般按照组织卖淫罪进行处罚。但是,引诱卖淫中有一种特殊情形,就是引诱不满十四周岁的幼女卖淫。根据刑法第三百五十九条第二款的规定,引诱不满十四周岁的幼女卖淫的,处五年以上有期徒刑,并处罚金。因此,在某些情况下,引诱幼女卖淫罪的处罚可能重于组织卖淫罪,即组织卖淫犯罪未达到"情节严重"时,其法定刑幅度为五年以上十年以下有期徒刑,而引诱幼女卖淫罪的法定刑幅度为五年以上(十五年以下)有期徒刑。此时应依照引诱幼女卖淫罪定罪处罚,组织卖淫行为作为犯罪情节考虑。如果组织卖淫犯罪达到"情节严重"时,因其法定最高刑为无期徒刑,一般应当以组织卖淫罪一罪定罪处罚。

就本案而言,被告人于维从事组织卖淫活动多年,后彭玉蓉也加入其中。二人利用未成年人心智不成熟、容易受到利诱的状况,以"洗脑"利诱的

手段引诱、介绍卖淫,先后组织十余名未成年少女多次从事卖淫。《最高人民法院、最高人民检察院关于办理组织、强迫、引诱、容留、介绍卖淫刑事案件适用法律若干问题的解释》第二条规定:"组织他人卖淫,具有下列情形之一的,应当认定为刑法第三百五十八条第一款规定的'情节严重':(一)卖淫人员累计达十人以上的;(二)卖淫人员中未成年人、孕妇、智障人员、患有严重性病的人累计达五人以上的;(三)组织境外人员在境内卖淫或者组织境内人员出境卖淫的;(四)非法获利人民币一百万元以上的;(五)造成被组织卖淫的人自残、自杀或者其他严重后果的;(六)其他情节严重的情形。"被告人于维、彭玉蓉符合上述规定第一项关于卖淫人员累计达到十人以上的规定,也符合第二项关于卖淫人员中未成年人等特殊人员达到五人以上的规定,属于"情节严重"的情形,依法应当判处十年以上有期徒刑或者无期徒刑。故于维、彭玉蓉在组织卖淫中虽有引诱、介绍卖淫的行为,且被引诱人员中有未满十四周岁的幼女,但因二人构成组织卖淫罪"情节严重"的情形,最高可判处无期徒刑,量刑重于引诱、介绍卖淫罪和引诱幼女卖淫罪,故对二人以组织卖淫罪来定罪处罚。考虑到于维、彭玉蓉二人组织卖淫情节严重,在一年多时间内组织十余名在校学生向社会人员卖淫,卖淫人员最大15岁最小13岁,其中受害人彭某某(14岁)、张某某(14岁)、徐某某(15岁)等均分别被组织卖淫二十余次,对未成年少女身心造成严重伤害。被害人每次卖淫,嫖客支付嫖资1万元至500元不等,除每次给卖淫少女100元至200元外,其余钱款均被于维挥霍。本案犯罪性质恶劣,情节严重,社会影响特别恶劣。一审、二审法院根据本案的具体情况对被告人于维以组织卖淫罪判处无期徒刑,剥夺政治权利终身,并处没收个人全部财产;对被告人彭玉蓉以组织卖淫罪判处有期徒刑十五年,并处罚金十万元是适当的。

(撰稿:最高人民法院刑四庭　潘　洁
审编:最高人民法院刑四庭　陆建红)

[第 1294 号]

丁宝骏、何红等组织卖淫、协助组织卖淫案

——在组织卖淫过程中采取非法限制卖淫人员人身自由等强迫行为的，应如何认定

一、基本案情

被告人丁宝骏，男，1982 年 9 月 30 日出生，系辽宁省北镇市“语过添情”歌厅负责人，2013 年 5 月 17 日因涉嫌犯组织卖淫罪被逮捕。

被告人何红，女，1972 年 10 月 24 日出生，系辽宁省北镇市“语过添情”歌厅负责人，2014 年 7 月 24 日因涉嫌犯组织卖淫罪被逮捕。

被告人宋海波，男，1982 年 6 月 22 日出生，系辽宁省北镇市“语过添情”歌厅负责人，2013 年 5 月 17 日因涉嫌犯组织卖淫罪被逮捕。

被告人杨旺，男，1981 年 1 月 2 日出生，系辽宁省北镇市“语过添情”歌厅经理，2013 年 5 月 17 日因涉嫌犯协助组织卖淫罪被逮捕。

被告人翟天龙，男，1994 年 1 月 4 日出生，系辽宁省北镇市“语过添情”歌厅服务生，2013 年 5 月 17 日因涉嫌犯协助组织卖淫罪被逮捕。

被告人卢姗，女，1988 年 12 月 8 日出生，系辽宁省北镇市“语过添情”歌厅工作人员，2013 年 5 月 17 日因涉嫌犯非法拘禁罪被逮捕。

被告人刘双，女，1992 年 1 月 10 日出生，系辽宁省北镇市“语过添情”歌厅工作人员，2013 年 5 月 17 日因涉嫌犯非法拘禁罪被逮捕。

被告人张可心，女，1995 年 2 月 19 日出生，系辽宁省北镇市“语过添情”歌厅工作人员，2014 年 7 月 22 日因涉嫌犯非法拘禁罪被逮捕。

辽宁省北镇市人民检察院以被告人丁宝骏、何红、宋海波犯组织卖淫罪，被告人杨旺、翟天龙犯协助组织卖淫罪，被告人卢姗、刘双、张可心犯非

法拘禁罪，向北镇市人民法院提起公诉。

北镇市人民法院于2014年7月26日作出判决。宣判后丁宝骏、何红、宋海波、杨旺、翟天龙不服，提出上诉。辽宁省锦州市中级人民法院认为部分事实不清，证据不足，于2014年12月30日裁定撤销原判，发回重审。

北镇市人民法院经重审查明：2011年7月至2013年4月间，被告人丁宝骏、何红与被告人宋海波合伙出资经营“语过添情”歌厅，其间招募陪唱人员十余名，雇佣被告人杨旺、翟天龙分别为歌厅经理、服务生，雇佣被告人卢姗、刘双、张可心为工作人员协助管理。经营初期，何红为主负责管理并制定和实施陪唱人员身份证和手机集中管理、统一外出等规定。2011年下半年至2012年8月16日间因怀孕生子，何红不再亲自管理歌厅事务，但仍收取歌厅收入盈利份额。2012年春节后，歌厅重新装修，同年8月6日重新开业，由丁宝骏为主负责经营管理，杨旺担任经理。丁宝骏采取扣押陪唱人员身份证、手机、收入，在宿舍上锁限制人身自由等手段，控制陪唱人员流动，并多次开会宣布歌厅纪律，要求陪唱人员满足客人需求。歌厅客人如提出嫖娼要求，与陪唱人员自行议定价格，由工作人员另开包房进行卖淫活动，包房费价格固定由歌厅收取，卖淫收入归陪唱人员，统一交到吧台记账，需要时再向吧台支取。卖淫过程中翟天龙负责望风，如发现公安机关检查则通过杨旺通知卖淫人员。卢姗、刘双、张可心按照丁宝骏、何红、宋海波的要求负责在歌厅内及带领陪唱人员外出期间进行监管，如有违反歌厅纪律者向丁宝骏或杨旺举报。宋海波在歌厅经营期间负责缴税、验照、去公安机关接受处罚等外围事务，偶尔参与日常管理和决策。因违反歌厅纪律、卖淫被公安机关查获等原因，丁宝骏、杨旺和宋海波对陪唱人员实施过打骂。在丁宝骏组织管理歌厅期间，陪唱人员郑某某、李某某、周某等人均曾从事卖淫活动。

北镇市人民法院认为，被告人丁宝骏、何红、宋海波利用经营娱乐场所的便利条件，以牟利为目的，采取招募和容留手段管理、控制他人从事卖淫活动，三被告人的行为已构成组织卖淫罪，并成立共同犯罪。本案证据能够认定卖淫活动均发生在丁宝骏组织经营和管理期间，丁宝骏是主要组织者和策划者，在共同犯罪中起主要作用，系主犯。鉴于丁宝骏庭审中认罪态度较好,且系初犯,故可酌情从轻处罚。在被告人何红对歌厅经营管理期间,没有发现足以认定的卖淫行为,但作为歌厅投资人员,其为了获取经济利益,纵容、放任陪唱人员从事卖淫活动,提供避孕用具,并雇佣、指派被告人杨旺、翟天龙等人限制陪唱人员人身自由,减少人员流动借以增加歌厅收入,在共同犯罪中起次要和辅助作用,系从犯,应当减轻处罚;鉴于其庭审中认罪态度较好,且系初犯,亦可酌情从轻处罚;鉴于其女儿年幼,可适用缓刑。被告人宋海波为歌厅打理外围事务,在卖淫人员被公安机关处罚后带回歌厅,在组织卖淫中起辅助作用,系从犯,应当减轻处罚;鉴于其庭审中认罪态度好,系初犯,亦可酌情从轻处罚;考虑到对其适用缓刑不致危害社会,可适用缓刑。被告人杨旺、翟天龙、卢姗、刘双、张可心为被告人丁宝骏、何红、宋海波组织卖淫提供帮助,管理账目、望风放哨、限制人身自由,五被告人的行为已分别构成协助组织卖淫罪。公诉机关指控被告人卢姗、刘双、张可心犯非法拘禁罪的罪名不成立。在协助组织卖淫过程中,杨旺作为管理人员,在共同犯罪中起主要作用,系主犯。被告人翟天龙、卢姗、刘双、张可心按照同案人指挥实施犯罪,在共同犯罪中起次要、辅助作用,系从犯,应当依法减轻处罚。鉴于被告人翟天龙、卢姗、刘双、张可心庭审中认罪态度较好,并指证同案其他被告人的犯罪事实,故可酌情从轻处罚,并可适用缓刑。根据本案的犯罪事实、情节和各被告人的悔罪表现,依照《中华人民共和国刑法》第三百五十八条第一款、第三款,第二十五条,第二十六条,第二十七条,第三百六十一条,第七十二条第一款,第七十三条第二款、第三款,第五十二条,第五十三条之规定,判决如下:

1. 被告人丁宝骏犯组织卖淫罪,判处有期徒刑五年六个月,并处罚金人民币六万元;

2. 被告人何红犯组织卖淫罪,判处有期徒刑三年,缓刑四年,并处罚金人民币五万元;

3. 被告人宋海波犯组织卖淫罪,判处有期徒刑三年,缓刑四年,并处罚金人民币五万元;

4. 被告人杨旺犯协助组织卖淫罪,判处有期徒刑二年八个月,并处罚金人民币三万元;

5. 被告人翟天龙犯协助组织卖淫罪,判处有期徒刑二年四个月,缓刑二年六个月,并处罚金人民币二万元;

6. 被告人卢姗犯协助组织卖淫罪,判处有期徒刑二年,缓刑二年,并处罚金人民币一万五千元;

7. 被告人刘双犯协助组织卖淫罪,判处有期徒刑二年,缓刑二年,并处罚金人民币一万五千元;

8. 被告人张可心犯协助组织卖淫罪,判处有期徒刑一年,缓刑一年,并处罚金人民币一万元。

宣判后,八被告人均未上诉,检察机关亦未抗诉,判决已发生法律效力。

二、主要问题

1. 组织卖淫或协助组织卖淫过程中,采取非法限制卖淫人员人身自由等强迫行为的,应如何认定?

2. 如何区分组织卖淫罪的从犯和协助组织卖淫罪?

三、裁判理由

(一)组织卖淫或协助组织卖淫犯罪中,对卖淫人员采取非法限制人身自由等强迫行为的,应以组织卖淫罪或协助组织卖淫罪论处

在司法实践中,对于行为人在组织卖淫或协助组织卖淫行为中采取非法限制卖淫人员人身自由等行为的认定有两种不同观点:

第一种观点认为,行为人组织卖淫或协助组织卖淫的行为所侵犯的客体为社会管理秩序及公序良俗,而其实施的非法限制卖淫人员人身自由等行为则侵犯了他人的人身权利,只认定组织卖淫一罪不足以评价其行为的社会危害性,故应根据刑法第三百五十八条第三款的规定,以非法拘禁罪和组织卖淫罪(或协助组织卖淫罪)数罪并罚。

第二种观点认为,非法限制卖淫人员人身自由是行为人组织卖淫过程中使用的手段行为,是组织卖淫行为的表现形式之一,以组织卖淫罪一罪即可评价。刑法第三百五十八条第三款的规定是针对严重侵害他人人身权利的犯罪,不应作扩大解释。同理,以协助组织卖淫的目的非法限制卖淫人员

人身自由的,也应构成协助组织卖淫罪一罪。

我们同意第二种观点。行为人实施的非法限制卖淫人员自由等强制性质的行为应包含在组织卖淫罪的"管理和控制"行为之中,不宜单独评价。作为组织卖淫罪的帮助犯,行为人为协助组织卖淫而实施非法限制卖淫人员自由等行为的,亦只定协助组织卖淫罪一罪。

1992年12月11日最高人民法院、最高人民检察院印发的《关于执行〈全国人民代表大会常务委员会关于严禁卖淫嫖娼的决定〉的若干问题的解答》(以下简称《解答》,已废止)中曾规定,"组织他人卖淫罪,是指以招募、雇佣、强迫、引诱、容留等手段,控制多人从事卖淫的行为",该规定将"强迫"作为组织卖淫的手段之一。为避免在司法实践中混淆组织卖淫和强迫卖淫的概念,2017年7月25日起施行的《最高人民法院、最高人民检察院关于办理组织、强迫、引诱、容留、介绍卖淫刑事案件适用法律若干问题的解释》(以下简称《涉卖淫刑案解释》)第一条将组织卖淫罪定义为"以招募、雇佣、纠集等手段,管理或控制他人卖淫,卖淫人员在三人以上的"。《涉卖淫刑案解释》中只采用"招募、雇佣、纠集等手段"的表述方法,并将"控制"他人卖淫改为"管理或者控制"他人卖淫。这种"管理或者控制"主要表现在对卖淫人员和卖淫活动的管理和控制上,既表现为行为人使用协商、劝说、引诱等平和的方式,就卖淫方式、服务内容、收费分成等与卖淫人员达成合意,使卖淫人员自愿服从管理;也表现为行为人使用暴力、胁迫等具有强迫特征的手段,如组织者对卖淫人员实施扣押身份证、户口簿等证件;假借代为保管名义控制卖淫人员手机等通信工具,以限制其与外界联系的自由;以拘禁的方式限制卖淫人员人身自由,以殴打手段迫使卖淫人员卖淫,安排人员监督卖淫交易等行为。这种具有强迫特征的行为表现形式与强迫卖淫罪的手段行为虽有相似之处,但行为对象却有着本质区别,前者为自愿卖淫,并与行为人形成合意、接受行为人管理和控制的卖淫人员;后者则为无卖淫意愿,被强迫从事卖淫行为的人员。

实践中,卖淫组织中的卖淫人员为了追求经济利益,或是自愿卖淫并接受组织管理,或是经人介绍、引诱加入卖淫组织实施卖淫行为。行为人将卖淫人员组织起来统一管理、控制,以非法拘禁、殴打、侮辱等手段强制卖淫人员服从组织管理，强迫手段是组织、管理、控制的具体表现，行为人的目的仍是组织卖淫，根据罪刑法定原则，应直接定为组织卖淫罪，其中限制人身自由等手段行为可作为组织卖淫罪的量刑情节考虑。《解答》第二条曾明确规定，"在组织他人卖淫的犯罪活动中，对被组织卖淫的人有强迫、引诱、容留、介绍卖淫行为的，应当作为组织他人卖淫罪的量刑情节予以考虑，不实行数罪并罚"。虽然该《解答》根据 2013 年 1 月 18 日起施行的《最高人民法院、最高人民检察院关于废止 1980 年 1 月 1 日至 1997 年 6 月 30 日期间制发的部分司法解释和司法解释性质文件的决定》已经失效，但其对于组织卖淫犯罪中强迫行为的处置是司法实践中处理案件的普遍做法。需要注意的是，如果组织者故意实施的以上行为直接导致被组织者伤亡的，应当依照刑法第三百五十八条第三款的规定，以故意杀人罪、故意伤害罪等对组织者进行数罪并罚。另外，组织者对被组织者以外的其他人实施非法拘禁、殴打行为的，也应当按照其实施的行为定罪，与组织卖淫罪数罪并罚。

（二）协助组织卖淫行为是组织卖淫罪的帮助犯

根据刑法第三百五十八条的规定，协助组织卖淫罪是指为组织卖淫的人招募、运送人员或者有其他协助组织他人卖淫的行为。协助组织卖淫行为是组织卖淫行为的帮助行为。在共同犯罪中，起帮助作用的从犯和起次要作用的从犯在共同犯罪中的地位和主犯相比都具有从属性，但是，起次要作用的从犯是具体参与实施了刑法分则规定的组织卖淫罪客观方面构成要件的实行行为的人员，只是参与程度、对犯罪完成所起的作用、直接造成的危害等比主犯轻。帮助犯是没有具体参与实施刑法分则规定的客观方面构成要件的实行行为而只是提供物质、体力或精神上的帮助的人员。按照传统共犯理论及我国刑法总则对共同犯罪人的分类，一般以一个罪名就可以评价共同犯罪中包括帮助犯在内的各犯罪人的行为，实现罚当其罪。但我国刑法将组织卖淫的帮助犯单独定罪，实现正犯化，正是体现了立法者对组织卖淫行为严厉打击的意图。将协助组织卖淫行为单独定罪，从而也使组织卖淫罪中的帮助犯和起次要作用的从犯区分开来，分别构成不同的罪名。

组织卖淫罪是以招募、雇佣、纠集等手段，管理或控制多人从事卖淫活动的行为。在组织卖淫犯罪中起主要作用的是主犯，起次要作用或辅助作用的是从犯,从犯对卖淫活动同样直接进行策划、管理、指派,但相较于主犯而言处于辅助或者次要地位,对从犯仍以组织卖淫罪论处。协助组织卖淫罪的行为人实施的是组织卖淫罪的帮助行为。该帮助行为不对卖淫人员、卖淫活动直接进行组织、策划、管理,而是协助卖淫活动组织者实施其他行为,充当保镖、打手、管账人或为直接组织者招募、雇佣、运送卖淫者,为卖淫活动安排场所,为卖淫活动望风放哨等。协助组织卖淫罪作为一个单独的罪名,也存在一人单独犯罪与数人共同犯罪的形态。协助组织卖淫行为人在共同犯罪的情形下,应依据各行为人在协助组织卖淫犯罪中的作用进行主犯、从犯的区分。

《涉卖淫刑案解释》第四条规定,明知他人实施组织卖淫犯罪活动而为其招募、运送人员或者充当保镖、打手、管账人等的,依照刑法第三百五十八条第四款的规定,以协助组织卖淫罪定罪处罚,不以组织卖淫罪的从犯论处。《涉卖淫刑案解释》在法律适用上明确了协助组织卖淫罪的认定,明确协助组织卖淫的行为人必须对组织卖淫行为"明知",即主观上明知自己的行为是帮助组织卖淫的行为。如何确定行为人的主观明知?行为人的供述不是唯一的确定方式。一些案件中,若行为人供述不知道招募、运送的是卖淫人员,可结合行为人所在的工作场所、从事的工作性质与取得的劳动报酬进行综合认定。例如,在非合法经营场所从事保镖、打手、管账人、放哨望风等工作,获取明显高于普通工作人员的工资等情况下,即使行为人否认自己协助组织卖淫,客观证据与证人证言等能够形成完整、真实的证据链证明行为人对协助组织卖淫具有主观明知的,应认定行为人实施了协助组织卖淫行为。

在本案审理期间,《涉卖淫刑案解释》尚未公布,但本案的审理思路、裁判结果与《涉卖淫刑案解释》的规定一致。本案中,被告人丁宝骏、何红、宋海波利用经营歌厅的便利条件,以牟利为目的,采取招募和容留的手段组织多名陪唱人员从事卖淫活动,宣布纪律,制定收费标准,统一安排卖淫人员吃住,为嫖客安排卖淫人员,为卖淫活动提供房间,形成了一个以歌厅为掩护的卖淫组织。在歌厅经营期间,为强化组织管理,防止卖淫人员离开,采取打骂、限制人身自由以及集中保管手机、身份证及卖淫所得等行为,从人身、财物方面控制卖淫人员。三人的行为构成组织卖淫罪,不构成强迫卖淫罪,也不以非法拘禁罪论处。在共同犯罪中,在丁宝骏为主经营歌厅期间,丁宝骏直接组织、管理、控制卖淫人员及卖淫活动,是主犯;何红直接参与歌厅管理期间未发生足以认定的卖淫行为,但作为歌厅经营者之一,其明知并放任丁宝骏等人组织卖淫且享受歌厅收入分红,在共同犯罪中起次要作用,系从犯;宋海波主要处理歌厅外围事务,在共同犯罪中亦系从犯。被告人杨旺、翟天龙、卢姗、刘双、张可心受被告人丁宝骏、何红、宋海波的雇佣和指派,为组织卖淫提供帮助,管理账目、望风放哨、限制卖淫人员人身自由,其行为均构成协助组织卖淫罪。在协助组织卖淫过程中,杨旺作为歌厅管理人员,在共同犯罪中起主要作用,系主犯;翟天龙、卢姗、刘双、张可心按照杨旺的指挥实施犯罪,在共同犯罪中起次要、辅助作用,系从犯。

综上,法院对八被告人的定罪准确,且结合其在共同犯罪中的地位、作用以及本案其他情节,对八被告人的量刑也是适当的。

（撰稿:最高人民法院刑四庭　李　伟

辽宁省锦州市中级人民法院　张朝国　徐明哲

审编:最高人民法院刑四庭　陆建红）

[第1295号]

刘革辛、陈华林、孔新喜强迫卖淫等案

——如何认定强迫卖淫罪的“强迫”要件

一、基本案情

被告人刘革辛,男,1987年10月27日出生,2014年6月26日被逮捕。

被告人陈华林,男,1987年8月26日出生,2014年6月26日被逮捕。

被告人孔新喜,男,1986年12月2日出生,2014年6月26日被逮捕。

广西壮族自治区柳城县人民检察院以被告人刘革辛、陈华林、孔新喜犯强迫卖淫罪,刘革辛、陈华林犯容留他人吸毒罪,向柳城县人民法院提起公诉。

被告人刘革辛辩解称,自己没有强迫他人卖淫,没有容留他人吸毒,其行为不构成强迫卖淫罪和容留他人吸毒罪。其辩护人提出:公诉机关指控刘革辛犯强迫卖淫罪证据不充分。本案被害人随时可以呼救、报警却不呼救、报警,且在卖淫时被公安机关抓获却不向公安机关求救,不排除被害人是自愿卖淫的合理怀疑;刘革辛容留他人吸毒情节显著轻微,可不作为犯罪处理。

被告人陈华林、孔新喜对公诉机关指控的事实和罪名均没有异议。

柳城县人民法院经审理查明:

2014年年初,被告人刘革辛、陈华林与陈华远(另案处理)预谋找女孩子到娱乐场合“坐台”谋利。后三人找了黄某某、朱某某(均已满十四岁不满十六岁)到广西壮族自治区融安县“坐台”。因黄某某、朱某某“坐台”不成功,且二人与刘革辛、陈华林、陈华远在融安县的日常开支均是刘革辛支付,为此,刘革辛、陈华林、陈华远把刘革辛已支出的费用全部算在黄某某和朱某某的身上,胁迫二人在融安县卖淫还钱给刘革辛。后黄某某、朱某某在融安县卖淫被查处,刘革辛、陈华林、陈华远与被告人孔新喜一起带黄某某、朱某某到浙江省杭州市“坐台”,二人又“坐台”不成功。因刘革辛支付了本人及陈华林、陈华远、孔新喜、黄某某、朱某某等人在融安县、杭州市的吃住行等开支约6万元,为此在杭州市,刘革辛、陈华林、陈华远威逼黄某某、朱某某写下欠条,要二人还这笔费用(其中黄某某写了一张4.5万元的欠条、朱某某写了一张1.5万元的欠条,且均以欠陈华林的名义写),以逼二人去卖淫还钱给刘革辛。从杭州回到广西壮族自治区柳城县后,刘革辛、陈华远、陈华林带黄某某、朱某某到柳城县沙埔镇、大埔镇及柳州市柳北区沙塘镇等地卖淫,其间刘革辛、陈华林还安排陈华远、孔新喜带黄某某、朱某某去卖淫和看管黄某某、朱某某等。其中,孔新喜带黄某某、朱某某去卖淫和看管黄某某、朱某某等一段时间后离开。黄某某、朱某某卖淫所得的收入除交给刘革辛以冲抵欠款外,还用于二人与刘革辛、陈华林、陈华远的日常吃住等开支。在卖淫期间,刘革辛、陈华林、陈华远、孔新喜、黄某某、朱某某吃住行在一起,其中刘革辛、陈华林、陈华远分别对黄某某、朱某某实施了殴打行为。2014年5月21日下午,黄某某、朱某某趁机逃跑,朱某某被刘革辛等人抓回。刘革辛、陈华林、陈华远把朱某某拉到柳城县沙埔镇芭芒屯一果地以挖坑活埋方式威胁朱某某,后又拉朱某某到柳城县心悦宾馆开301房住宿。

2014年5月21日晚上,刘革辛打电话给李七寿,让李喊人去心悦宾馆301房打麻将。随后,李七寿与周铜、王友云、周庆双来到心悦宾馆301房间与刘革辛打麻将。其间,陈华林拿出氯胺酮(俗称“K粉”)给李七寿、周铜、王友云、周庆双、刘革辛吸食。当晚,陈华远与朱某某也在301房间吸食氯胺酮。次日凌晨4时许,接到黄某某报案的警察来到301房间解救朱某某时,抓获刘革辛、陈华林、陈华远以及李七寿、周铜、王友云、周庆双。2014年6月12日,孔新喜被公安机关抓获。

柳城县人民法院认为,被告人刘革辛、陈华林、孔新喜结伙使用暴力、胁迫手段,多次迫使他人卖淫,其行为均已构成强迫卖淫罪。被告人刘革辛、陈华林提供场所,容留他人吸毒,其行为又构成容留他人吸毒罪。对被告人刘革辛、陈华林所犯强迫卖淫罪、容留他人吸毒罪,应依法予以并罚。在强迫卖淫共同犯罪中,被告人刘革辛、陈华林参与事前的预谋、事中的胁迫、安排以及事后的卖淫收入支配等,起主要作用,均系主犯,但陈华林所起作用相对小于刘革辛。被告人孔新喜明知被告人刘革辛、陈华林胁迫黄某某、朱某某卖淫,仍然听从被告人刘革辛、陈华林的安排,参与犯罪,起次要作用,系从犯,应当依法从轻、减轻处罚。被告人陈华林、孔新喜归案后均如实供述自己罪行,可依法从轻处罚。

关于被告人刘革辛所提自己没有强迫他人卖淫的辩解及其辩护人所提指控刘革辛犯强迫卖淫罪证据不充分的辩护意见,经审理认为,在案证据充分证实刘革辛与陈华林、陈华远等人结伙使用暴力、胁迫手段,多次迫使被害人黄某某、朱某某卖淫的事实,且该事实与被告人刘革辛在侦查阶段供述的事实相吻合。在案证据也表明,当被告人刘革辛与陈华林、陈华远威逼黄某某、朱某某归还刘革辛支出的费用后,刘革辛与陈华林、陈华远让被害人用卖淫收入归还债务,并威逼黄某某、朱某某写下欠条,且该债务需要以高利贷来计算,被害人在未还清债务之前不许回家,其中朱某某如不按期还款需自砍手指一根。这足以使黄某某、朱某某产生惧怕心理。对于辩护人提出的"被害人有机会呼救、报警却不呼救、报警"以及"在卖淫时被公安机关抓获却不向公安机关求救"的辩护意见,经审理认为,此与黄某某、朱某某均为未成年人,缺乏自我保护意识和能力有关,不能以被害人未报警、未呼救为由,认定黄某某、朱某某系自愿卖淫。依照1997年修订的《中华人民共和国刑法》第三百五十八条第一款第三项,第三百五十四条,第五十二条,第五十三条,第五十五条第一款,第五十六条第一款,第五十八条,第六十七条第三款,第六十九条,第二十五条第一款,第二十六条第一款、第四款,第二十七条之规定,判决如下:

1. 被告人刘革辛犯强迫卖淫罪,判处有期徒刑十一年六个月,并处罚金三万元,剥夺政治权利二年;犯容留他人吸毒罪,判处有期徒刑九个月,并处罚金三千元;决定执行有期徒刑十二年,并处罚金三万三千元,剥夺政治权利二年。

2. 被告人陈华林犯强迫卖淫罪,判处有期徒刑十年六个月,并处罚金二万元,剥夺政治权利一年;犯容留他人吸毒罪,判处有期徒刑七个月,并处罚金二千元;决定执行有期徒刑十一年,并处罚金二万二千元,剥夺政治权利一年。

3. 被告人孔新喜犯强迫卖淫罪,有判处有期徒刑五年,并处罚金九千元。

一审宣判后,在法定期限内没有上诉、抗诉,判决已经发生法律效力。

二、主要问题

如何认定强迫卖淫罪的"强迫"要件?

三、裁判理由

强迫卖淫,主要是指行为人采取暴力、威胁或者其他手段,违背他人意志,迫使他人卖淫的行为。这里所说的"强迫",既包括直接使用暴力手段或者以暴力相威胁,也包括使用其他非暴力的逼迫手段,如以揭发他人隐私或者以可能使他人某种利害关系遭受损失相威胁,或通过使用某种手段和方法,对他人形成精神上的强制,在别无出路的情况下,违背自己的意愿从事卖淫活动。无论行为人采取哪一种强迫手段,都构成强迫他人卖淫罪。[①] 暴力,是指人身强制方法;威胁,是指精神强制方法;其他方法,是指采用灌醉、麻醉等方法。[②] 强迫卖淫的强迫性主要表现为以下情形:(1)在他人不愿意从事卖淫活动的情况下,使用强制手段迫使其从事卖淫活动;(2)他人虽然原本从事卖淫活动,但在他人不愿意继续从事卖淫活动的情况下,使用强制手段强迫其继续从事卖淫活动;(3)在卖淫者不愿意在某地从事卖淫活动或者为某人从事卖淫活动的情况下,使用强制手段在某地或为某人从事卖淫活动。因此,从事卖淫活动的卖淫者也可以成为强迫卖淫的对象。

(一)被告人刘革辛等人的行为符合强迫卖淫罪中的"强迫"要件

我们认为,被告人刘革辛等人的强迫行为既包括暴力,也包括胁迫,暴力中有胁迫,胁迫中透露着暴力,因此,属于强迫卖淫性质。

首先,被告人刘革辛使用强制手段迫使黄某某、朱某某卖淫的事实清

---

① 全国人大常委会法制工作委员会刑法室编著:《中华人民共和国刑法解读》(第四版),中国法制出版社 2015 年版,第 857 ~ 858 页。

② 陈兴良:《规范刑法学》,中国人民大学出版社 2013 年版,第 1061 页。

楚,证据充分:一是有被害人证言证实,二是有同案被告人陈华林、孔新喜供述及同伙陈华远的证言相印证,三是书证欠条、医院病历等证据补强了上述言词证据,四是被告人刘革辛在侦查阶段也作了与上述证据相印证的供述。

其次,从行为性质看,刘革辛等人的行为属于采取暴力和胁迫手段。胁迫主要体现在,刘革辛等人威逼被害人黄某某、朱某某归还在组织卖淫活动过程中支出的费用,并让被害人通过卖淫归还债务,还威逼黄某某、朱某某写下欠条。此欠条本身就包含了胁迫的内容。欠条中写明:黄某某欠陈华林45 000元,黄某某自愿听从安排,直到还清所有费用为止,所花的钱按高利贷来算,在还清费用前不许回家,如出现私自逃跑,所欠费用按10万元归还。朱某某欠陈华林15 000元,自愿听从安排,直到还清所有费用为止,所花的钱按高利贷来算,在还清费用前不许回家,如出现私自逃跑,所欠费用按5万元归还。而署名“朱某某”的欠条则还有“如不能还清债务,自砍手指头一根”的内容。上述欠条的内容足以使黄某某、朱某某产生惧怕心理。暴力体现在,在组织卖淫活动期间,被告人刘革辛等人多次殴打黄某某、朱某某,迫使黄某某、朱某某卖淫。后黄某某、朱某某逃跑,刘革辛等人又对被抓回的朱某某进行殴打,并以殴打、活埋等方式威胁朱某某不得再逃跑。

最后,对于辩护人所提“被害人有机会呼救、报警却不呼救、报警”以及“在卖淫时被公安机关抓获却不向公安机关求救”的辩护意见,我们赞同原审法院的观点,即此与黄某某、朱某某均为未成年人,缺乏自我保护意识和能力有关,不能以被害人未报警、未呼救为由,认定黄某某、朱某某系自愿卖淫。而且被害人黄某某在陈述中也对此予以解释,其因害怕报案后刘革辛等人去家里找麻烦,所以不敢报警。因此,综观全案,是被害人不知报警和不敢报警,不是因自愿卖淫有条件报警而不报警。况且,未报警、未呼救,与自愿卖淫是两个完全不能等同的概念。自愿卖淫的人,肯定不会报警和呼救,但不能反过来推导出未报警、未呼救就是自愿卖淫的结论。

(二)被告人刘革辛等人强迫未成年人卖淫,应依法从重处罚

未成年人受到特殊保护,既是我国刑法的基本精神之一,也是刑事司法实践的一个基本共识。1997年刑法将强迫不满十四周岁的幼女卖淫,作为法定加重处罚情节。《中华人民共和国刑法修正案(九)》(以下简称《刑法

修正案（九）》）对强迫卖淫“情节严重”的情形未作具体规定，但增加了“强迫未成年人卖淫，从重处罚”的规定。《最高人民法院、最高人民检察院关于办理组织、强迫、引诱、容留、介绍卖淫刑事案件适用法律若干问题的解释》（以下简称《涉卖淫刑案解释》）第七条第二款对“强迫未成年人卖淫，从重处罚”的规定予以重申。同时，该解释还将强迫幼女卖淫作为强迫卖淫的法定加重处罚情节之一。本案中，被害人黄某某、朱某某在被强迫卖淫时，均未满十六周岁，均属于未成年人。根据刑法和司法解释规定，对被告人刘革辛等人强迫未成年人卖淫的犯罪行为应当在法定刑幅度内从重处罚。

当然，本案在审判时，《刑法修正案（九）》尚未实施，《涉卖淫刑案解释》也还未公布实施，因此，原审法院没有援引上述法律和司法解释对被告人刘革辛等人予以从重处罚，也是符合当时的法律规定的。

（三）关于本罪“情节严重”的认定

根据1997年刑法第三百五十八条第一款的规定，强迫卖淫具有下列情形之一的，属于情节严重：（1）强迫不满十四周岁的幼女卖淫的；（2）强迫多人卖淫或者多次强迫他人卖淫的；（3）强奸后迫使卖淫的；（4）造成被强迫卖淫的人重伤、死亡或者其他严重后果的。本案在审判时，《刑法修正案（九）》尚未实施，《涉卖淫刑案解释》也还未公布实施，原审法院根据当时刑法规定，认定被告人刘革辛多次强迫黄某某、朱某某卖淫，构成情节严重，符合当时的法律规定。

需要说明的是，2015年11月1日起实施的《刑法修正案（九）》，取消了强迫卖淫罪的死刑，并取消了关于强迫卖淫“情节特别严重”的规定，仅规定“情节严重的，处十年以上有期徒刑或者无期徒刑，并处罚金或者没收财产”，对何谓“情节严重”没有专门作出规定。同时，有的原属于“情节严重”情形的，依据《刑法修正案（九）》的规定，也发生了变化，如强奸后迫使卖淫的，依照《刑法修正案（九）》的规定，应当以强奸罪和强迫卖淫罪数罪并罚，不再认定为强迫卖淫“情节严重”；杀害被强迫卖淫人员的，应当以故意杀人罪和强迫卖淫罪并罚，不再认定为强迫卖淫“情节严重”。因此，《涉卖淫刑案解释》根据刑法的修改和社会情势发展变化情况，在第六条第一款重新规定了强迫卖淫“情节严重”的情形：（1）卖淫人员累计达五人以上的；（2）卖淫人员中未成年人、孕妇、智障人员、患有严重性病的人累计达三人以上的；(3)强迫不满十四周岁的幼女卖淫的；(4)造成被强迫卖淫者自残、自杀或者其他严重后果的；(5)其他情节严重的情形。因此，在《涉卖淫刑案解释》公布实施后，认定强迫卖淫是否构成"情节严重"，就应当依照该解释规定进行。

（撰稿：最高人民法院刑四庭　陆建红
审编：最高人民法院刑四庭　周　峰）

[第 1296 号]

林少钦受贿案

——新的司法解释降低受贿行为对应的法定刑幅度后，已经立案侦查并进入诉讼程序的受贿案件是否需要重新计算诉讼时效

一、基本案情

被告人林少钦，男，汉族，1955 年 6 月 17 日出生，福建省三明市粮食局原局长、党组书记，2014 年 6 月 27 日因涉嫌犯受贿罪被逮捕。

福建省三明市人民检察院以被告人林少钦犯受贿罪，向福建省三明市中级人民法院提起公诉。

被告人林少钦对公诉机关指控的事实和罪名不持异议，但辩称其系主动接受纪检部门的调查。林少钦的辩护人提出，林少钦系主动投案，归案后能如实供述自己的犯罪事实，应当认定为自首；公诉机关指控林少钦利用职务便利为陈荣强谋取利益的依据不足；林少钦主观恶性小，案发后退出全部赃款，当庭自愿认罪，建议对其判处缓刑。

福建省三明市中级人民法院经审理查明：2000 年，福建省三明市农业局将该市红岩新村 37、38 幢住宅办公楼旧房改造项目对外公开招投标，招标条件是由开发商出资，农业局出土地后按建筑面积的一定比例分取建成房屋。陈荣强（另案处理）为承接该工程，托人介绍认识时任三明市农业局局长的林少钦后，多次宴请林少钦并表示希望林少钦在旧房改造项目的招投标上给予关照。在一次宴请席间，陈荣强问及三明市农业局对项目招标的最低要求，林少钦将单位内部掌握的两项基本要求透露给陈荣强，即返还给农业局建筑面积的比例至少要 42%，及办公楼一楼大堂面积要达到 100 平方米

以上。尔后陈荣强即根据上述要求制作标书投标并中标，于2000年5月31日以挂靠的三明市建筑工程公司的名义与三明市农业局签订开发协议。后陈荣强得知林少钦要去美国公派考察，想借机送美元给林少钦以表感谢，可当其欲给林少钦送钱时，林少钦已结束考察回国。为在项目建设方面继续得到林少钦的支持，陈荣强决定仍兑换1万美元送给林少钦。2000年年底的一天，陈荣强约林少钦在三明市工会大厦附近见面，将林少钦约至自己车上将1万美元送给林少钦。后林少钦将该1万美元找私人兑换成人民币8万元，用于家庭及个人日常开销。林少钦到案后，向三明市监察局退缴了人民币83 000元。

福建省三明市中级人民法院认为，被告人林少钦身为国家工作人员，利用职务便利，为他人谋取利益，非法收受他人财物，其行为构成受贿罪。林少钦具有坦白情节，且退出全部赃款，酌情予以从轻处罚。据此，依照《中华人民共和国刑法》第三百八十五条第一款、第三百八十六条、第三百八十三条第一款第二项、第六十七条第三款、第五十九条第一款、第六十四条之规定，于2015年4月1日以受贿罪判处林少钦有期徒刑五年，并处没收个人财产人民币二万元，退还的违法所得依法没收。

一审宣判后，林少钦不服，向福建省高级人民法院提出上诉。林少钦辩称原判认定其利用职便为陈荣强谋取利益及未认定自首情节有误，原判适用法律错误，一审违反法律规定的程序。林少钦的辩护人提出如下意见：本案认定林少钦构成受贿罪的证据不足，实体上应判决林少钦无罪；林少钦有自首、退赃和悔罪等法定情节；本案已过追诉时效，程序上应宣告林少钦无罪。

福建省高级人民法院经审理认为，根据刑法相关规定，追诉期限应依据司法机关立案侦查时的法律规定予以认定，对于在立案侦查时未过追诉时效且已进入诉讼程序的案件，在新的法律规定生效后应继续审理。上诉人林少钦利用职务便利，为陈荣强谋取利益，收受陈荣强1万美元的受贿行为发生在2000年年底，侦查机关于2014年6月对林少钦立案侦查，根据立案侦查时的法律规定，其追诉时效为十五年，故本案未超过追诉时效。林少钦身为国家工作人员，利用职务上的便利，为他人谋取利益，非法收受他人钱款1万美元，其行为已构成受贿罪。林少钦归案后如实供述自己的犯罪事实，属坦白，且退出全部赃款，酌情予以从轻处罚。原判认定事实清楚，证据充分，定罪准确，审判程序合法。因本案审理期间，《中华人民共和国刑法修正案（九）》及相关司法解释颁布施行，受贿罪的定罪量刑标准发生变化，二审依法予以改判。依照《中华人民共和国刑法》第十二条第一款、第三百八十五条第一款、第三百八十六条、第三百八十三条第一款第一项、第六十七条第三款、第六十四条，《最高人民法院、最高人民检察院关于办理贪污贿赂刑事案件适用法律若干问题的解释》第一条第一款、第十九条第一款以及《中华人民共和国刑事诉讼法》（2012年修正）第二百二十五条第一款第二项的规定，福建省高级人民法院于2017年3月15日改判被告人林少钦犯受贿罪，判处有期徒刑一年十一个月，并处罚金人民币十万元。

二、主要问题

新生效的刑事实体法律规定降低了犯罪行为对应的法定刑幅度后，已经立案侦查并进入诉讼程序的追诉行为，是否还要按照新的法律规定重新计算追诉时效？

三、裁判理由

本案在审理过程中，对被告人林少钦收受陈荣强1万美元并为其谋取利益的受贿事实，没有异议。主要争议在于，林少钦的受贿行为发生在2000年年底，侦查机关于2014年6月11日立案侦查，一审法院于2015年4月1日作出一审判决，其后林少钦提出上诉。二审期间，《中华人民共和国刑法修正案（九）》（以下简称《刑法修正案（九）》）于2015年8月29日通过，自2015年11月1日起施行。在《刑法修正案（九）》施行之前，受贿1万美元的行为，应处五年以上有期徒刑，属于法定最高刑为十年以上有期徒刑的犯罪，追诉时效为十五年；在《刑法修正案（九）》施行并经《最高人民法院、最高人民检察院关于办理贪污贿赂刑事案件适用法律若干问题的解释》（2016年4月18日起施行，以下简称《贪污受贿司法解释》）明确幅度标准后，受贿1万美元的行为，应处三年以下有期徒刑或者拘役，并处罚金，属于法定最高

刑为不满五年有期徒刑的犯罪,追诉时效为五年。就林少钦受贿1万美元是否超过追诉时效一节,审理过程中主要存在两种意见:

第一种意见认为,林少钦受贿1万美元的行为,已经超过追诉时效。主要理由是:不仅在对被告人定罪量刑的时候应当适用从旧兼从轻的原则,在计算被告人犯罪行为的追诉期限的时候,也应当适用从旧兼从轻原则,即按照对被告人有利的定罪量刑标准所确定的法定刑幅度来确定对应的追诉期限。如果在定罪量刑的时候,适用对被告人有利的新法,而在计算追诉期限的时候,却是按照对被告人不利的旧法确定的法定刑来计算追诉期限,不仅在司法解释和法律的适用上不统一,也没有完全贯彻从旧兼从轻的原则。故林少钦受贿行为的追诉期限为五年,本案已过追诉期限。

第二种意见认为,林少钦受贿1万美元的行为,没有超过追诉时效。主要理由是对于已立案的案件,即使在诉讼程序中新法降低了被告人犯罪行为定罪量刑的标准,案件也应当继续审理。

我们赞同上述第二种意见,理由是:

(一)追诉时效制度具有独立的程序价值,追诉行为开始后不再受追诉时效的限制

刑事诉讼法第二条规定:“中华人民共和国刑事诉讼法的任务,是保证准确、及时地查明犯罪事实,正确应用法律,惩罚犯罪分子,保障无罪的人不受刑事追究,教育公民自觉遵守法律,积极同犯罪行为作斗争,维护社会主义法制,尊重和保障人权,保护公民的人身权利、财产权利、民主权利和其他权利,保障社会主义建设事业的顺利进行。”惩罚犯罪和保障人权同等重要。追诉时效制度,正是体现了立法者在惩罚犯罪和保障人权、在追求公平正义与节约诉讼资源之间的平衡。所谓追诉时效,是指依照法律规定对犯罪分子追究刑事责任的期限,在追诉时效期限内,司法机关应当依法追究犯罪分子刑事责任;超过追诉时效,则不再追究其刑事责任。

追诉犯罪,意味着国家已经动用司法资源来打击犯罪,虽然追诉行为直接针对的是被告人,但社会公众及受害人等利益相关主体会对追诉行为产生信赖,这种信赖利益包括:一是国家准备作出或已经作出的追诉行为体现了国家打击犯罪的决心,享有独立的信赖利益;二是被害方依法提出追诉要

求,享有程序法上的信赖利益;三是案发地群众、基层组织等社会公众,对追诉行为具有期待性,享有信赖利益;四是犯罪行为人亦享有信赖利益。正是基于此,刑法第八十七条第四项规定,对于法定最高刑为无期徒刑、死刑的,犯罪经过二十年不再追诉;如果二十年以后认为必须追诉的,须报请最高人民检察院核准。《最高人民检察院关于办理核准追诉案件若干问题的规定》第五条第三项规定,对于超过追诉期限,但不追诉会严重影响社会稳定或者产生其他严重后果的,对犯罪嫌疑人应当追诉。

综上,追诉行为一旦开始就具有独立的程序价值。无论从保护社会公众的信赖利益,还是从节约有限的司法资源的角度分析,追诉行为一旦已经开始,通常整个刑事诉讼程序发生法律效力,便不再受追诉时效期限的限制,也无须根据新生效的法律重新计算追诉期限,这符合追诉时效制度设计的本意。

(二)以刑事立案作为追诉行为的起点符合我国法律规定

对于是以立案、起诉还是审判作为追诉期限的计算终点,世界各国立法有不同的规定,大致可归为三类:第一类是以侦查机关刑事立案为追诉期限的计算终点;第二类是以提起公诉为追诉期限的计算终点,如日本与我国台湾地区等;第三类是以一审判决为追诉期限的计算终点,如德国、意大利、瑞士等。

我国刑法第八十九条只规定了追诉期限开始计算的日期,却没有规定追诉期限停止计算的日期,但事实上,已经立案侦查并进入诉讼程序的追诉行为不再受追诉期限的限制,符合司法解释的规定,也是司法实践中一以贯之的做法。最高人民法院印发的《关于执行刑法中若干问题的初步经验总结》(1981 年 11 月)中提到:"根据刑法第七十八条的规定,追诉期限应当从犯罪构成之日起计算;如果犯罪行为有连续或者继续状态的,从犯罪行为终了之日起计算。在法定追诉期限内,自诉案件从自诉之日,公诉案件从采取强制措施之日都视为已被追诉,此后的侦查、起诉、审判时间不再受追诉期限的限制。"虽然该文件是立足于 1979 年刑法的规定,以采取强制措施之日作为公诉案件不受追诉期限限制的起点,但是明确了追诉行为的效力及于侦查、起诉、审判整个刑事诉讼程序。1982 年 8 月 19 日,最高人民检察院印发的《关于贪污罪追诉时效问题的复函》(已废止)指出:"检察机关决定立案时未过追诉期限的贪污犯罪,在立案以后的侦查、起诉或者判处时超过追诉期限的,不得认为是超过追诉时效的犯罪,应当继续依法追究。"这不仅明确规定了立案中止计算追诉期限的法律效力及于整个刑事诉讼程序,还明确规定及于"判处时"。2012年12月26日最高人民法院、最高人民检察院公布的《关于办理行贿刑事案件具体应用法律若干问题的解释》明确规定刑法第三百九十条第二款规定的"被追诉前",是指检察机关对行贿人的行贿行为刑事立案前,再次明确指出立案是判定刑事追诉行为开始的标志性诉讼活动。

司法实践中有一种观点认为,应对刑法第八十八条第一款进行反向解释,即只要犯罪嫌疑人、被告人没有逃避侦查或审判,追诉期限就不能停止计算,而应当继续计算至审判终结之日;而且在新的立法或司法解释降低犯罪行为对应的法定刑幅度后,追诉期限也应当适用刑法第八十七条的规定相应地缩短。

我们认为,这种理解是片面的。刑法第八十八条第一款规定,在人民检察院、公安机关、国家安全机关立案侦查或者在人民法院受理案件以后,逃避侦查或者审判的,不受追诉期限的限制。该条明确了限制追诉期限的情形,除非有法律明确规定的情形,否则以立案为标志的追诉行为受到追诉期限的限制。本案中,被告人林少钦没有逃避侦查的行为,《刑法修正案(九)》颁行期间该案也已经进入审判的二审上诉程序,林少钦也没有逃避审判的行为,再加上本案不属于由被害人提出控告的案件,所以不属于刑法第八十八条规定的范围。

(三)已经立案侦查并进入诉讼程序的追诉行为不再受追诉期限的限制,没有违反有利于被告人的原则

有利于被告人原则,自罗马法开始便构成程序与实体兼顾的一条综合性的刑事法律原则。我国刑事诉讼法规定,认定事实要排除合理怀疑,证据存疑时应作出有利于被告人的认定;刑法规定在定罪量刑时应当适用行为时的法律,但同时应当兼顾"从轻"原则,上述规定都是有利于被告人原则的具体体现。

需要明确的是,有利于被告人的原则在定罪量刑规则和追诉时效规则中保护的法益并不相同:同样的具体行为,新的刑事实体法降低了旧法对应罪名的入罪条件、法定刑,在不认为是犯罪时,实质是立法者对具体行为侵害法益的可能性及其行为的刑事可罚性有了新的减轻评价,行为人应根据新法享有评价利益。而刑事程序法则不同,追诉行为发动或者不发动,涉及国家、被害人、社会公众和犯罪行为人四类主体的信赖利益,不可能通过牺牲国家追诉行为的信赖利益、社会公众的信赖利益和被害人要求依法追诉的信赖利益来保障犯罪行为人这一项信赖利益。否则,有利于被告人原则变成了“仅利于被告人的原则”,这样的解释结论显然与平衡惩治犯罪和保障人权的刑事程序法功能定位是不相符的。

正是基于上述考虑,《最高人民法院关于被告人林少钦受贿请示一案的答复》(〔2016〕最高法刑他 5934 号)指出,“追诉时效是依照法律规定对犯罪分子追究刑事责任的期限,在追诉时效期限内,司法机关应当依法追究犯罪分子刑事责任。对于法院正在审理的贪污贿赂案件,应当依据司法机关立案侦查时的法律规定认定追诉时效。依据立案侦查时的法律规定未过时效,且已经进入诉讼程序的案件,在新的法律规定生效后应当继续审理。”

我们认为,该答复虽然是针对个案审理所作出的,不属于《最高人民法院关于司法解释工作的规定》第六条所规定的“解释”“规定”“批复”“决定”四种司法解释的形式之一,但是该答复进一步明确了对已经立案侦查并进入诉讼程序的追诉行为不受追诉期限的限制,符合司法解释的规定,对实践中明确追诉时效计算规则具有一定的独立意义,体现了有利于被告人原则在指导追诉时效规则和定罪量刑规则适用上应有的区别,对明确具体法律规定的含义和适用,以及其他类似案件的办理都同样具有指导意义。

（撰稿：福建省三明市人民检察院　谢俊翔
福建省三明市中级人民法院　徐　浩
福建省三明市人民检察院　余欣雯
审编：最高人民法院刑二庭　韩维中）

中华人民共和国主席令

第四号

《中华人民共和国人民陪审员法》已由中华人民共和国第十三届全国人民代表大会常务委员会第二次会议于2018年4月27日通过，现予公布，自公布之日起施行。

中华人民共和国主席　习近平

2018年4月27日

中华人民共和国人民陪审员法

（2018年4月27日第十三届全国人民代表大会常务委员会第二次会议通过）

第一条　为了保障公民依法参加审判活动，促进司法公正，提升司法公信，制定本法。

第二条　公民有依法担任人民陪审员的权利和义务。

人民陪审员依照本法产生，依法参加人民法院的审判活动，除法律另有规定外，同法官有同等权利。

第三条　人民陪审员依法享有参加审判活动、独立发表意见、获得履职保障等权利。

人民陪审员应当忠实履行审判职责，保守审判秘密，注重司法礼仪，维护司法形象。

第四条　人民陪审员依法参加审判活动，受法律保护。

人民法院应当依法保障人民陪审员履行审判职责。

人民陪审员所在单位、户籍所在地或者经常居住地的基层群众性自治组织应当依法保障人民陪审员参加审判活动。

第五条　公民担任人民陪审员，应当具备下列条件：

（一）拥护中华人民共和国宪法；

（二）年满二十八周岁；

（三）遵纪守法、品行良好、公道正派；

（四）具有正常履行职责的身体条件。

担任人民陪审员，一般应当具有高中以上文化程度。

第六条　下列人员不能担任人民陪审员：

（一）人民代表大会常务委员会的组成人员，监察委员会、人民法院、人民检察院、公安机关、国家安全机关、司法行政机关的工作人员；

（二）律师、公证员、仲裁员、基层法律服务工作者；

（三）其他因职务原因不适宜担任人民陪审员的人员。

第七条　有下列情形之一的，不得担任人民陪审员：

（一）受过刑事处罚的；

（二）被开除公职的；

（三）被吊销律师、公证员执业证书的；

（四）被纳入失信被执行人名单的；

（五）因受惩戒被免除人民陪审员职务的；

（六）其他有严重违法违纪行为，可能影响司法公信的。

第八条　人民陪审员的名额，由基层人民法院根据审判案件的需要，提请同级人民代表大会常务委员会确定。

人民陪审员的名额数不低于本院法官数的三倍。

第九条　司法行政机关会同基层人民法院、公安机关，从辖区内的常住居民名单中随机抽选拟任命人民陪审员数五倍以上的人员作为人民陪审员候选人,对人民陪审员候选人进行资格审查,征求候选人意见。

第十条 司法行政机关会同基层人民法院,从通过资格审查的人民陪审员候选人名单中随机抽选确定人民陪审员人选,由基层人民法院院长提请同级人民代表大会常务委员会任命。

第十一条 因审判活动需要,可以通过个人申请和所在单位、户籍所在地或者经常居住地的基层群众性自治组织、人民团体推荐的方式产生人民陪审员候选人,经司法行政机关会同基层人民法院、公安机关进行资格审查,确定人民陪审员人选,由基层人民法院院长提请同级人民代表大会常务委员会任命。

依照前款规定产生的人民陪审员,不得超过人民陪审员名额数的五分之一。

第十二条 人民陪审员经人民代表大会常务委员会任命后,应当公开进行就职宣誓。宣誓仪式由基层人民法院会同司法行政机关组织。

第十三条 人民陪审员的任期为五年,一般不得连任。

第十四条 人民陪审员和法官组成合议庭审判案件,由法官担任审判长,可以组成三人合议庭,也可以由法官三人与人民陪审员四人组成七人合议庭。

第十五条 人民法院审判第一审刑事、民事、行政案件,有下列情形之一的,由人民陪审员和法官组成合议庭进行:

(一)涉及群体利益、公共利益的;

(二)人民群众广泛关注或者其他社会影响较大的;

(三)案情复杂或者有其他情形,需要由人民陪审员参加审判的。

人民法院审判前款规定的案件,法律规定由法官独任审理或者由法官组成合议庭审理的,从其规定。

第十六条 人民法院审判下列第一审案件,由人民陪审员和法官组成七人合议庭进行:

(一)可能判处十年以上有期徒刑、无期徒刑、死刑,社会影响重大的刑事案件;

(二)根据民事诉讼法、行政诉讼法提起的公益诉讼案件;

（三）涉及征地拆迁、生态环境保护、食品药品安全，社会影响重大的案件；

（四）其他社会影响重大的案件。

第十七条 第一审刑事案件被告人、民事案件原告或者被告、行政案件原告申请由人民陪审员参加合议庭审判的，人民法院可以决定由人民陪审员和法官组成合议庭审判。

第十八条 人民陪审员的回避，适用审判人员回避的法律规定。

第十九条 基层人民法院审判案件需要由人民陪审员参加合议庭审判的，应当在人民陪审员名单中随机抽取确定。

中级人民法院、高级人民法院审判案件需要由人民陪审员参加合议庭审判的，在其辖区内的基层人民法院的人民陪审员名单中随机抽取确定。

第二十条 审判长应当履行与案件审判相关的指引、提示义务，但不得妨碍人民陪审员对案件的独立判断。

合议庭评议案件，审判长应当对本案中涉及的事实认定、证据规则、法律规定等事项及应当注意的问题，向人民陪审员进行必要的解释和说明。

第二十一条 人民陪审员参加三人合议庭审判案件，对事实认定、法律适用，独立发表意见，行使表决权。

第二十二条 人民陪审员参加七人合议庭审判案件，对事实认定，独立发表意见，并与法官共同表决；对法律适用，可以发表意见，但不参加表决。

第二十三条 合议庭评议案件，实行少数服从多数的原则。人民陪审员同合议庭其他组成人员意见分歧的，应当将其意见写入笔录。

合议庭组成人员意见有重大分歧的，人民陪审员或者法官可以要求合议庭将案件提请院长决定是否提交审判委员会讨论决定。

第二十四条 人民法院应当结合本辖区实际情况，合理确定每名人民陪审员年度参加审判案件的数量上限，并向社会公告。

第二十五条 人民陪审员的培训、考核和奖惩等日常管理工作，由基层人民法院会同司法行政机关负责。

对人民陪审员应当有计划地进行培训。人民陪审员应当按照要求参加培训。

第二十六条 对于在审判工作中有显著成绩或者有其他突出事迹的人民陪审员,依照有关规定给予表彰和奖励。

第二十七条 人民陪审员有下列情形之一,经所在基层人民法院会同司法行政机关查证属实的,由院长提请同级人民代表大会常务委员会免除其人民陪审员职务:

(一)本人因正当理由申请辞去人民陪审员职务的;

(二)具有本法第六条、第七条所列情形之一的;

(三)无正当理由,拒绝参加审判活动,影响审判工作正常进行的;

(四)违反与审判工作有关的法律及相关规定,徇私舞弊,造成错误裁判或者其他严重后果的。

人民陪审员有前款第三项、第四项所列行为的,可以采取通知其所在单位、户籍所在地或者经常居住地的基层群众性自治组织、人民团体,在辖区范围内公开通报等措施进行惩戒;构成犯罪的,依法追究刑事责任。

第二十八条 人民陪审员的人身和住所安全受法律保护。任何单位和个人不得对人民陪审员及其近亲属打击报复。

对报复陷害、侮辱诽谤、暴力侵害人民陪审员及其近亲属的,依法追究法律责任。

第二十九条 人民陪审员参加审判活动期间,所在单位不得克扣或者变相克扣其工资、奖金及其他福利待遇。

人民陪审员所在单位违反前款规定的,基层人民法院应当及时向人民陪审员所在单位或者所在单位的主管部门、上级部门提出纠正意见。

第三十条 人民陪审员参加审判活动期间,由人民法院依照有关规定按实际工作日给予补助。

人民陪审员因参加审判活动而支出的交通、就餐等费用,由人民法院依照有关规定给予补助。

第三十一条 人民陪审员因参加审判活动应当享受的补助,人民法院和司法行政机关为实施人民陪审员制度所必需的开支,列入人民法院和司法行政机关业务经费,由相应政府财政予以保障。具体办法由最高人民法院、国务院司法行政部门会同国务院财政部门制定。

第三十二条 本法自公布之日起施行。2004 年 8 月 28 日第十届全国人民代表大会常务委员会第十一次会议通过的《全国人民代表大会常务委员会关于完善人民陪审员制度的决定》同时废止。

最高人民法院
最高人民检察院
公　告

《最高人民法院、最高人民检察院关于检察公益诉讼案件适用法律若干问题的解释》已于2018年2月23日由最高人民法院审判委员会第1734次会议、2018年2月11日由最高人民检察院第十二届检察委员会第73次会议通过,现予公布,自2018年3月2日起施行。

最高人民法院

最高人民检察院

2018年3月1日

最高人民法院　最高人民检察院
关于检察公益诉讼案件适用法律若干问题的解释

法释〔2018〕6号

一、一般规定

第一条　为正确适用《中华人民共和国民事诉讼法》《中华人民共和国行政诉讼法》关于人民检察院提起公益诉讼制度的规定,结合审判、检察工作实际,制定本解释。

第二条　人民法院、人民检察院办理公益诉讼案件主要任务是充分发挥司法审判、法律监督职能作用,维护宪法法律权威,维护社会公平正义,维护国家利益和社会公共利益,督促适格主体依法行使公益诉权,促进依法行政、严格执法。

第三条 人民法院、人民检察院办理公益诉讼案件,应当遵守宪法法律规定,遵循诉讼制度的原则,遵循审判权、检察权运行规律。

第四条 人民检察院以公益诉讼起诉人身份提起公益诉讼,依照民事诉讼法、行政诉讼法享有相应的诉讼权利,履行相应的诉讼义务,但法律、司法解释另有规定的除外。

第五条 市(分、州)人民检察院提起的第一审民事公益诉讼案件,由侵权行为地或者被告住所地中级人民法院管辖。

基层人民检察院提起的第一审行政公益诉讼案件,由被诉行政机关所在地基层人民法院管辖。

第六条 人民检察院办理公益诉讼案件,可以向有关行政机关以及其他组织、公民调查收集证据材料;有关行政机关以及其他组织、公民应当配合;需要采取证据保全措施的,依照民事诉讼法、行政诉讼法相关规定办理。

第七条 人民法院审理人民检察院提起的第一审公益诉讼案件,可以适用人民陪审制。

第八条 人民法院开庭审理人民检察院提起的公益诉讼案件,应当在开庭三日前向人民检察院送达出庭通知书。

人民检察院应当派员出庭,并应当自收到人民法院出庭通知书之日起三日内向人民法院提交派员出庭通知书。派员出庭通知书应当写明出庭人员的姓名、法律职务以及出庭履行的具体职责。

第九条 出庭检察人员履行以下职责:

(一)宣读公益诉讼起诉书;

(二)对人民检察院调查收集的证据予以出示和说明,对相关证据进行质证;

(三)参加法庭调查,进行辩论并发表意见;

(四)依法从事其他诉讼活动。

第十条 人民检察院不服人民法院第一审判决、裁定的,可以向上一级人民法院提起上诉。

第十一条 人民法院审理第二审案件,由提起公益诉讼的人民检察院派员出庭,上一级人民检察院也可以派员参加。

第十二条 人民检察院提起公益诉讼案件判决、裁定发生法律效力,被告不履行的,人民法院应当移送执行。

二、民事公益诉讼

第十三条 人民检察院在履行职责中发现破坏生态环境和资源保护、食品药品安全领域侵害众多消费者合法权益等损害社会公共利益的行为,拟提起公益诉讼的,应当依法公告,公告期间为三十日。

公告期满,法律规定的机关和有关组织不提起诉讼的,人民检察院可以向人民法院提起诉讼。

第十四条 人民检察院提起民事公益诉讼应当提交下列材料:

(一)民事公益诉讼起诉书,并按照被告人数提出副本;

(二)被告的行为已经损害社会公共利益的初步证明材料;

(三)检察机关已经履行公告程序的证明材料。

第十五条 人民检察院依据民事诉讼法第五十五条第二款的规定提起民事公益诉讼,符合民事诉讼法第一百一十九条第二项、第三项、第四项及本解释规定的起诉条件的,人民法院应当登记立案。

第十六条 人民检察院提起的民事公益诉讼案件中,被告以反诉方式提出诉讼请求的,人民法院不予受理。

第十七条 人民法院受理人民检察院提起的民事公益诉讼案件后,应当在立案之日起五日内将起诉书副本送达被告。

人民检察院已履行诉前公告程序的,人民法院立案后不再进行公告。

第十八条 人民法院认为人民检察院提出的诉讼请求不足以保护社会公共利益的,可以向其释明变更或者增加停止侵害、恢复原状等诉讼请求。

第十九条 民事公益诉讼案件审理过程中,人民检察院诉讼请求全部实现而撤回起诉的,人民法院应予准许。

第二十条 人民检察院对破坏生态环境和资源保护、食品药品安全领域侵害众多消费者合法权益等损害社会公共利益的犯罪行为提起刑事公诉时,可以向人民法院一并提起附带民事公益诉讼,由人民法院同一审判组织审理。

人民检察院提起的刑事附带民事公益诉讼案件由审理刑事案件的人民法院管辖。

三、行政公益诉讼

第二十一条 人民检察院在履行职责中发现生态环境和资源保护、食品药品安全、国有财产保护、国有土地使用权出让等领域负有监督管理职责的行政机关违法行使职权或者不作为,致使国家利益或者社会公共利益受到侵害的,应当向行政机关提出检察建议,督促其依法履行职责。

行政机关应当在收到检察建议书之日起两个月内依法履行职责,并书面回复人民检察院。出现国家利益或者社会公共利益损害继续扩大等紧急情形的,行政机关应当在十五日内书面回复。

行政机关不依法履行职责的,人民检察院依法向人民法院提起诉讼。

第二十二条 人民检察院提起行政公益诉讼应当提交下列材料:

(一)行政公益诉讼起诉书,并按照被告人数提出副本;

(二)被告违法行使职权或者不作为,致使国家利益或者社会公共利益受到侵害的证明材料;

(三)检察机关已经履行诉前程序,行政机关仍不依法履行职责或者纠正违法行为的证明材料。

第二十三条 人民检察院依据行政诉讼法第二十五条第四款的规定提起行政公益诉讼,符合行政诉讼法第四十九条第二项、第三项、第四项及本解释规定的起诉条件的,人民法院应当登记立案。

第二十四条 在行政公益诉讼案件审理过程中,被告纠正违法行为或者依法履行职责而使人民检察院的诉讼请求全部实现,人民检察院撤回起诉的,人民法院应当裁定准许;人民检察院变更诉讼请求,请求确认原行政行为违法的,人民法院应当判决确认违法。

第二十五条 人民法院区分下列情形作出行政公益诉讼判决:

(一)被诉行政行为具有行政诉讼法第七十四条、第七十五条规定情形

之一的,判决确认违法或者确认无效,并可以同时判决责令行政机关采取补救措施;

(二)被诉行政行为具有行政诉讼法第七十条规定情形之一的,判决撤销或者部分撤销,并可以判决被诉行政机关重新作出行政行为;

(三)被诉行政机关不履行法定职责的,判决在一定期限内履行;

(四)被诉行政机关作出的行政处罚明显不当,或者其他行政行为涉及对款额的确定、认定确有错误的,判决予以变更;

(五)被诉行政行为证据确凿,适用法律、法规正确,符合法定程序,未超越职权,未滥用职权,无明显不当,或者人民检察院诉请被诉行政机关履行法定职责理由不成立的,判决驳回诉讼请求。

人民法院可以将判决结果告知被诉行政机关所属的人民政府或者其他相关的职能部门。

四、附　　则

第二十六条　本解释未规定的其他事项,适用民事诉讼法、行政诉讼法以及相关司法解释的规定。

第二十七条　本解释自2018年3月2日起施行。

最高人民法院、最高人民检察院之前发布的司法解释和规范性文件与本解释不一致的,以本解释为准。

最高人民法院　最高人民检察院　公安部 关于依法惩治妨害公共交通工具安全驾驶违法犯罪行为的指导意见

各省、自治区、直辖市高级人民法院、人民检察院、公安厅(局),新疆维吾尔自治区高级人民法院生产建设兵团分院,新疆生产建设兵团人民检察院、公安局:

近期,一些地方接连发生在公共交通工具上妨害安全驾驶的行为。有的乘客仅因琐事纷争,对正在驾驶公共交通工具的驾驶人员实施暴力干扰行为,造成重大人员伤亡、财产损失,严重危害公共安全,社会反响强烈。为依法惩治妨害公共交通工具安全驾驶违法犯罪行为,维护公共交通安全秩序,保护人民群众生命财产安全,根据有关法律规定,制定本意见。

一、准确认定行为性质,依法从严惩处妨害安全驾驶犯罪

(一)乘客在公共交通工具行驶过程中,抢夺方向盘、变速杆等操纵装置,殴打、拉拽驾驶人员,或者有其他妨害安全驾驶行为,危害公共安全,尚未造成严重后果的,依照刑法第一百一十四条的规定,以以危险方法危害公共安全罪定罪处罚;致人重伤、死亡或者使公私财产遭受重大损失的,依照刑法第一百一十五条第一款的规定,以以危险方法危害公共安全罪定罪处罚。

实施前款规定的行为,具有以下情形之一的,从重处罚:

1. 在夜间行驶或者恶劣天气条件下行驶的公共交通工具上实施的;

2. 在临水、临崖、急弯、陡坡、高速公路、高架道路、桥隧路段及其他易发生危险的路段实施的;

3. 在人员、车辆密集路段实施的；

4. 在实际载客10人以上或者时速60公里以上的公共交通工具上实施的；

5. 经他人劝告、阻拦后仍然继续实施的；

6. 持械袭击驾驶人员的；

7. 其他严重妨害安全驾驶的行为。

实施上述行为，即使尚未造成严重后果，一般也不得适用缓刑。

（二）乘客在公共交通工具行驶过程中，随意殴打其他乘客，追逐、辱骂他人，或者起哄闹事，妨害公共交通工具运营秩序，符合刑法第二百九十三条规定的，以寻衅滋事罪定罪处罚；妨害公共交通工具安全行驶，危害公共安全的，依照刑法第一百一十四条、第一百一十五条第一款的规定，以以危险方法危害公共安全罪定罪处罚。

（三）驾驶人员在公共交通工具行驶过程中，与乘客发生纷争后违规操作或者擅离职守，与乘客厮打、互殴，危害公共安全，尚未造成严重后果的，依照刑法第一百一十四条的规定，以以危险方法危害公共安全罪定罪处罚；致人重伤、死亡或者使公私财产遭受重大损失的，依照刑法第一百一十五条第一款的规定，以以危险方法危害公共安全罪定罪处罚。

（四）对正在进行的妨害安全驾驶的违法犯罪行为，乘客等人员有权采取措施予以制止。制止行为造成违法犯罪行为人损害，符合法定条件的，应当认定为正当防卫。

（五）正在驾驶公共交通工具的驾驶人员遭到妨害安全驾驶行为侵害时，为避免公共交通工具倾覆或者人员伤亡等危害后果发生，采取紧急制动或者躲避措施，造成公共交通工具、交通设施损坏或者人身损害，符合法定条件的，应当认定为紧急避险。

（六）以暴力、威胁方法阻碍国家机关工作人员依法处置妨害安全驾驶违法犯罪行为、维护公共交通秩序的，依照刑法第二百七十七条的规定，以妨害公务罪定罪处罚；暴力袭击正在依法执行职务的人民警察的，从重处罚。

（七）本意见所称公共交通工具，是指公共汽车、公路客运车，大、中型出租车等车辆。

二、加强协作配合，有效维护公共交通安全秩序

妨害公共交通工具安全驾驶行为具有高度危险性，极易诱发重大交通事故，造成重大人身伤亡、财产损失，严重威胁公共安全。各级人民法院、人民检察院和公安机关要高度重视妨害安全驾驶行为的现实危害，深刻认识维护公共交通秩序对于保障人民群众生命财产安全与社会和谐稳定的重大意义，准确认定行为性质，依法从严惩处，充分发挥刑罚的震慑、教育作用，预防、减少妨害安全驾驶不法行为发生。

公安机关接到妨害安全驾驶相关警情后要及时处警，采取果断措施予以处置；要妥善保护事发现场，全面收集、提取证据，特别是注意收集行车记录仪、道路监控等视听资料。人民检察院应当对公安机关的立案、侦查活动进行监督；对于公安机关提请批准逮捕、移送审查起诉的案件，符合逮捕、起诉条件的，应当依法予以批捕、起诉。人民法院应当及时公开、公正审判。对于妨害安全驾驶行为构成犯罪的，严格依法追究刑事责任；尚不构成犯罪但构成违反治安管理行为的，依法给予治安管理处罚。

在办理案件过程中，人民法院、人民检察院和公安机关要综合考虑公共交通工具行驶速度、通行路段情况、载客情况、妨害安全驾驶行为的严重程度及对公共交通安全的危害大小、行为人认罪悔罪表现等因素，全面准确评判，充分彰显强化保障公共交通安全的价值导向。

三、强化宣传警示教育，提升公众交通安全意识

人民法院、人民检察院、公安机关要积极回应人民群众关切，对于社会影响大、舆论关注度高的重大案件，在依法办案的同时要视情向社会公众发布案件进展情况。要广泛拓展传播渠道，尤其是充分运用微信公众号、微博等网络新媒体，及时通报案件信息、澄清事实真相，借助焦点案事件向全社会传递公安和司法机关坚决惩治妨害安全驾驶违法犯罪的坚定决心，提升公众的安全意识、规则意识和法治意识。

办案单位要切实贯彻“谁执法、谁普法”的普法责任制，以各种有效形式

开展以案释法,选择妨害安全驾驶犯罪的典型案例进行庭审直播,或者邀请专家学者、办案人员进行解读,阐明妨害安全驾驶行为的违法性、危害性。要坚持弘扬社会正气,选择及时制止妨害安全驾驶行为的见义勇为事例进行褒扬,向全社会广泛宣传制止妨害安全驾驶行为的正当性、必要性。

各地各相关部门要认真贯彻执行。执行中遇有问题,请及时上报。

最高人民法院

最高人民检察院

公安部

2019年1月8日

《关于依法惩治妨害公共交通工具安全驾驶违法犯罪行为的指导意见》的理解与适用

赵俊甫

2019年1月8日，最高人民法院、最高人民检察院和公安部发布了《关于依法惩治妨害公共交通工具安全驾驶违法犯罪行为的指导意见》(以下简称《意见》)。《意见》的施行，对进一步加大公共交通安全秩序法律保障力度具有重要现实意义。为便于实践中正确理解和适用《意见》有关内容，现就《意见》的起草背景及主要内容作简要解读。

一、《意见》的起草背景

近年来，在公共交通工具行驶过程中妨害驾驶危害公共交通安全的违法犯罪时有发生，有些还酿成车毁人亡的重大事故，严重危害人民群众生命财产安全，产生恶劣社会影响，例如，2018年重庆市万州“10·28”公交车坠江事件。据中国司法大数据研究院统计，2015年1月1日至2018年10月31日，全国各级法院一审审结且裁判文书已上网公布的涉公交车的以危险方法危害公共安全犯罪案件共计242件，占全部以危险方法危害公共安全罪案件的11.32%。在这些案件中，多数仅仅是因车费、补票、找零、路线变更、错过站点、要求随意停车等琐事，引发口角、争吵、推搡、厮打、殴打、抢夺方向盘等行为，触犯的罪名主要涉及以危险方法危害公共安全罪、寻衅滋事罪等。

为全面了解问题，及时回应社会关切，最高人民法院通过中国裁判文书网和中国司法大数据研究院收集典型案例，并专题调研，初步掌握了当前妨害公共交通工具安全驾驶相关案件的基本情况。总体上，各地各办案部门对妨害驾驶违法犯罪案件的处理是准确的,但部分案件中,在涉及对行为法律性质的认定,以及构成犯罪情况下量刑尺度如何把握问题上,尚存在一些争议,有待明确。近年来,各地法院已陆续审结了一批类似典型案件,但进行公开宣判、报道的却很少,导致司法裁判对震慑犯罪、教育大众、引领社会的作用未得到应有发挥。

鉴于上述情况,最高人民法院经与最高人民检察院、公安部共同研究,决定起草《意见》,以指导各级公安、司法机关依法正确处理妨害公共交通工具安全驾驶违法犯罪案件;同时,积极发挥司法裁判的价值导向作用,营造人人遵守规则、共同守护公共交通安全的社会氛围。因此,在起草《意见》时,我们坚持了以下两项原则:

一是力求主题鲜明、针对性强。聚焦社会最为关注的妨害驾驶危害公共交通安全这一突出问题,对实践中常见的几种情形进行规范;同时,考虑面向普通公众,力求规定内容简洁明确,以起到辨明是非、弘扬正气的作用。

二是力求彰显从严,充分强化保障公共交通安全的价值导向。《意见》坚持法律底线,要求各级办案部门用足用好现有法律,总体上突出依法严惩;同时,考虑实际情形的复杂性,要求办案过程中综合考虑各种因素,全面准确评判。

二、《意见》的主要内容

《意见》共分三部分,主要从几类特殊行为的性质认定及量刑把握、公安司法机关办理案件的工作要求以及强化法制宣传等三个方面,对有关问题作了明确。需要指出的是,《意见》所称公共交通工具,包括公共汽车、公路客运车,大、中型出租车等车辆,主要是考虑这几类公共交通工具上妨害驾驶的现象较为常见、多发,对客运轮船、摆渡船等从事旅客运输业务的公共交通工具上发生的妨害驾驶行为,也可参照《意见》相关原则、标准办理。现就《意见》的主要条款,简要说明如下:

(一)关于乘客针对驾驶人员实施的妨害驾驶行为

乘客针对驾驶人员的驾驶行为实施妨害,是实践中常见、多发的行为类型。根据《意见》第一部分第一条的规定,乘客在公共交通工具行驶过程中,抢夺方向盘、变速杆等操纵装置,殴打、拉拽驾驶人员,或者有其他妨害安全驾驶行为,危害公共安全的,构成以危险方法危害公共安全罪。对该规定,适用时需要把握几个关键点:

其一,强调犯罪场所是正在行驶中的公共交通工具上,这是构成以危险方法危害公共安全罪的前提条件。

其二,行为方式包括抢夺方向盘、变速杆等操纵装置,殴打、拉拽驾驶人员等,其他妨害安全驾驶的行为方式则未逐一列举。从实践案例来看,有的行为人朝驾驶人员突然投掷杂物、泼洒热水,只要具有妨害安全驾驶的危害性,就属于此处规定的其他行为方式。就抢夺方向盘,殴打、拉拽驾驶人员等行为方式而言,单纯考察行为的暴力性、剧烈性程度,似有别于放火、决水、爆炸等行为。但如果同时考虑公共交通工具搭载不特定乘客,正在道路上行驶,其安全行驶关系到车内及车外道路上不特定人员的人身、财产安全这一特殊因素,实施类似攻击性妨害行为,其危险性就远远超出了行为本身的危害,而具有扩散性、不可控性,驾驶人员、公众难以抵御防范,难以控制其危害范围,直接危及不特定多数人的人身、财产安全,易引发实际安全事故。

其三,行为性质及后果方面,强调行为要妨害安全驾驶,危害公共安全,这是以危险方法危害公共安全罪的本质所要求的。此类危害公共安全犯罪,其危害性主要体现在危及公共交通工具上不特定人员的人身安全,以及道路上及周围不特定人员的人身安全和财产安全。因此,刑法对此配置了严厉的刑罚,只要妨害公共交通工具安全行驶的行为足以导致车辆不能安全行驶,车辆失控,随时可能发生乘客、道路上行人、其他车辆驾乘人员伤亡或者财产损失的现实危险,该行为就属于以危险方法危害公共安全罪中的"其他危险方法",不要求必须造成人员伤亡、财产严重损失等实际后果。案件具体办理过程中,要综合考虑公共交通工具行驶速度、通行路段情况、载客情况、妨害驾驶行为本身的严重程度及对公共交通安全的危害程度等情况,对行为人妨害驾驶行为的现实危险及其危害程度,作出全面、客观、准确的评判。《意见》第二部分规定,妨害安全驾驶不构成犯罪但构成违反治安管理行为的,依法给予治安管理处罚,也体现了准确区分一般违法行为与犯罪行为的政策精神。要避免不加区别,将公共交通工具上发生的不可能危及公共安全的轻微司乘冲突作为危害公共安全犯罪打击。

在《意见》起草过程中,有一种观点认为,考虑到以危险方法危害公共安全罪入罪,其最低法定刑即三年,入罪门槛应设置得高一些,对那些妨害司机驾驶的殴打、辱骂行为,通常手段、情节不是很严重,也不会造成严重后果,可考虑以寻衅滋事罪追究刑事责任。我们认为,目前最为突出的是针对行驶运营中的驾驶人员进行暴力干扰的行为,在该情形下,驾驶人员不同于普通乘客,其肩负保障公共交通工具安全行驶的重大职责,对驾驶人员实施人身攻击或者抢夺方向盘等妨害行为,直接危及公众的人身、财产安全,不同于单纯扰乱社会秩序或者伤害公民身体健康的犯罪。因此,妨害驾驶人员安全驾驶危害公共安全构成犯罪的,应当以以危险方法危害公共安全罪定罪处罚。例外情形下,如果妨害驾驶的行为确属显著轻微、不影响安全驾驶也不足以危害公共安全的,可不予定罪。换言之,考虑到殴打、拉拽等妨害行为针对的是驾驶人员这一特殊对象,又系发生在公共交通工具行驶过程中,与公共交通安全息息相关,如果行为本身论罪可构成寻衅滋事罪或者故意伤害罪,其危害性必然符合以危险方法危害公共安全罪无疑。因此,对类似行为不宜认定为寻衅滋事罪或故意伤害罪。

(二)关于从重处罚情形和缓刑适用的把握

对于乘客妨害公共交通工具安全驾驶构成以危险方法危害公共安全罪的,从调研梳理的案例来看,多数未造成人员重伤、重大财产损失,也有相当比例的被告人具有自首、积极赔偿、取得被害人谅解等情节,一些法院据此对被告人从宽处罚,包括宣告缓刑,呈现出一定宽缓化倾向。以危险方法危害公共安全罪是刑法规定的一种重罪,最低法定刑即为三年有期徒刑,故对论其行为已构成该罪,同时又具有法定或酌定从宽处罚情节的,如何确定在总体上从严还是从宽处罚,以及从严、从宽的幅度,在实践中存在一定争议。

《意见》第二部分明确规定,要深刻认识维护公共交通秩序对于保障人民群众生命财产安全与社会和谐稳定的重大意义,充分发挥刑罚的震慑、教育作用,充分彰显强化保障公共交通安全的价值导向,并在第一部分详细列举了在公共交通工具行驶过程中七项应当从重处罚的妨害安全驾驶情节：在夜间或者恶劣天气条件下（如冰雪天气），在临水、临崖、急弯、陡坡、高速公路、桥梁隧道等易发生危险路段，在人员、车辆密集路段，载客人数达10人以上或者时速达60公里等特殊情况下实施妨害安全驾驶行为的；持械袭击驾驶人员，或者经劝阻无效仍然实施妨害行为等情形。《意见》所列这些情形的危险程度相对较高，此时妨害驾驶人员安全驾驶，更加危险，一旦酿成后果，就是车毁人亡，甚至造成群死群伤的重特大事故，故应体现从严惩处。当然，《意见》所列七种从重处罚的情形，对公共交通安全的危害程度并不完全相同，有时也需要结合路段、车速、妨害手段等因素综合考虑。例如，在“实际载客人数达10人以上”的行驶中的公共交通工具上实施妨害驾驶行为，当车速较高、路段较为危险时，与车速相对缓慢、路段状况良好时实施，对公共安全的危害程度就存在差别，在实际执法办案中，要实事求是，综合把握是否从重处罚及从重的幅度。

缓刑不是独立刑种，而是刑罚的执行方式，其适用的一个重要前提条件是，犯罪分子依法被判处拘役、三年以下有期徒刑，同时还需要满足“犯罪情节较轻”、“宣告缓刑对所居住社区没有重大不良影响”等条件。构成以危险方法危害公共安全罪，尚未造成严重后果，即应判处三年以上十年以下有期徒刑，罪行的严重性由此可见一斑。妨害公共交通工具安全驾驶构成以危险方法危害公共安全罪，如果没有造成严重后果，情节不是十分严重的，虽可能会判处三年有期徒刑，符合宣告缓刑的前提条件，但鉴于该类犯罪具有危害公共安全的严重性质，《意见》要求从严把握缓刑适用，一般不适用缓刑，这符合罪刑相适应的基本原则，也是发挥刑罚震慑、教育作用，充分保障公共交通安全的价值导向所要求的。当然，鉴于妨害安全驾驶情况的复杂性，对确属情节较轻、宣告缓刑更有助于体现罪刑相适应的，也不绝对排除适用缓刑的可能，但要严格把握。需要特别指出的是，对妨害安全驾驶导致车辆发生碰撞等一定实际损害后果，被告人积极赔偿的，或者群众报警后，被告人在现场等待，抓捕时无拒捕行为，并如实供述罪行，符合自首认定条件的，可以从轻、减轻处罚，但亦应遵循《意见》要求从严控制缓刑适用的法律政策精神。

（三）关于乘客针对公共交通工具上驾驶人员以外的其他人实施的犯罪行为

行驶过程中的公共交通工具，是需要特殊保护的公共场所，如果发生随意殴打其他乘客，追逐辱骂他人，情节恶劣，或者起哄闹事造成公共交通工具上秩序严重混乱，符合寻衅滋事罪构成特征的，应当依法定罪处罚；情节显著轻微，不构成犯罪的，可予以治安处罚。如果上述行为同时妨害公共交通工具安全行驶，危害公共安全的，应当按照从一重罪处断的原则，认定为以危险方法危害公共安全罪。

（四）关于驾驶人员妨害公共交通安全行驶的行为

驾驶人员在驾驶公共交通工具过程中肩负高于普通人的安全保障职责，遇到突发情况也需要遵循从业要求的处置流程。实践中，有些乘客因不文明行为与驾驶人员发生争执、撕扯。如果乘客的干扰行为较为轻微，尚未妨害安全驾驶，没有危及公共安全，但驾驶人员不能正确、理性处置，违规操作或者擅离职守，如离开驾驶室与乘客厮打、互殴，足以危害公共安全的，对驾驶人员就应当以以危险方法危害公共安全罪定罪处罚。《意见》对该情形的明确，有助于从规范驾驶人员行为的角度进一步保障公共交通安全。

需要指出的是，对于驾驶人员违规操作导致安全事故发生的案件，要注意区分此罪与彼罪。交通肇事罪也是危害公共安全的犯罪，其与以危险方法危害公共安全罪的区别，不仅在于主观方面故意与过失的不同，还在于行为本身对公共安全的危险性是否现实、紧迫，以及由此引发不特定人员伤亡、财产损失的因果关系紧密程度不同。交通肇事行为，因违反交通规则，往往也包含一定程度危及公共安全的危险，但这种危险仅仅只是抽象的可能，而非必然；行为人主观上应当预见自己的行为可能会危及公共安全，因疏忽大意没有预见，或虽已预见，但自恃车技好、经验丰富等条件，轻信不会发生事故，且这种轻信有一定主客观基础。而以危险方法危害公共安全罪中，危险方法引发的危险是现实的、紧迫的，如果没有其他意外因素阻止，通常都会引发严重后果；行为人主观上只能是故意，包括直接故意和间接故意，即使行为人事后辩称其并不想引发严重后果，但如果其实施的是高度危险行为，由此极易引发严重后果且危害范围、程度难以控制，也能够反映行为人主观上具有间接故意。相较而言,构成以危险方法危害公共安全罪要满足更高的条件,对驾驶人员在受到乘客妨害情况下违规操作导致安全事故发生的,要注意从客观和主观方面准确认定行为性质。

(五)关于正当防卫和紧急避险的认定

《意见》对正当防卫作了原则性规定,旨在起到宣示、导向作用,鼓励公民同危害公共交通安全的行为作斗争,为公民见义勇为解除思想顾虑,以弘扬社会正气。《意见》对紧急避险也作了原则性规定,以起到倡导作用。

(六)关于法制宣传教育

实践中对妨害公共交通工具安全驾驶类案件虽不乏定罪判刑的案例,但宣传不够,影响刑罚对犯罪的一般预防效果。《意见》要求,在依法办案的同时要视情向社会公众发布案件进展情况,以各种有效形式开展以案释法,选择妨害安全驾驶犯罪的典型案例进行庭审直播,或者邀请专家学者、办案人员进行解读,以充分发挥司法的引领、规范、预防与教育功能,倡导社会各界增强规则意识,文明乘车、安全驾驶,远离伤害,共创美好、和谐家园。

(作者单位:最高人民法院刑一庭)

最高人民法院　最高人民检察院
公安部　司法部　生态环境部
印发《关于办理环境污染刑事案件有关问题座谈会纪要》的通知

高检会〔2019〕3号

各省、自治区、直辖市高级人民法院、人民检察院、公安厅(局)、司法厅(局)、生态环境厅(局),解放军军事法院、解放军军事检察院,新疆维吾尔自治区高级人民法院生产建设兵团分院,新疆生产建设兵团人民检察院、公安局、司法局、环境保护局:

为深入学习贯彻习近平生态文明思想,认真落实党中央重大决策部署和全国人大常委会决议要求,全力参与和服务保障打好污染防治攻坚战,推进生态文明建设,形成各部门依法惩治环境污染犯罪的合力,2018年12月,最高人民法院、最高人民检察院、公安部、司法部、生态环境部在北京联合召开座谈会。会议交流了当前办理环境污染刑事案件的工作情况,分析了遇到的突出困难和问题,研究了解决措施,对办理环境污染刑事案件中的有关问题形成了统一认识。现将会议纪要印发,请认真组织学习,并在工作中遵照执行。执行中遇到的重大问题,请及时向最高人民法院、最高人民检察院、公安部、司法部、生态环境部请示报告。

最高人民法院
最高人民检察院
公安部
司法部
生态环境部
2019年2月20日

关于办理环境污染刑事案件有关问题座谈会纪要

2018年6月16日,中共中央、国务院发布《关于全面加强生态环境保护坚决打好污染防治攻坚战的意见》。7月10日,全国人民代表大会常务委员会通过了《关于全面加强生态环境保护依法推动打好污染防治攻坚战的决议》。为深入学习贯彻习近平生态文明思想,认真落实党中央重大决策部署和全国人大常委会决议要求,全力参与和服务保障打好污染防治攻坚战,推进生态文明建设,形成各部门依法惩治环境污染犯罪的合力,2018年12月,最高人民法院、最高人民检察院、公安部、司法部、生态环境部在北京联合召开座谈会。会议交流了当前办理环境污染刑事案件的工作情况,分析了遇到的突出困难和问题,研究了解决措施。会议对办理环境污染刑事案件中的有关问题形成了统一认识。纪要如下:

一

会议指出,2018年5月18日至19日,全国生态环境保护大会在北京胜利召开,习近平总书记出席会议并发表重要讲话,着眼人民福祉和民族未来,从党和国家事业发展全局出发,全面总结党的十八大以来我国生态文明建设和生态环境保护工作取得的历史性成就、发生的历史性变革,深刻阐述加强生态文明建设的重大意义,明确提出加强生态文明建设必须坚持的重要原则,对加强生态环境保护、打好污染防治攻坚战作出了全面部署。这次大会最大的亮点,就是确立了习近平生态文明思想。习近平生态文明思想站在坚持和发展中国特色社会主义、实现中华民族伟大复兴中国梦的战略高度,把生态文明建设摆在治国理政的突出位置,作为统筹推进“五位一体”总体布局和协调推进“四个全面”战略布局的重要内容,深刻回答了为什么建设生态文明、建设什么样的生态文明、怎样建设生态文明的重大理论和实践问题,是习近平新时代中国特色社会主义思想的重要组成部分。各部门要认真学习、深刻领会、全面贯彻习近平生态文明思想,将其作为生态环境行政执法和司法办案的行动指南和根本遵循,为守护绿水青山蓝天、建设美丽中国提供有力保障。

会议强调,打好防范化解重大风险、精准脱贫、污染防治的攻坚战,是以习近平同志为核心的党中央深刻分析国际国内形势,着眼党和国家事业发展全局作出的重大战略部署,对于夺取全面建成小康社会伟大胜利、开启全面建设社会主义现代化强国新征程具有重大的现实意义和深远的历史意义。服从服务党和国家工作大局,充分发挥职能作用,努力为打好打赢三大攻坚战提供优质法治环境和司法保障,是当前和今后一个时期人民法院、人民检察院、公安机关、司法行政机关、生态环境部门的重点任务。

会议指出,2018年12月19日至21日召开的中央经济工作会议要求,打好污染防治攻坚战,要坚守阵地、巩固成果,聚焦做好打赢蓝天保卫战等工作,加大工作和投入力度,同时要统筹兼顾,避免处置措施简单粗暴。各部门要认真领会会议精神,紧密结合实际,强化政治意识、大局意识和责任担当,以加大办理环境污染刑事案件工作力度作为切入点和着力点,主动调整工作思路,积极谋划工作举措,既要全面履职、积极作为,又要综合施策、精准发力,保障污染防治攻坚战顺利推进。

二

会议要求,各部门要正确理解和准确适用刑法和《最高人民法院、最高人民检察院关于办理环境污染刑事案件适用法律若干问题的解释》(法释〔2016〕29号,以下称《环境解释》)的规定,坚持最严格的环保司法制度、最严密的环保法治理念,统一执法司法尺度,加大对环境污染犯罪的惩治力度。

1. 关于单位犯罪的认定

会议针对一些地方存在追究自然人犯罪多,追究单位犯罪少,单位犯罪认定难的情况和问题进行了讨论。会议认为,办理环境污染犯罪案件,认定单位犯罪时,应当依法合理把握追究刑事责任的范围,贯彻宽严相济刑事政策,重点打击出资者、经营者和主要获利者,既要防止不当缩小追究刑事责任的人员范围,又要防止打击面过大。

为了单位利益,实施环境污染行为,并具有下列情形之一的,应当认定为单位犯罪:(1)经单位决策机构按照决策程序决定的;(2)经单位实际控制人、主要负责人或者授权的分管负责人决定、同意的;(3)单位实际控制人、主要负责人或者授权的分管负责人得知单位成员个人实施环境污染犯罪行为,并未加以制止或者及时采取措施,而是予以追认、纵容或者默许的;(4)使用单位营业执照、合同书、公章、印鉴等对外开展活动,并调用单位车辆、船舶、生产设备、原辅材料等实施环境污染犯罪行为的。

单位犯罪中的"直接负责的主管人员",一般是指对单位犯罪起决定、批准、组织、策划、指挥、授意、纵容等作用的主管人员,包括单位实际控制人、主要负责人或者授权的分管负责人、高级管理人员等;"其他直接责任人员",一般是指在直接负责的主管人员的指挥、授意下积极参与实施单位犯罪或者对具体实施单位犯罪起较大作用的人员。

对于应当认定为单位犯罪的环境污染犯罪案件,公安机关未作为单位犯罪移送审查起诉的,人民检察院应当退回公安机关补充侦查。对于应当认定为单位犯罪的环境污染犯罪案件,人民检察院只作为自然人犯罪起诉的,人民法院应当建议人民检察院对犯罪单位补充起诉。

2. 关于犯罪未遂的认定

会议针对当前办理环境污染犯罪案件中,能否认定污染环境罪(未遂)的问题进行了讨论。会议认为,当前环境执法工作形势比较严峻,一些行为人拒不配合执法检查、接受检查时弄虚作假、故意逃避法律追究的情形时有发生,因此对于行为人已经着手实施非法排放、倾倒、处置有毒有害污染物的行为,由于有关部门查处或者其他意志以外的原因未得逞的情形,可以污染环境罪(未遂)追究刑事责任。

3. 关于主观过错的认定

会议针对当前办理环境污染犯罪案件中,如何准确认定犯罪嫌疑人、被告人主观过错的问题进行了讨论。会议认为,判断犯罪嫌疑人、被告人是否具有环境污染犯罪的故意,应当依据犯罪嫌疑人、被告人的任职情况、职业经历、专业背景、培训经历、本人因同类行为受到行政处罚或者刑事追究情况以及污染物种类、污染方式、资金流向等证据，结合其供述，进行综合分析判断。

实践中，具有下列情形之一，犯罪嫌疑人、被告人不能作出合理解释的，可以认定其故意实施环境污染犯罪，但有证据证明确系不知情的除外：(1)企业没有依法通过环境影响评价，或者未依法取得排污许可证，排放污染物，或者已经通过环境影响评价并且防治污染设施验收合格后，擅自更改工艺流程、原辅材料，导致产生新的污染物质的；(2)不使用验收合格的防治污染设施或者不按规范要求使用的；(3)防治污染设施发生故障，发现后不及时排除，继续生产放任污染物排放的；(4)生态环境部门责令限制生产、停产整治或者予以行政处罚后，继续生产放任污染物排放的；(5)将危险废物委托第三方处置，没有尽到查验经营许可的义务，或者委托处置费用明显低于市场价格或者处置成本的；(6)通过暗管、渗井、渗坑、裂隙、溶洞、灌注等逃避监管的方式排放污染物的；(7)通过篡改、伪造监测数据的方式排放污染物的；(8)其他足以认定的情形。

4. 关于生态环境损害标准的认定

会议针对如何适用《环境解释》第一条、第三条规定的“造成生态环境严重损害的”“造成生态环境特别严重损害的”定罪量刑标准进行了讨论。会议指出，生态环境损害赔偿制度是生态文明制度体系的重要组成部分。党中央、国务院高度重视生态环境损害赔偿工作，党的十八届三中全会明确提出对造成生态环境损害的责任者严格实行赔偿制度。2015年，中央办公厅、国务院办公厅印发《生态环境损害赔偿制度改革试点方案》(中办发〔2015〕57号)，在吉林等7个省市部署开展改革试点，取得明显成效。2017年，中央办公厅、国务院办公厅印发《生态环境损害赔偿制度改革方案》(中办发〔2017〕68号)，在全国范围内试行生态环境损害赔偿制度。

会议指出，《环境解释》将造成生态环境损害规定为污染环境罪的定罪量刑标准之一，是为了与生态环境损害赔偿制度实现衔接配套，考虑到该制度尚在试行过程中，《环境解释》作了较原则的规定。司法实践中，一些省市结合本地区工作实际制定了具体标准。会议认为，在生态环境损害赔偿制度试行阶段，全国各省（自治区、直辖市）可以结合本地实际情况，因地制宜，因时制宜，根据案件具体情况准确认定“造成生态环境严重损害”和“造成生态环境特别严重损害”。

5. 关于非法经营罪的适用

会议针对如何把握非法经营罪与污染环境罪的关系以及如何具体适用非法经营罪的问题进行了讨论。会议强调，要高度重视非法经营危险废物案件的办理，坚持全链条、全环节、全流程对非法排放、倾倒、处置、经营危险废物的产业链进行刑事打击，查清犯罪网络，深挖犯罪源头，斩断利益链条，不断挤压和铲除此类犯罪滋生蔓延的空间。

会议认为，准确理解和适用《环境解释》第六条的规定应当注意把握两个原则：一要坚持实质判断原则，对行为人非法经营危险废物行为的社会危害性作实质性判断。比如，一些单位或者个人虽未依法取得危险废物经营许可证，但其收集、贮存、利用、处置危险废物经营活动，没有超标排放污染物、非法倾倒污染物或者其他违法造成环境污染情形的，则不宜以非法经营罪论处。二要坚持综合判断原则，对行为人非法经营危险废物行为根据其在犯罪链条中的地位、作用综合判断其社会危害性。比如，有证据证明单位或者个人的无证经营危险废物行为属于危险废物非法经营产业链的一部分，并且已经形成了分工负责、利益均沾、相对固定的犯罪链条，如果行为人或者与其联系紧密的上游或者下游环节具有排放、倾倒、处置危险废物违法造成环境污染的情形，且交易价格明显异常的，对行为人可以根据案件具体情况在污染环境罪和非法经营罪中，择一重罪处断。

6. 关于投放危险物质罪的适用

会议强调，目前我国一些地方环境违法犯罪活动高发多发，刑事处罚威慑力不强的问题仍然突出，现阶段在办理环境污染犯罪案件时必须坚决贯彻落实中央领导同志关于重典治理污染的指示精神，把刑法和《环境解释》的规定用足用好，形成对环境污染违法犯罪的强大震慑。

会议认为，司法实践中对环境污染行为适用投放危险物质罪追究刑事责任时，应当重点审查判断行为人的主观恶性、污染行为恶劣程度、污染物的毒害性危险性、污染持续时间、污染结果是否可逆、是否对公共安全造成现实、具体、明确的危险或者危害等各方面因素。对于行为人明知其排放、倾倒、处置的污染物含有毒害性、放射性、传染病病原体等危险物质,仍实施环境污染行为放任其危害公共安全,造成重大人员伤亡、重大公私财产损失等严重后果,以污染环境罪论处明显不足以罚当其罪的,可以按投放危险物质罪定罪量刑。实践中,此类情形主要是向饮用水水源保护区,饮用水供水单位取水口和出水口,南水北调水库、干渠、涵洞等配套工程,重要渔业水体以及自然保护区核心区等特殊保护区域,排放、倾倒、处置毒害性极强的污染物,危害公共安全并造成严重后果的情形。

7.关于涉大气污染环境犯罪的处理

会议针对涉大气污染环境犯罪的打击处理问题进行了讨论。会议强调,打赢蓝天保卫战是打好污染防治攻坚战的重中之重。各级人民法院、人民检察院、公安机关、生态环境部门要认真分析研究全国人大常委会大气污染防治法执法检查发现的问题和提出的建议,不断加大对涉大气污染环境犯罪的打击力度,毫不动摇地以法律武器治理污染,用法治力量保卫蓝天,推动解决人民群众关注的突出大气环境问题。

会议认为,司法实践中打击涉大气污染环境犯罪,要抓住关键问题,紧盯薄弱环节,突出打击重点。对重污染天气预警期间,违反国家规定,超标排放二氧化硫、氮氧化物,受过行政处罚后又实施上述行为或者具有其他严重情节的,可以适用《环境解释》第一条第十八项规定的"其他严重污染环境的情形"追究刑事责任。

8.关于非法排放、倾倒、处置行为的认定

会议针对如何准确认定环境污染犯罪中非法排放、倾倒、处置行为进行了讨论。会议认为,司法实践中认定非法排放、倾倒、处置行为时,应当根据《固体废物污染环境防治法》和《环境解释》的有关规定精神,从其行为方式是否违反国家规定或者行业操作规范、污染物是否与外环境接触、是否造成环境污染的危险或者危害等方面进行综合分析判断。对名为运输、贮存、利用,实为排放、倾倒、处置的行为应当认定为非法排放、倾倒、处置行为,可以依法追究刑事责任。比如,未采取相应防范措施将没有利用价值的危险废物长期贮存、搁置,放任危险废物或者其有毒有害成分大量扬散、流失、泄漏、挥发,污染环境的。

9.关于有害物质的认定

会议针对如何准确认定刑法第三百三十八条规定的“其他有害物质”的问题进行了讨论。会议认为,办理非法排放、倾倒、处置其他有害物质的案件,应当坚持主客观相一致原则,从行为人的主观恶性、污染行为恶劣程度、有害物质危险性毒害性等方面进行综合分析判断,准确认定其行为的社会危害性。实践中,常见的有害物质主要有:工业危险废物以外的其他工业固体废物;未经处理的生活垃圾;有害大气污染物、受控消耗臭氧层物质和有害水污染物;在利用和处置过程中必然产生有毒有害物质的其他物质;国务院生态环境保护主管部门会同国务院卫生主管部门公布的有毒有害污染物名录中的有关物质等。

10.关于从重处罚情形的认定

会议强调,要坚决贯彻党中央推动长江经济带发展的重大决策,为长江经济带共抓大保护、不搞大开发提供有力的司法保障。实践中,对于发生在长江经济带十一省(直辖市)的下列环境污染犯罪行为,可以从重处罚:(1)跨省(直辖市)排放、倾倒、处置有放射性的废物、含传染病病原体的废物、有毒物质或者其他有害物质的;(2)向国家确定的重要江河、湖泊或者其他跨省(直辖市)江河、湖泊排放、倾倒、处置有放射性的废物、含传染病病原体的废物、有毒物质或者其他有害物质的。

11.关于严格适用不起诉、缓刑、免予刑事处罚

会议针对当前办理环境污染犯罪案件中如何严格适用不起诉、缓刑、免予刑事处罚的问题进行了讨论。会议强调,环境污染犯罪案件的刑罚适用直接关系加强生态环境保护打好污染防治攻坚战的实际效果。各级人民法院、人民检察院要深刻认识环境污染犯罪的严重社会危害性,正确贯彻宽严相济刑事政策,充分发挥刑罚的惩治和预防功能。要在全面把握犯罪事实和量刑情节的基础上严格依照刑法和刑事诉讼法规定的条件适用不起诉、缓刑、免予刑事处罚,既要考虑从宽情节,又要考虑从严情节;既要做到刑罚与犯罪相当,又要做到刑罚执行方式与犯罪相当,切实避免不起诉、缓刑、免予刑事处罚不当适用造成的消极影响。

会议认为,具有下列情形之一的,一般不适用不起诉、缓刑或者免予刑事处罚:(1)不如实供述罪行的;(2)属于共同犯罪中情节严重的主犯的;(3)犯有数个环境污染犯罪依法实行并罚或者以一罪处理的;(4)曾因环境污染违法犯罪行为受过行政处罚或者刑事处罚的;(5)其他不宜适用不起诉、缓刑、免予刑事处罚的情形。

会议要求,人民法院审理环境污染犯罪案件拟适用缓刑或者免予刑事处罚的,应当分析案发前后的社会影响和反映,注意听取控辩双方提出的意见。对于情节恶劣、社会反映强烈的环境污染犯罪,不得适用缓刑、免予刑事处罚。人民法院对判处缓刑的被告人,一般应当同时宣告禁止令,禁止其在缓刑考验期内从事与排污或者处置危险废物有关的经营活动。生态环境部门根据禁止令,对上述人员担任实际控制人、主要负责人或者高级管理人员的单位,依法不得发放排污许可证或者危险废物经营许可证。

三

会议要求,各部门要认真执行《环境解释》和原环境保护部、公安部、最高人民检察院《环境保护行政执法与刑事司法衔接工作办法》(环环监〔2017〕17号)的有关规定,进一步理顺部门职责,畅通衔接渠道,建立健全环境行政执法与刑事司法衔接的长效工作机制。

12.关于管辖的问题

会议针对环境污染犯罪案件的管辖问题进行了讨论。会议认为,实践中一些环境污染犯罪案件属于典型的跨区域刑事案件,容易存在管辖不明或者有争议的情况,各级人民法院、人民检察院、公安机关要加强沟通协调,共同研究解决。

会议提出,跨区域环境污染犯罪案件由犯罪地的公安机关管辖。如果由犯罪嫌疑人居住地的公安机关管辖更为适宜的,可以由犯罪嫌疑人居住地的公安机关管辖。犯罪地包括环境污染行为发生地和结果发生地。"环境污染行为发生地"包括环境污染行为的实施地以及预备地、开始地、途经地、结束地以及排放、倾倒污染物的车船停靠地、始发地、途经地、到达地等地点;环境污染行为有连续、持续或者继续状态的,相关地方都属于环境污染行为发生地。“环境污染结果发生地”包括污染物排放地、倾倒地、堆放地、污染发生地等。

多个公安机关都有权立案侦查的，由最初受理的或者主要犯罪地的公安机关立案侦查，管辖有争议的，按照有利于查清犯罪事实、有利于诉讼的原则，由共同的上级公安机关协调确定的公安机关立案侦查，需要提请批准逮捕、移送审查起诉、提起公诉的，由该公安机关所在地的人民检察院、人民法院受理。

13. 关于危险废物的认定

会议针对危险废物如何认定以及是否需要鉴定的问题进行了讨论。会议认为，根据《环境解释》的规定精神，对于列入《国家危险废物名录》的，如果来源和相应特征明确，司法人员根据自身专业技术知识和工作经验认定难度不大的，司法机关可以依据名录直接认定。对于来源和相应特征不明确的，由生态环境部门、公安机关等出具书面意见，司法机关可以依据涉案物质的来源、产生过程、被告人供述、证人证言以及经批准或者备案的环境影响评价文件等证据，结合上述书面意见作出是否属于危险废物的认定。对于需要生态环境部门、公安机关等出具书面认定意见的，区分下列情况分别处理：(1)对已确认固体废物产生单位，且产废单位环评文件中明确为危险废物的，根据产废单位建设项目环评文件和审批、验收意见、案件笔录等材料，可对照《国家危险废物名录》等出具认定意见。(2)对已确认固体废物产生单位，但产废单位环评文件中未明确为危险废物的，应进一步分析废物产生工艺，对照判断其是否列入《国家危险废物名录》。列入名录的可以直接出具认定意见；未列入名录的，应根据原辅材料、产生工艺等进一步分析其是否具有危险特性，不可能具有危险特性的，不属于危险废物；可能具有危险特性的，抽取典型样品进行检测，并根据典型样品检测指标浓度，对照《危险废物鉴别标准》(GB 5085.1－7)出具认定意见。(3)对固体废物产生单位无法确定的，应抽取典型样品进行检测，根据典型样品检测指标浓度，对照《危险废物鉴别标准》(GB 5085.1－7)出具认定意见。对确需进一步委托有相关资质的检测鉴定机构进行检测鉴定的，生态环境部门或者公安机关按照有关规定开展检测鉴定工作。

14.关于鉴定的问题

会议指出,针对当前办理环境污染犯罪案件中存在的司法鉴定有关问题,司法部将会同生态环境部,加快准入一批诉讼急需、社会关注的环境损害司法鉴定机构,加快对环境损害司法鉴定相关技术规范和标准的制定、修改和认定工作,规范鉴定程序,指导各地司法行政机关会同价格主管部门制定出台环境损害司法鉴定收费标准,加强与办案机关的沟通衔接,更好地满足办案机关需求。

会议要求,司法部应当根据《关于严格准入严格监管提高司法鉴定质量和公信力的意见》(司发〔2017〕11号)的要求,会同生态环境部加强对环境损害司法鉴定机构的事中事后监管,加强司法鉴定社会信用体系建设,建立黑名单制度,完善退出机制,及时向社会公开违法违规的环境损害司法鉴定机构和鉴定人行政处罚、行业惩戒等监管信息,对弄虚作假造成环境损害鉴定评估结论严重失实或者违规收取高额费用、情节严重的,依法撤销登记。鼓励有关单位或者个人向司法部、生态环境部举报环境损害司法鉴定机构的违法违规行为。

会议认为,根据《环境解释》的规定精神,对涉及案件定罪量刑的核心或者关键专门性问题难以确定的,由司法鉴定机构出具鉴定意见。实践中,这类核心或者关键专门性问题主要是案件具体适用的定罪量刑标准涉及的专门性问题,比如公私财产损失数额、超过排放标准倍数、污染物性质判断等。对案件的其他非核心或者关键专门性问题,或者可鉴定也可不鉴定的专门性问题,一般不委托鉴定。比如,适用《环境解释》第一条第二项"非法排放、倾倒、处置危险废物三吨以上"的规定对当事人追究刑事责任的,除可能适用公私财产损失第二档定罪量刑标准的以外,则不应再对公私财产损失数额或者超过排放标准倍数进行鉴定。涉及案件定罪量刑的核心或者关键专门性问题难以鉴定或者鉴定费用明显过高的,司法机关可以结合案件其他证据,并参考生态环境部门意见、专家意见等作出认定。

15.关于监测数据的证据资格问题

会议针对实践中地方生态环境部门及其所属监测机构委托第三方监测机构出具报告的证据资格问题进行了讨论。会议认为,地方生态环境部门及其所属监测机构委托第三方监测机构出具的监测报告，地方生态环境部门及其所属监测机构在行政执法过程中予以采用的，其实质属于《环境解释》第十二条规定的“环境保护主管部门及其所属监测机构在行政执法过程中收集的监测数据”，在刑事诉讼中可以作为证据使用。

《关于办理环境污染刑事案件有关问题座谈会纪要》的理解与适用

周加海[*]　喻海松[**]

日前,最高人民法院、最高人民检察院、公安部、司法部、生态环境部联合印发《关于办理环境污染刑事案件有关问题座谈会纪要》(以下简称《纪要》)。这是习近平生态文明思想确立以来,"两高三部"第一次就办理环境污染刑事案件有关问题联合出台专门文件。为便于司法实践中正确理解和适用,现就《纪要》的制定背景与经过、起草中的主要考虑和主要内容介绍如下。

一、《纪要》的制定背景与经过

2018年5月18日至19日,全国生态环境保护大会在北京胜利召开,习近平总书记出席会议并发表重要讲话,着眼人民福祉和民族未来,从党和国家事业发展全局出发,全面总结党的十八大以来我国生态文明建设和生态环境保护工作取得的历史性成就、发生的历史性变革,深刻阐述加强生态文明建设的重大意义,明确提出加强生态文明建设必须坚持的重要原则,对加强生态环境保护、打好污染防治攻坚战作出了全面部署。这次大会最大的亮点,就是确立了习近平生态文明思想。习近平生态文明思想站在坚持和发展中国特色社会主义、实现中华民族伟大复兴中国梦的战略高度,把生态文明建设摆在治国理政的突出位置,作为统筹推进"五位一体"总体布局和协调推进"四个全面"战略布局的重要内容,深刻回答了为什么建设生态文

* 最高人民法院研究室副主任,法学博士。
** 最高人民法院研究室刑事处副处长,法学博士。

明、建设什么样的生态文明、怎样建设生态文明的重大理论和实践问题，是习近平新时代中国特色社会主义思想的重要组成部分。

1997年刑法施行以来，最高人民法院单独或者会同最高人民检察院，就环境污染犯罪先后三次出台专门司法解释，充分体现了最高司法机关对环境保护的高度重视。特别是《最高人民法院、最高人民检察院关于办理环境污染刑事案件适用法律若干问题的解释》（法释〔2016〕29号，以下简称《解释》）自2017年1月1日施行以来，各级公检法机关和环保部门依法查处环境污染犯罪，进一步加大惩治力度，取得了良好效果。以污染环境罪为例，人民法院审理的刑事案件量持续增长，年均超过2 000件。据统计，2017年、2018年人民法院新收污染环境刑事案件2 344件、2 409件，审结2 258件、2 204件。与之同时，在环境污染犯罪的惩治向纵深推进过程中，司法实践中也出现了一些新的情况和问题，如追究自然人犯罪多，追究单位犯罪少，非法经营罪的适用标准不统一、对危险废物如何认定以及是否需要鉴定存在不同认识，司法鉴定亟须规范和收费过高，等等。有效解决办理环境污染刑事案件中的有关难题，进一步统一法律适用标准，是充分发挥生态环境行政执法和司法办案的职能作用，为守护绿水青山蓝天、建设美丽中国提供有力保障的前提和基础。

2018年6月16日，中共中央、国务院下发《关于全面加强生态环境保护　坚决打好污染防治攻坚战的意见》。7月10日，全国人民代表大会常务委员会通过了《关于全面加强生态环境保护　依法推动打好污染防治攻坚战的决议》。为深入学习贯彻习近平生态文明思想，认真落实党中央重大决策部署和全国人大常委会决议要求，全力参与和服务保障打好污染防治攻坚战，推进生态文明建设，形成各部门依法惩治环境污染犯罪的合力，2018年12月，最高人民法院、最高人民检察院、公安部、司法部、生态环境部在北京联合召开座谈会。会议交流了当前办理环境污染刑事案件的工作情况，分析了遇到的突出困难和问题，研究了解决措施。会议对办理环境污染相关案件中的有关问题达成统一认识，形成《纪要》，于2019年2月以“两高三部”名义正式对外发布。

二、《纪要》起草中的主要考虑

为确保《纪要》的内容科学合理,能够适应形势发展、满足司法实践需要,在起草过程中,着重注意把握了以下几点:

一是坚持以习近平生态文明思想为根本遵循。习近平生态文明思想内涵十分丰富,用最严格制度保护生态环境的严密法治观是重要组成部分。习近平总书记指出,只有实行最严格的制度、最严密的法治,才能为生态文明建设提供可靠保障。这也是研究起草《纪要》的指导思想。针对当前一些地方环境违法犯罪活动高发多发,刑事处罚威慑力不强的问题,《纪要》突出了从严惩治环境污染犯罪的精神,要求坚持最严格的环保司法制度、最严密的环保法治理念,统一执法司法尺度,加大对环境污染犯罪的惩治力度。

二是贯彻体现宽严相济刑事政策。《纪要》根据实践情况,要求正确贯彻宽严相济刑事政策,充分发挥刑罚的惩治和预防功能。特别是在刑罚适用方面,要全面把握犯罪事实和量刑情节,既要考虑从宽情节,又要考虑从严情节,严格依照刑法和刑事诉讼法规定的条件适用刑罚,确保罪责刑相适应。

三是切实解决办案实际中的难题。针对当前办理环境污染刑事案件中的重点难点问题,特别是对单位犯罪的认定、非法经营罪的适用、涉大气污染环境犯罪的处理、司法鉴定等近年来地方执法司法机关反映比较集中的具体问题,《纪要》作出明确规定,以有效解决此类犯罪取证难、鉴定难、认定难等实际问题。

三、《纪要》的主要内容

《纪要》根据当前办理环境污染刑事案件的工作情况,依照刑法、刑事诉讼法的规定,对办案过程中遇到的突出问题作了具体规定。大体而言,《纪要》的相关规定可以归纳为如下十五个方面的问题:

(一)关于单位犯罪的认定

当前,一些地方办理环境污染犯罪案件,存在追究自然人犯罪多,追究单位犯罪少,单位犯罪认定难的问题。对此,《纪要》作了专门规定:

一是依法合理把握追究刑事责任的范围。《纪要》要求在办理单位环境污染刑事案件时贯彻宽严相济刑事政策的要求,依法合理把握追究刑事责任的范围,“重点打击出资者、经营者和主要获利者,既要防止不当缩小追究刑事责任的人员范围,又要防止打击面过大”。特别是要合理把握单位犯罪中直接负责的主管人员和其他直接责任人员的范围。根据《纪要》的规定,单位犯罪中的“直接负责的主管人员”,一般是指对单位犯罪起决定、批准、组织、策划、指挥、授意、纵容等作用的主管人员,包括单位实际控制人、主要负责人或者授权的分管负责人、高级管理人员等;“其他直接责任人员”,一般是指在直接负责的主管人员的指挥、授意下积极参与实施单位犯罪或者对具体实施单位犯罪起较大作用的人员。

二是单位犯罪的认定情形。根据《纪要》的规定,为了单位利益,实施环境污染行为,并具有下列情形之一的,应当认定为单位犯罪:(1)经单位决策机构按照决策程序决定的;(2)经单位实际控制人、主要负责人或者授权的分管负责人决定、同意的;(3)单位实际控制人、主要负责人或者授权的分管负责人得知单位成员个人实施环境污染犯罪行为,并未加以制止或者及时采取措施,而是予以追认、纵容或者默许的;(4)使用单位营业执照、合同书、公章、印鉴等对外开展活动,并调用单位车辆、船舶、生产设备、原辅材料等实施环境污染犯罪行为的。

三是单位犯罪的补充起诉机制。《纪要》规定:“对于应当认定为单位犯罪的环境污染犯罪案件,公安机关未作为单位犯罪移送审查起诉的,人民检察院应当退回公安机关补充侦查。对于应当认定为单位犯罪的环境污染犯罪案件,人民检察院只作为自然人犯罪起诉的,人民法院应当建议人民检察院对犯罪单位补充起诉。”需要注意的是,根据《最高人民法院关于适用〈中华人民共和国刑事诉讼法〉的解释》(法释〔2012〕21 号)第二百八十三条的规定,在建议人民检察院对犯罪单位补充起诉的情形下,如果人民检察院仍以自然人犯罪起诉的,人民法院应当依法审理,按照单位犯罪中的直接负责的主管人员或者其他直接责任人员追究刑事责任,并援引刑法分则关于追究单位犯罪中直接负责的主管人员和其他直接责任人员刑事责任的条款。

(二)关于犯罪未遂的认定

司法实践中,对于污染环境未遂的认定和处理,存在不同认识。对此,

《纪要》规定,“对于行为人已经着手实施非法排放、倾倒、处置有毒有害污染物的行为,由于有关部门查处或者其他意志以外的原因未得逞的情形,可以污染环境罪(未遂)追究刑事责任”。司法适用中,需要注意的是:(1)对于犯罪未遂的认定,以行为人着手实施非法排放、倾倒、处置有毒有害污染物的行为为前提,故应当准确判断“着手”。对于排放、倾倒危险废物“着手”的判断,通常不存在问题。相比之下,处置危险废物“着手”的判断较为复杂,须妥当把握。(2)根据刑法第二十三条第二款的规定,对于未遂犯,可以比照既遂犯从轻或者减轻处罚。鉴于未遂造成的社会危害性相对较小,参照以往司法解释的相关规定,实践中对未遂的定罪量刑标准可以把握为既遂标准的三倍以上。(3)实践中存在部分既遂、部分未遂的情形,参照以往司法解释的规定,对此不宜将数量简单相加,可以分别评价既遂情节和未遂情节,在认定全案既遂的前提下,在处罚较重的法定刑幅度内酌情从重处罚。例如,行为人用罐车装有10吨的危险废物并开往某河流旁倾倒,在倾倒完1吨时被环保执法人员及时制止,对于此案可以依法认定行为人非法倾倒危险废物既遂1吨,未遂9吨,依照上述规则作出处理。

(三)关于主观过错的认定

司法实践中,对于环境污染犯罪、特别是污染环境罪的主观罪过形式,存在不同认识。鉴于司法实践中环境污染犯罪的主观罪过形式通常表现为故意,故《纪要》对判断行为人是否具有环境污染犯罪的故意作出专门规定:

一是综合分析判断规则。《纪要》规定,“判断犯罪嫌疑人、被告人是否具有环境污染犯罪的故意,应当依据犯罪嫌疑人、被告人的任职情况、职业经历、专业背景、培训经历、本人因同类行为受到行政处罚或者刑事追究情况以及污染物种类、污染方式、资金流向等证据,结合其供述,进行综合分析判断”。

二是主观故意推定规则。根据《纪要》的规定,具有下列情形之一,犯罪嫌疑人、被告人不能作出合理解释的,可以认定其故意实施环境污染犯罪,但有证据证明确系不知情的除外:(1)企业没有依法通过环境影响评价,或者未依法取得排污许可证,排放污染物,或者已经通过环境影响评价并且防治污染设施验收合格后,擅自更改工艺流程、原辅材料,导致产生新的污染物质的;(2)不使用验收合格的防治污染设施或者不按规范要求使用的;(3)防治污染设施发生故障,发现后不及时排除,继续生产放任污染物排放的;(4)生态环境部门责令限制生产、停产整治或者予以行政处罚后,继续生产放任污染物排放的;(5)将危险废物委托第三方处置,没有尽到查验经营许可的义务,或者委托处置费用明显低于市场价格或者处置成本的;(6)通过暗管、渗井、渗坑、裂隙、溶洞、灌注等逃避监管的方式排放污染物的;(7)通过篡改、伪造监测数据的方式排放污染物的;(8)其他足以认定的情形。

(四)关于生态环境损害标准的认定

生态环境损害赔偿制度是生态文明制度体系的重要组成部分。党的十八届三中全会明确提出对造成生态环境损害的责任者严格实行赔偿制度。2015 年,中央办公厅、国务院办公厅印发《生态环境损害赔偿制度改革试点方案》(中办发〔2015〕57 号),在吉林等 7 个省市部署开展改革试点,取得明显成效。2017 年,中央办公厅、国务院办公厅印发《生态环境损害赔偿制度改革方案》(中办发〔2017〕68 号),在全国范围内试行生态环境损害赔偿制度。《生态文明体制改革总体方案》提出:"严格实行生态环境损害赔偿制度。强化生产者环境保护法律责任,大幅度提高违法成本……对造成生态环境损害的,以损害程度等因素依法确定赔偿额度;对造成严重后果的,依法追究刑事责任。"根据这一要求,《解释》将生态环境损害因素纳入考量范围,第一条第十项将"造成生态环境严重损害"规定为"严重污染环境"的情形,第三条第六项将"造成生态环境特别严重损害"规定为"后果特别严重"的情形。

需要注意的是,《解释》将造成生态环境损害规定为污染环境罪的定罪量刑标准之一,是为了与生态环境损害赔偿制度实现衔接配套,考虑到该制度尚在试行过程中,《解释》作了较原则的规定。司法实践中,一些省市结合本地区工作实际制定了具体标准。《纪要》规定,"在生态环境损害赔偿制度试行阶段,全国各省(自治区、直辖市)可以结合本地实际情况,因地制宜,因时制宜,根据案件具体情况准确认定'造成生态环境严重损害'和'造成生态环境特别严重损害'"。《解释》第十七条第五款规定:"本解释所称'生态环境损害'，包括生态环境修复费用，生态环境修复期间服务功能的损失和生态环境功能永久性损害造成的损失，以及其他必要合理费用。"因此，实践中可以根据上述界定，结合本地实际情况，准确判断污染环境行为造成生态环境损害的程度，准确认定是否达到"造成生态环境严重损害"和"造成生态环境特别严重损害"。

（五）关于非法经营罪的适用

《解释》第六条规定："无危险废物经营许可证从事收集、贮存、利用、处置危险废物经营活动，严重污染环境的，按照污染环境罪定罪处罚；同时构成非法经营罪的，依照处罚较重的规定定罪处罚。实施前款规定的行为，不具有超标排放污染物、非法倾倒污染物或者其他违法造成环境污染的情形的，可以认定为非法经营情节显著轻微危害不大，不认为是犯罪；构成生产、销售伪劣产品等其他犯罪的，以其他犯罪论处。"《纪要》要求坚持全链条、全环节、全流程对非法排放、倾倒、处置、经营危险废物的产业链进行刑事打击，查清犯罪网络，深挖犯罪源头，斩断利益链条，不断挤压和铲除此类犯罪滋生蔓延的空间。特别是针对《解释》第六条规定的准确理解和适用，《纪要》要求注意把握两项原则：

一是坚持实质判断原则，对行为人非法经营危险废物行为的社会危害性作实质性判断。《解释》第六条确立了无危险废物经营许可证从事收集、贮存、利用、处置危险废物经营活动的入罪以违法造成环境污染为实质要件，未违法造成环境污染的，通常可以认定为情节显著轻微危害不大，不认为是犯罪。比如，一些单位或者个人虽未依法取得危险废物经营许可证，但其收集、贮存、利用、处置危险废物经营活动，没有违法造成环境污染情形的，则不宜以非法经营罪论处，也不宜以污染环境罪论处。需要注意的是，对于"违法造成环境污染"要件的判断应当采取相对宽泛的标准，即不要求一定达到《解释》第一条第二项以外其他项规定的"严重污染环境"的具体情形。例如，未按照规定安装特定污染防治设施，处置过程中超过标准排放污染物（虽然未达到超过特定标准三倍以上），或者将处置剩余的污染物违反规定倾倒的，可以认定为具备"违法造成环境污染"的要件。

二是坚持综合判断原则，对行为人非法经营危险废物行为根据其在犯罪链条中的地位、作用综合判断其社会危害性。比如,有证据证明单位或者个人的无证经营危险废物行为属于危险废物非法经营产业链的一部分,并且已经形成了分工负责、利益均沾、相对固定的犯罪链条,如果行为人或者与其联系紧密的上游或者下游环节具有排放、倾倒、处置危险废物违法造成环境污染的情形,且交易价格明显异常的,对行为人可以根据案件具体情况在污染环境罪和非法经营罪中,择一重罪处断。

(六)关于投放危险物质罪的适用

违规排放、倾倒或者处置有放射性的废物、含传染病病原体的废物、有毒物质的,不仅严重污染环境,还可能危害公共安全,此时污染环境罪就可能与投放危险物质罪竞合,宜择一重罪处断。因此,《解释》第八条规定:"违反国家规定,排放、倾倒、处置含有毒害性、放射性、传染病病原体等物质的污染物,同时构成污染环境罪、非法处置进口的固体废物罪、投放危险物质罪等犯罪的,依照处罚较重的规定定罪处罚。"在此基础上,《纪要》对投放危险物质罪的适用作了专门规定:

一是用足用好刑法和《解释》的规定。目前,我国一些地方环境违法犯罪活动高发多发,刑事处罚威慑力不强的问题仍然突出。因此,《纪要》要求,现阶段在办理环境污染犯罪案件时必须坚决贯彻落实中央领导同志关于重典治理污染的指示精神,把刑法和《解释》的规定用足用好,形成对环境污染违法犯罪的强大震慑。

二是准确适用投放危险物质罪。司法适用中,对污染环境的行为应当原则上适用污染环境罪,适用投放危险物质罪的,应当特别慎重,准确查明主客观方面的情况。《纪要》规定,"司法实践中对环境污染行为适用投放危险物质罪追究刑事责任时,应当重点审查判断行为人的主观恶性、污染行为恶劣程度、污染物的毒害性危险性、污染持续时间、污染结果是否可逆、是否对公共安全造成现实、具体、明确的危险或者危害等各方面因素"。而且,对污染环境行为适用投放危险物质罪,主要是基于罪责刑相适应的考虑,对此应当特别注意把握。基于此,《纪要》专门规定,对于行为人明知其排放、倾倒、处置的污染物含有毒害性、放射性、传染病病原体等危险物质,仍实施环境污染行为放任其危害公共安全,造成重大人员伤亡、重大公私财产损失等严重后果,以污染环境罪论处明显不足以罚当其罪的,可以依照《解释》第八条的规定,以投放危险物质罪定罪量刑。具体而言,实践中此类情形主要是向饮用水水源保护区,饮用水供水单位取水口和出水口,南水北调水库、干渠、涵洞等配套工程,重要渔业水体以及自然保护区核心区等特殊保护区域,排放、倾倒、处置毒害性极强的污染物,危害公共安全并造成严重后果的情形。

(七)关于涉大气污染环境犯罪的处理

大气污染是人民群众感受最为直接、反映最为强烈的环境问题。但是,由于大气污染物流动性大、稀释速度快等原因,提取固定证据困难,给查处此类犯罪带来较大实际困难。基于此,《纪要》要求抓住关键问题,紧盯薄弱环节,突出打击重点,推动解决人民群众关注的突出大气环境问题。《中华人民共和国大气污染防治法》第九十三条第一款规定:“国家建立重污染天气监测预警体系。”第九十六条第一款规定:“县级以上地方人民政府应当依据重污染天气的预警等级,及时启动应急预案,根据应急需要可以采取责令有关企业停产或者限产、限制部分机动车行驶、禁止燃放烟花爆竹、停止工地土石方作业和建筑物拆除施工、停止露天烧烤、停止幼儿园和学校组织的户外活动、组织开展人工影响天气作业等应急措施。”可见,在重污染天气预警期间,违反国家规定,超标排放二氧化硫、氮氧化物,社会危害性更大。为切实加大对涉大气污染环境犯罪的打击力度,《纪要》规定,受过行政处罚后又实施上述行为或者具有其他严重情节的,可以适用《解释》第一条第十八项规定的“其他严重污染环境的情形”追究刑事责任。司法适用中需要妥当把握《纪要》上述规定与《解释》第四条第三项规定的“在重污染天气预警期间、突发环境事件处置期间或者被责令限期整改期间,违反国家规定排放、倾倒、处置有放射性的废物、含传染病病原体的废物、有毒物质或者其他有害物质”这一从重处罚情节的关系,对于重污染天气预警期间,违规超标排放二氧化硫、氮氧化物,受过行政处罚后又实施上述行为或者具有其他严重情节的,如果根据《纪要》的规定适用《解释》第一条第十八项规定的“其他严重污染环境的情形”追究刑事责任的,不能再适用《解释》第四条第三项的规定从重处罚,以避免重复评价。

(八)关于非法排放、倾倒、处置行为的认定

根据刑法第三百三十八条的规定,污染环境罪的客观方面限于排放、倾倒、处置三种行为方式。司法实践中,一方面,要严格遵循罪刑法定原则的要求,避免将非法运输、贮存等其他行为不当以污染环境罪追究刑事责任;另一方面,也要准确认定非法排放、倾倒、处置行为,特别是防止名为运输、贮存、利用,实为排放、倾倒、处置的行为逃脱刑事法律制裁。基于此,《纪要》要求根据《中华人民共和国固体废物污染环境防治法》和《解释》的有关规定精神,准确认定非法排放、倾倒、处置行为,特别是应当“从其行为方式是否违反国家规定或者行业操作规范、污染物是否与外环境接触、是否造成环境污染的危险或者危害等方面进行综合分析判断。对名为运输、贮存、利用,实为排放、倾倒、处置的行为应当认定为非法排放、倾倒、处置行为,可以依法追究刑事责任。比如,未采取相应防范措施将没有利用价值的危险废物长期贮存、搁置,放任危险废物或者其有毒有害成分大量扬散、流失、泄漏、挥发,污染环境的”。

(九)关于有害物质的认定

根据刑法第三百三十八条的规定,构成污染环境罪,排放、倾倒或者处置的须为“有放射性废物、含传染病病原体的废物、有毒物质或者其他有害物质”。鉴于“其他有害物质”的范围十分宽泛,交由司法实践裁量把握可以更好地适应具体案件的复杂情况,《解释》未作明确界定。根据当前司法适用中的具体情况,《纪要》对如何准确认定刑法第三百三十八条规定的“其他有害物质”作了专门规定:

一是坚持主客观相一致原则。《纪要》规定,“办理非法排放、倾倒、处置其他有害物质的案件,应当坚持主客观相一致原则,从行为人的主观恶性、污染行为恶劣程度、有害物质危险性毒害性等方面进行综合分析判断,准确认定其行为的社会危害性”。

二是把握常见的有害物质形式。根据《纪要》的规定,实践中常见的有害物质主要有:工业危险废物以外的其他工业固体废物;未经处理的生活垃圾;有害大气污染物、受控消耗臭氧层物质和有害水污染物;在利用和处置过程中必然产生有毒有害物质的其他物质;国务院生态环境保护主管部门

会同国务院卫生主管部门公布的有毒有害污染物名录中的有关物质等。

(十)关于从重处罚情形的认定

长江是中华民族的母亲河,也是中华民族发展的重要支撑。推动长江经济带发展是党中央作出的重大决策,是关系国家发展全局的重大战略。服务长江生态高水平保护和经济社会高质量发展,为长江经济带共抓大保护、不搞大开发提供有力保障,是司法等有关部门肩负的重大政治责任、社会责任和法律责任。为充分发挥刑法的威慑功能,体现宽严相济刑事政策依法从"严"的政策要求,《纪要》明确对于发生在长江经济带十一省(直辖市)的下列环境污染犯罪行为,可以从重处罚:(1)跨省(直辖市)排放、倾倒、处置有放射性的废物、含传染病病原体的废物、有毒物质或者其他有害物质的;(2)向国家确定的重要江河、湖泊或者其他跨省(直辖市)江河、湖泊排放、倾倒、处置有放射性的废物、含传染病病原体的废物、有毒物质或者其他有害物质的。

(十一)关于严格适用不起诉、缓刑、免予刑事处罚

环境污染刑事案件的刑罚适用直接关系加强生态环境保护打好污染防治攻坚战的实际效果。从近年来环境污染刑事案件的刑罚适用情况来看,各级人民法院、人民检察院准确把握宽严相济刑事政策的要求,准确适用刑罚,严格适用不起诉、缓刑、免予刑事处罚。特别是准确依法适用缓刑,环境污染犯罪的缓刑适用率与全部刑事案件的缓刑适用率基本持平。为更好地体现宽严相济刑事政策的要求,《纪要》对环境污染犯罪案件的刑罚适用,特别是不起诉、缓刑、免予刑事处罚的适用作出专门规定:

一是依法适用刑罚。《纪要》规定:"要在全面把握犯罪事实和量刑情节的基础上严格依照刑法和刑事诉讼法规定的条件适用不起诉、缓刑、免予刑事处罚,既要考虑从宽情节,又要考虑从严情节;既要做到刑罚与犯罪相当,又要做到刑罚执行方式与犯罪相当,切实避免不起诉、缓刑、免予刑事处罚不当适用造成的消极影响。"

二是明确一般不适用不起诉、缓刑或者免予刑事处罚的情形。根据《纪要》的规定,具有下列情形之一的,一般不适用不起诉、缓刑或者免予刑事处罚:(1)不如实供述罪行的;(2)属于共同犯罪中情节严重的主犯的;(3)犯

有数个环境污染犯罪依法实行并罚或者以一罪处理的；(4)曾因环境污染违法犯罪行为受过行政处罚或者刑事处罚的；(5)其他不宜适用不起诉、缓刑、免予刑事处罚的情形。

三是严格适用不起诉、缓刑或者免予刑事处罚。根据《纪要》的规定，人民法院审理环境污染刑事案件拟适用缓刑或者免予刑事处罚的，应当分析案发前后的社会影响和反映，注意听取控辩双方提出的意见。对于情节恶劣、社会反映强烈的环境污染犯罪，不得适用缓刑、免予刑事处罚。人民法院对判处缓刑的被告人，一般应当同时宣告禁止令，禁止其在缓刑考验期内从事与排污或者处置危险废物有关的经营活动。生态环境部门根据禁止令，对上述人员担任实际控制人、主要负责人或者高级管理人员的单位，依法不得发放排污许可证或者危险废物经营许可证。

(十二)关于管辖的问题

实践中，一些环境污染犯罪案件属于典型的跨区域刑事案件，容易存在管辖不明或者有争议的情况。基于此，《纪要》专门对环境污染犯罪案件的管辖问题作出专门规定：

一是跨区域环境污染犯罪案件管辖地。《纪要》规定，“跨区域环境污染案件由犯罪地的公安机关管辖。如果由犯罪嫌疑人居住地的公安机关管辖更为适宜的，可以由犯罪嫌疑人居住地的公安机关管辖。犯罪地包括环境污染行为发生地和结果发生地。‘环境污染行为发生地’包括环境污染行为的实施地以及预备地、开始地、途经地、结束地以及排放、倾倒污染物的车船停靠地、始发地、途经地、到达地等地点；环境污染行为有连续、持续或者继续状态的，相关地方都属于环境污染行为发生地。‘环境污染结果发生地’包括污染物排放地、倾倒地、堆放地、污染发生地等”。

二是管辖争议的处理。《纪要》规定：“多个公安机关都有权立案侦查的，由最初受理的或者主要犯罪地的公安机关立案侦查，管辖有争议的，按照有利于查清犯罪事实、有利于诉讼的原则，由共同的上级公安机关协调确定的公安机关立案侦查，需要提请批准逮捕、移送审查起诉、提起公诉的，由该公安机关所在地的人民检察院、人民法院受理。”

(十三)关于危险废物的认定

根据《解释》第十五条第一项的规定，危险废物是指列入《国家危险废物名录》,或者根据国家规定的危险废物鉴别标准和鉴别方法认定的,具有危险特性的废物。《解释》第十三条第一款规定:"对国家危险废物名录所列的废物,可以依据涉案物质的来源、产生过程、被告人供述、证人证言以及经批准或者备案的环境影响评价文件等证据,结合环境保护主管部门、公安机关等出具的书面意见作出认定。"具体适用中,对危险废物如何认定以及是否需要鉴定,仍存在不同认识。为统一司法适用,《纪要》对此规定区分情况作出处理:

一是对于列入《国家危险废物名录》的,如果来源和相应特征明确,司法人员根据自身专业技术知识和工作经验认定难度不大的,司法机关可以依据名录直接认定。《国家危险废物名录》对于废物类别、行业来源(危险废物的产生源)、废物代码、危险特性(指腐蚀性、毒性、易燃性、反应性和感染性)均有明确描述,特别是对废物系在何生产阶段产生均有叙述。因此,实践中,如果根据涉案物品来源和相应特征可以认定确系列入名录的危险废物的,可以依据名录直接认定为危险废物。

二是对于来源和相应特征不明确的,由生态环境部门、公安机关等出具书面意见,司法机关可以依据涉案物质的来源、产生过程、被告人供述、证人证言以及经批准或者备案的环境影响评价文件等证据,结合上述书面意见作出是否属于危险废物的认定。根据《解释》第十三条的规定,此种情形下应当由生态环境部门、公安机关等对涉案物品是否系危险废物出具书面意见。具体而言,对于需要生态环境部门、公安机关等出具书面认定意见的,区分下列情况分别处理:

1. 对已确认固体废物产生单位,且产废单位环评文件中明确为危险废物的,根据产废单位建设项目环评文件和审批、验收意见、案件笔录等材料,可对照《国家危险废物名录》等出具认定意见。

2. 对已确认固体废物产生单位,但产废单位环评文件中未明确为危险废物的,应进一步分析废物产生工艺,对照判断其是否列入《国家危险废物名录》。列入名录的可直接出具认定意见;未列入名录的,应根据原辅材料、产生工艺等进一步分析其是否具有危险特性,不可能具有危险特性的,不属于危险废物;可能具有危险特性的,抽取典型样品进行检测,并根据典型样品检测指标浓度，对照《危险废物鉴别标准》（GB 5085.1－7）出具认定意见。

3. 对固体废物产生单位无法确定的，应抽取典型样品进行检测，根据典型样品检测指标浓度，对照《危险废物鉴别标准》（GB 5085.1－7）出具认定意见。对确需进一步委托有相关资质的检测鉴定机构进行检测鉴定的，生态环境部门或者公安机关按照有关规定开展检测鉴定工作。

（十四）关于鉴定的问题

鉴定难是困扰环境污染刑事案件办理的难题之一。为解决这一实际困难，《解释》第十四条规定："对案件所涉的环境污染专门性问题难以确定的，依据司法鉴定机构出具的鉴定意见，或者国务院环境保护主管部门、公安部门指定的机构出具的报告，结合其他证据作出认定。"据此，对环境污染专门性问题确立了鉴定与检验"两条腿走路"的原则。在此基础上，《纪要》针对环境污染犯罪案件的司法鉴定问题作出进一步规定：

一是规范环境损害司法鉴定工作。2016 年 1 月，最高人民法院、最高人民检察院、司法部和原环境保护部就环境损害司法鉴定实行统一登记管理和规范环境损害司法鉴定工作作出明确规定。司法部会同生态环境部，依法准入了一批诉讼急需、社会关注的环境损害司法鉴定机构。截至 2019 年 1 月底，全国经省级司法行政机关审核登记的环境损害司法鉴定机构达 109 家，鉴定人 2 000 余名，基本实现省域全覆盖，环境损害司法鉴定的供给能力大大提升，为打击环境违法犯罪提供了有力支撑。顺带提及的是，原环境保护部依据《解释》规定，于 2014 年 1 月、2016 年 2 月分两批指定推荐的 29 家环境损害鉴定评估推荐机构（第一批 12 家机构，协作单位 7 家；第二批 17 家机构，协作单位 2 家），目前大多数已审核登记成为环境损害司法鉴定机构。《纪要》要求进一步规范环境损害司法鉴定工作，加快准入一批诉讼急需、社会关注的环境损害司法鉴定机构，加快对环境损害司法鉴定相关技术规范和标准的制定、修改和认定工作，规范鉴定程序，指导各地司法行政机关会同价格主管部门制定出台环境损害司法鉴定收费标准，加强与办案机关的沟通衔接，更好地满足办案机关需求。

二是强化对环境损害司法鉴定机构的监管。《纪要》要求司法部会同生态环境部加强对环境损害司法鉴定机构的事中事后监管，加强司法鉴定社会信用体系建设，建立黑名单制度，完善退出机制，及时向社会公开违法违规的环境损害司法鉴定机构和鉴定人行政处罚、行业惩戒等监管信息，对弄虚作假造成环境损害鉴定评估结论严重失实或者违规收取高额费用、情节严重的，依法撤销登记。鼓励有关单位和个人向司法部、生态环境部举报环境损害司法鉴定机构的违法违规行为。

三是妥当把握司法鉴定的范围。根据《解释》和《纪要》的规定，司法鉴定限于涉及案件定罪量刑的核心或关键专门性问题难以确定的情形。实践中，这类核心或关键专门性问题主要是案件具体适用的定罪量刑标准涉及的专门性问题，比如公私财产损失的数额、超过排放标准的倍数、污染物性质判断等。对案件的其他非核心或关键专门性问题，或者可鉴定也可不鉴定的专门性问题，一般不委托鉴定。比如，适用《解释》第一条第三项"非法排放、倾倒、处置危险废物三吨以上"的规定对当事人追究刑事责任的，除可能适用公私财产损失第二档定罪量刑标准的以外，则不应再对公私财产损失数额或者超过排放标准倍数进行鉴定。涉及案件定罪量刑的核心或关键专门性问题难以鉴定或者鉴定费用明显过高的，司法机关可以结合案件其他证据，并参考生态环境部门意见、专家意见等作出认定。

(十五)关于监测数据的证据资格问题

《解释》第十二条第一款规定："环境保护主管部门及其所属监测机构在行政执法过程中收集的监测数据，在刑事诉讼中可以作为证据使用。"据此，环境保护主管部门及其所属监测机构在行政执法和查办案件过程中收集的监测数据具有刑事证据资格。但是，对于地方生态环境部门及其所属监测机构委托第三方监测机构出具报告的证据资格问题，实践中存在不同认识。为统一司法适用，《纪要》明确，地方生态环境部门及其所属监测机构委托第三方监测机构出具的监测报告，地方生态环境部门及其所属监测机构在行政执法过程中予以采纳的，其实质属于《解释》第十二条规定的"环境保护主管部门及其所属监测机构在行政执法过程中收集的监测数据"，在刑事诉讼中可以作为证据使用。

“排除合理怀疑”之理解与适用

卞建林[*] 张 璐[**]

2012年修正的刑事诉讼法第五十三条第二款规定,“证据确实、充分”应当符合以下条件:(1)定罪量刑的事实都有证据证明;(2)据以定案的证据均经法定程序查证属实;(3)综合全案证据,对所认定事实已排除合理怀疑。自此,“排除合理怀疑”被正式引入了我国刑事诉讼立法。但如何在中国语境下正确理解与适用这一英美法中关于证明标准的表述,需要深入研究与斟酌。

一、“排除合理怀疑”之定位

对我国理论界与实务界而言,“排除合理怀疑”并非陌生事物,但对其在立法中的出现,却有着不同的认识。有学者认为立法中的“排除合理怀疑”是对运用证据认定案件事实所要达到的程度要求,是关于证明标准的新解释。[①] 也有观点认为“排除合理怀疑”与“证据确实、充分”之间存在一定区别,在某些情况下即使排除了合理怀疑也不必然代表证明的确实、充分,即排除合理怀疑的标准可能低于证据确实、充分。[②] 有鉴于此,立法部门作出了较为具体的说明:“‘证据确实、充分’具有较强的客观性,但司法实践中,这一标准是否达到,还是要通过侦查人员、检察人员、审判人员的主观判断,

---

* 卞建林,司法文明协同创新中心副主任,中国政法大学诉讼法学研究院院长。

** 张璐,司法文明协同创新中心研究人员,中国政法大学诉讼法学研究院教师。

① 参见樊崇义、张中:《排除合理怀疑:刑事证明的新标准》,载《检察日报》2012年5月16日。

② 参见龙宗智:《中国法语境中的排除合理怀疑》,载《中外法学》2012年第6期。

以达到主客观相统一。只有对案件已经不存在合理的怀疑,形成内心确信,才能认定案件‘证据确实、充分’。这里使用‘排除合理怀疑’这一提法,并不是修改了我国刑事诉讼的证明标准,而是从主观方面的角度进一步明确了‘证据确实、充分’的含义,便于办案人员把握。”①

可见,立法原意在于通过“排除合理怀疑”这一对裁判者主观确信程度的规定弥补传统“证据确实、充分”标准过于抽象化客观化的缺陷。对此可作如下理解:

我国立法所确立的“事实清楚,证据确实、充分”的证明标准是历史的产物与司法经验的总结,有着深厚的理论与实践根据,符合民众的心理需求与表达习惯,其存在是合理且现实的。但同时,由于该表述过于原则、笼统,在适用中需要进一步加以理解与把握。长期以来,各方多从客观方面对“事实清楚,证据确实、充分”的标准进行解释。一般认为,“事实清楚”是指裁判者对有关定罪量刑的事实均已查清楚;“证据确实、充分”则是从质与量上要求据以定案的每个证据都必须有证明力,且案件事实需要有足够的证据加以证明。这种理解实际上促成了证明标准的客观化倾向,即为裁判者认定案件事实设立外在的、具体的证明要求,而对诉讼证明在多大程度上说服了裁判者或裁判者对案件事实形成了多大程度的内心确信则不作明确的要求。表面上看,客观化的证明标准在我国诉讼制度中尚未设置严格证据规则的情况下,有利于约束裁判者的自由裁量权,防止主观臆测与随意性的弊端。但事实上,对裁判者的主观认识与内心确信不进行任何规制,隐藏着只要在形式上满足法定证明要求,即可随心所欲认定案件事实的风险。近年来出现的一系列冤假错案即多存在机械套用外在的证明要求,在对案件事实存在合理疑问、对被告人构成犯罪无法形成内心确信的情形下作出有罪判决的情况。

根据辩证唯物主义认识论,认识的根源在于主客体之间的矛盾运动,而认识的主客体之间是对立统一的辩证关系。具体到诉讼证明,其不仅是对过去发生的案件事实的再认识过程,也是事实裁判者进行主观判断的活动。

① 全国人大法制工作委员会刑法室:《关于修改中华人民共和国刑事诉讼法的决定:条文说明、立法理由及相关规定》,北京大学出版社2012年版,第53页。

正如葛拉泽尔所言:“法官所确定的那个东西,应当符合真实。但是为了做到这一点,就必须使法官本人确信案件情况的真实。法官在研究案件情况的时候,要得出对于事件的盖然性或确实性的程度的一种看法;这样法官才能认定这个情况是真实的(法官确信其真实),或是不实的(法官确信其不真实)或是半信半疑(法官怀疑)。”[①]因此,证明标准并不能排除主观判断,无论适用何种证明标准,最终都需要由裁判者从主观上对诉讼证明是否达到法定要求作出判断。总体而言,证明标准可以分为两个层面:一个层面是通过证明所达到的事实与证据状况,可以通过证明主体所提出的证据与论证的效果进行衡量;另一个层面则是裁判者的心证标准,即诉讼证明使裁判者对案件事实在内心形成的确信程度达到的主观心理状态。西方国家以事实认定的主观思维过程为前提,立足于主观领域确立了“排除合理怀疑”“内心确信”的主观证明标准,同时亦注重对主观标准的客观限定。例如,在英美法系国家,普遍认为对案件事实的判断是建立在客观资料的基础上的,应当力求获得对客观事实的正确认识,其学术研究亦致力于对“排除合理怀疑”作出客观解释,试图以确定的解释指导陪审团对证据的自由评价,并注意从第三者的角度对证明标准进行界定。就我国的证明标准而言,案件事实本身无所谓“清楚”与否,证据本身也不存在“确实、充分”的问题,这都取决于裁判者的主观判断。实践中存在的脱离裁判者的主观思维,将证明标准适用完全客观化的做法不仅不可取,也是十分危险的。因此,“排除合理怀疑”的引入实际是对“证据确实、充分”在主观方面的解释与要求,有助于弥补传统证明标准抽象化与客观化的缺陷,实现从客观与主观的双重维度对刑事证明标准作出规范。

二、“排除合理怀疑”之理解

“排除合理怀疑”表面看似简单,实际上却是一个相对复杂、微妙的概念,即便在其发源的英美等国亦未形成统一的定义。有人认为,其是指每个陪审员必须95%或99%相信被告人有罪;也有人认为,其是指如果没有其他

① 转引自[苏]安·扬·维辛斯基:《苏维埃法律上的诉讼证据理论》,王之相译,法律出版社1957年版,第171页。

对证据的解释是合理的,则起诉方已经完成了证明被告人有罪的举证责任;[①]或者认为"排除合理怀疑"就是将能阻止一个合理且公正的人得出有罪结论的怀疑作为衡量的标准,即控方必须说服事实裁判者,使其相信所指控犯罪的全部要素均已得到超出合理怀疑的证明,如其中有任何要素未能得到此种程度的证明,或辩方的辩护意见未得到控方的这种反证,则被告人应当被判决无罪[②]。也有观点试图从"合理怀疑"上寻求突破,如美国加州刑法中将"合理怀疑"解释为:"它不仅仅是一个可能的怀疑,而是指该案的状态,在经过对所有的证据的总的比较和考虑之后,陪审员的心理处于这种状况,他们不能说他们感到对指控罪行的真实性得出永久的裁决已达到内心确信的程度。"[③]加拿大最高法院则以对"排除合理怀疑"的来源、功能、范围与缺陷的理解为基础,列出了向陪审团解释的示范模式:第一,该标准与无罪推定交织在一起,在整个审判过程中,证明责任始终由控方承担而不得转移给被告人;第二,"合理怀疑"不是只凭想象或轻率的怀疑,也不是基于同情或偏见的怀疑,而是基于推理和常识,且这些推理和常识必须合乎逻辑地建立在证据基础之上;第三,"排除合理怀疑"的证明不只是要求证明被告人可能有罪,也不是绝对确定的证明,因为后者是一种过高而不可能达到的要求;第四,不同于日常生活中的用法,"合理怀疑"在法律背景下有着特殊含义,故将法律要求达到的证明标准描述为与陪审员在日常生活中作出某种决定(即便是最重要的决定)时所采用的标准相同是错误的;第五,"怀疑"不应以形容词"合理"以外的任何方式加以限制,使用诸如"萦绕于脑际的"怀疑、"重大"怀疑或"严重"怀疑等修饰容易引起误解;第六,只有在陪审团就"排除合理怀疑"之表述得到恰当、谨慎的指示后,法官才能告知陪审团,如其"确定"或"确信"被告人有罪,可以作出有罪裁决。[④] 而在实践中,英美法系

① 参见[美]爱伦·豪切斯泰勒·丝黛丽、南希·弗兰克:《美国刑事法院诉讼程序》,陈卫东、徐美君译,中国人民大学出版社2002年版,第72页。

② 参见[美]乔恩·R.华尔兹:《刑事证据大全》,何家弘等译,中国人民公安大学出版社1993年版,第313~314页。

③ 《美国联邦刑事诉讼规则和证据规则》,卞建林等译,中国政法大学出版社1996年版,第21页。

④ 参见卞建林:《刑事证明理论》,中国人民公安大学出版社2004年版,第239~240页。

国家大多数法官都拒绝向陪审团给出明确的解释，认为该证明标准是不言而喻的。①

对我国刑事司法中的“排除合理怀疑”，主要须厘清以下几方面问题：

（一）“排除合理怀疑”的具体内涵

尽管难以作出定论，但仍可以从总体上把握“排除合理怀疑”的核心精神。立法机关指出，“排除合理怀疑”是指“对于事实的认定，已没有符合常理的、有根据的怀疑，实际上达到确信的程度”。② 我国传统证据理论一般从逻辑学的角度将“事实清楚，证据确实、充分”解释为“唯一性”“排他性”，而“排除合理怀疑”的实质也是要求事实裁判者确信指控的犯罪事实的存在且为被告人所实施；对案件事实的存在达到了没有合理怀疑的程度，即表明依据案件证据材料得不出其他结论，因此可以形成确信。而对“合理怀疑”的理解则既不能过于严格亦不得过于宽泛。“合理怀疑”首先应当是在对全案证据进行慎重、细致分析推理的基础上产生的，有具体的证据事实为依据，具有实质性，同时还必须是符合经验与逻辑、具有合理性的怀疑，而不是毫无根据的主观臆测。其次“合理怀疑”应当具有足以能够动摇裁判者对案件事实认定的效力。对全案证据进行综合分析判断时出现矛盾与疑点属于正常现象，并不一定影响定案，只有那些能够动摇基本事实认定的怀疑才是定罪证明标准所指的“合理怀疑”。但有时也并非只排除重大、实质的怀疑即可，故还需要根据具体案件进行把握。因此，“排除合理怀疑”可以概括为在对全案证据进行综合判断之后，事实裁判者对被告人犯罪的事实不再存在任何有证据支持的、符合经验与逻辑法则的疑问，产生了被告人构成犯罪的内心确信。

（二）“排除合理怀疑”与“证据确实、充分”的一致性

在定罪证明标准设置上，立法者需要考虑的是如何传递作出有罪判决必须达到最高程度的确定性这一信息，同时还应当容易为社会所普遍理解

① 参见［美］乔恩·R.华尔兹：《刑事证据大全》，何家弘等译，中国人民公安大学出版社1993年版，第313页。

② 参见全国人大法制工作委员会刑法室：《关于修改中华人民共和国刑事诉讼法的决定：条文说明、立法理由及相关规定》，北京大学出版社2012年版，第53页。

与接受。美国联邦最高法院曾明确表示,在精确的科学与实际的观察领域之外是不存在绝对确定的。[①]“排除合理怀疑”并不是绝对的确定,但其同样要求有罪证明必须达到可以达到的认识范围内的最高标准,在实质上与“事实清楚,证据确实、充分”一样要求有罪证明应当达到最高程度。在诉讼认识相对性的现实下,“证据确实、充分”或者“唯一性”“确定无疑”并不意味着证明标准的实质提高,讨论“事实清楚,证据确实、充分”或“排他性”的绝对确定性与“排除合理怀疑”的非绝对确定性在法律规范层面并不具有实质性意义。正如有学者指出的,证明标准在神明裁判和法定证据之后就不再是具有确定性意义的概念,因为人们不可能依据同一证明标准消除证据或事实判断中的意见分歧,故“案件事实清楚,证据确实、充分”与“内心确信”“排除合理怀疑”实质上只是对人的主观信念程度的要求而很难发挥标准应有的作用——解决在对证据、案件事实进行判断时发生意见分歧的问题,故作为对主观信念的要求,各标准之间实际并无宽严之分。传统上认为我国证明标准更为严格的观点并没有理性的证据基础,因为在案件事实不清或证据不确实、不充分的情况下,也是不可能形成有罪的内心确信或对指控排除合理怀疑的。[②]

(三)“排除合理怀疑”的特殊价值追求

“排除合理怀疑”并非单纯的证明标准,其背后还包含着特殊的价值追求。首先,“排除合理怀疑”标准是与无罪推定原则紧密联系的,意味着在整个审判过程中,有罪证明责任始终由控方承担而不得转移给辩方,在控方未能说服事实裁判者使其对被告人有罪的问题再无任何合理之怀疑的情况下,则应遵从疑罪从无原则,不得作出有罪判决。其次,正如美国联邦最高法院在1970年的Winship案中所言:“在刑事案件中要求必须达到没有任何合理怀疑的证明才能定罪。这一要求是基于我们的根本价值观,即认为误判一个无辜的人比错放有罪的人更糟。”[③]“排除合理怀疑”包含着确立最高

---

① See Jessica N. Cohen, The Reasonable Doubt Jury Instruction: Giving Meaning to a Critical Concept, *Am. J. Crim. L.* Vol. 22, 1995, p. 694.

② 参见王敏远:《死刑案件的证明“标准”及〈刑事诉讼法〉的修改》,载《法学》2008年第7期。

③ In re Winship, 397 U. S. 359(1970).

定罪标准虽然可能导致错判无罪、放纵罪犯,但为防止对个人的不正当伤害,法律可以容忍这一错误以减少错判无辜的风险的价值权衡。因此,正确理解"排除合理怀疑",应当对其所关联的诉讼原则与其背后所蕴含的价值追求进行全面的认识。

三、"排除合理怀疑"之适用

在"排除合理怀疑"的适用问题上,需要明确以下几个方面:

(一)排除合理怀疑不应孤立适用

"排除合理怀疑"是我国刑事证明标准主观方面的要求,应当明确其并非孤立的标准,而必须与其他条件相结合进行判断。2012 年修正的刑事诉讼法第五十三条第二款规定的"证据确实、充分"的三项条件,前两项属于证据标准,是对证据质与量的要求;"排除合理怀疑"则是运用证据认定案件事实所要达到的程度,属于证据度的要求。实践中,认定"证据确实、充分"应当建立在定罪量刑的事实都有证据证明、据以定案的证据均经法定程序查证属实两项要件基础上,再综合全案证据判断能否排除合理怀疑。在这一过程中要注意观察证据与事实之间、证据与证据之间是否一致,有无矛盾;如存在不一致或者矛盾,是否能够作出合理解释;如果存在合理的怀疑而无法排除的,应根据疑罪从无原则,宣告被告人无罪。

(二)排除合理怀疑的适用对象

在"排除合理怀疑"的适用对象问题上,存在是仅适用于对案件整体事实的综合判断,还是同样适用于对具体事实进行判断的争议。一种观点认为,证明标准指向的只是案件中依当事人主张确定的系争事实,故裁判者就系争事实得到了排除合理怀疑的确信就是使有罪认定得到了排除合理怀疑的证明。此处又引申出了另外一个问题:若系争事实中有任何一个没有得到排除合理怀疑的证明,则裁判者不能形成被告人有罪的确信,即整个案件证明程度只能小于或等于案件各具体事实的最低证明程度。澳大利亚高等法院就曾在判例中指出,刑事诉讼中的有罪认定只能依赖于全部都得到排除合理怀疑证明的基础事实,即作出有罪判决所依赖的基础事实必须首先全部得到排除合理怀疑的证明;如果对作出推论的基础事实之存在尚存有疑问,则由此得出的结论将不可能使人对其真实性产生排除合理怀疑的确信。另一种观点则认为,应将系争事实的证明程度与整个案件的证明程度相区别,因为二者虽有内在关联性但也存在相对独立性,对整个案件的有罪认定应达到排除合理怀疑的证明,但并不必然要求各具体事实都得到同等程度证明;反之,即使具体事实未得到排除合理怀疑的证明,但整个案件却可以得到如此程度的证明。对此,澳大利亚高等法院的回应是:如对被告的有罪认定受制于犯罪构成要件事实的证明,则这些事实的每一项皆须证明至排除合理怀疑的程度;但若根据多项事实中的任何一项均能作出对被告不利的认定,且其均已得到了盖然性的优势证明,那么依然要求裁判者对其中的每个事实都能产生排除合理怀疑的确信否则就不得采信则是极其荒谬的。

我国刑事诉讼立法规定“综合全案证据,对所认定事实已排除合理怀疑”,从表面看,是要求以“排除合理怀疑”为标准,对案件进行综合判断,认为对所指控的犯罪事实的存在已经没有合理的怀疑,形成有罪的确信。一般而言,对犯罪事实的全部构成要素都需要证明到“排除合理怀疑”的程度,而“排除合理怀疑”是对“证据确实、充分”的解释,故还应将其作为证据充分性与确实性的衡量标准。从整体与局部的关系考虑,没有对个别证据或者局部事实的“排除合理怀疑”,则对全案证据与案件整体事实的“排除合理怀疑”也就丧失了其前提基础。因此,“排除合理怀疑”并非仅仅适用于最终的对全案事实的综合判断,在对个别证据的确实性或局部事实的认定进行判断时,同样可以参照“排除合理怀疑”的标准。

此外,还有学者指出,“排除合理怀疑”的适用范围还包括对合法性的判断,且“排除合理怀疑”在非法证据排除程序中更为适用,排除程序本身性质更适合“排疑”的消极方法。因为证明证据非法很难达到“确实、充分”的程度,而只要能够对证据合法性产生合理怀疑,相关证据就应当排除。① 2012年修正的刑事诉讼法第五十八条规定:“对于经过法庭审理,确认或者不能排除存在本法第五十四条规定的以非法方法收集证据情形的,对有关证据

① 参见龙宗智:《中国法语境中的“排除合理怀疑”》,载《中外法学》2012年第6期。

应当予以排除。"对此,全国人大常委会法制工作委员会刑法室认为:"不能排除存在第五十四条规定的非法取证情形的,即检察机关对证据收集的合法性的说明没有达到确实、充分的程度,审判人员对是否存在第五十四条规定的以非法方法收集证据情形仍有疑问的情况。人民法院对有关证据也应当予以排除,不得作为判决的依据。"①

(三)移送审查起诉与提起公诉标准之选择

刑事案件从立案侦查到作出裁判均涉及对相关事实的证明,也关系到证明标准的适用。2012 年修正的刑事诉讼法第一百六十条规定:"公安机关侦查终结的案件,应当做到犯罪事实清楚,证据确实、充分,并且写出起诉意见书,连同案卷材料、证据一并移送同级人民检察院审查决定……"第一百七十二条规定,"人民检察院认为犯罪嫌疑人的犯罪事实已经查清,证据确实、充分,依法应当追究刑事责任的,应当作出起诉决定"。从字面上看,侦查机关侦查终结移送审查起诉、人民检察院决定提起公诉与人民法院作出有罪判决均适用"事实清楚,证据确实、充分"的证明标准。对此,在实践中应如何把握,存在同一论与层次论的争议。同一论认为,应当适用相同标准,以保证公诉的有效性,防止公诉权滥用与司法资源的浪费。层次论则指出,由于证明对象的差异与诉讼阶段不同,证明标准具有层次性的特点,移送审查起诉、决定提起公诉与作出有罪判决的证明标准在学术理解与实践把握上应体现由低到高的特点。

考察国外立法与实践状况,在大陆法系国家,德国刑事诉讼法第一百五十二条第二款规定,除法律另有规定外,在有足够的事实根据时,检察官负有对所有的可予以追究的犯罪行为作出行动的义务。第二百零三条规定,根据侦查程序结果,认为被追诉人有足够的犯罪嫌疑时,法院裁定开始审判程序。法国刑事诉讼法第一百七十七条第一款规定,如预审法官认为案件事实不构成重罪、轻罪或违警罪,或罪犯无法认定,或被审查的控告尚不充分,应以裁定宣布不予追诉。第二百一十一条关于二次预审的规定要求刑事审查庭审议对被审查人的控告是否有足够的证据。日本刑事诉讼法并未

---

① 全国人大法制工作委员会刑法室:《关于修改中华人民共和国刑事诉讼法的决定:条文说明、立法理由及相关规定》,北京大学出版社 2012 年版,第 66 页。

对提起公诉的法定要件作出规定,但一般认为必须以犯罪嫌疑的存在为前提,检察官应根据确实的证据,有相当大的把握可能作出有罪判决时,才可以认为是有足够的犯罪嫌疑,才能提起公诉。[①] 在英美法系国家提起公诉的证明标准低于"排除合理怀疑"的定罪证明标准,一般取决于检察官对最终作出有罪判决的可能性的估计。英国1983年《刑事起诉准则》规定,决定是否提起公诉,不能只看是否存在足以构成刑事案件的证据,还必须考虑是否会合理地导致有罪判决的结果,或考虑在一个依法从事的无偏见的陪审团审判时,有罪判决比无罪开释是否具有更大的可能性。1994年《皇家检察官守则》第五十一条提高了公诉证明标准,规定皇家检察官应确信对每一个被告人提出的每一项指控都有"预期可予定罪"所需的充分的证据,应考虑该案将如何辩护及辩护对控诉可能造成的影响。第五十二条指出,"预期可予定罪"是客观性审查,指陪审团或治安法官在法律的正确指导下,对被指控被告人定罪的可能性远大于不定罪的可能性,即要求检察官站在法官的立场上进行思考而作出判断。第五十三条进一步规定了检察官的主要考虑因素:(1)证据能否在法庭中使用;(2)该证据是否可靠;(3)证人背景是否可能会削弱控诉;(4)如被告人身份受到质疑,有关证据是否无懈可击。[②] 美国各州起诉审查标准多为"合理根据"或"表面证据",即根据已知证据认为犯罪嫌疑人确有可能实施了犯罪。由于被告人有要求预审的权利以及大陪审团审查起诉制度,检察官决定起诉时须考虑指控证据能否经得起预审或大陪审团审查。而在对抗制模式下,检察官在决定是否起诉时不仅要考察指控证据的充分性,还要考虑己方证据能否足以支持裁判者作出有罪判决。可见,由于诉讼模式影响与检察官裁量权限不同,在起诉标准问题上,大陆法系侧重于控诉证据能否证明控诉合法性的考量,而英美法系不仅要求审查控诉证据,还要求检察官考虑对抗因素(如辩方的证据、辩护意见、控诉证据的可采性等)的影响。但实质上,二者是相通的,即都明确起诉证据不需要达到有罪判决所要求的证明程度,决定起诉应当考虑获得有罪判决的可

① 参见日本法务省刑事局:《日本检察讲义》,杨磊译,中国检察出版社1990年版,第81页。

② 中国政法大学刑事法律研究中心:《英国刑事诉讼法》,中国政法大学出版社2001年版,第543页。

能性，从而确保起诉的合法性，防止不必要的起诉，保护公民合法权益不受侵犯。

反观我国，由于立法表述的同一性，实践中侦控机关多以定罪证明标准进行掌握，导致如无罪判决率低、检察机关过于谨慎而不能充分履行其积极能动提起刑事追诉以维护社会秩序的法定职能等问题的出现。应当认识到，诉讼本质上是主观对客观的认识过程，对案件事实的证明同样需要遵循认识的一般规律，由浅入深、由表及里、不断提高与深化。如一味坚持高标准只会导致侦查机关、检察机关片面追求起诉率与有罪判决率，不仅会造成司法资源的浪费，还可能导致对犯罪的放纵。从长远看，我国应借鉴国外相关规定，确立层次性的证明标准体系，而在当前情况下，可以进行如下掌握：在诉讼不同阶段，不同评价主体对“事实清楚，证据确实、充分”的衡量可有所不同。侦查人员与检察人员在就案件是否移送审查起诉与作出提起公诉决定时，应当对所掌握的有罪证据进行审查，判断是否符合“确实、充分”的一般性要求，能否对犯罪嫌疑人有罪产生内心确信，排除了合理的怀疑。在此基础上，在决定提起公诉时，检察机关还需考虑辩护对事实认定的影响，判断现有证据得到裁判者认可的可能性大小，评估定罪的可能性。

（四）死刑案件证明标准之选择

2010 年“两院三部”联合颁布的《关于办理死刑案件审查判断证据若干问题的规定》（以下简称《死刑案件证据规定》）对“证据确实、充分”作了细化和明确，其中要求之一是“依据间接证据认定的案件事实，结论是唯一的，排除一切合理怀疑”。其与刑事诉讼法规定的“排除合理怀疑”之间具有什么样的关系，实践中应当如何把握，需要加以研究。关于死刑案件应否使用更高的证明标准，国内外一直存有争议。赞成者认为罪行轻重对被告人实体权益影响重大，指控越严重越需采取谨慎态度，以保障被告人合法权益免因错误定罪或不当量刑受到损害，故应根据罪行轻重适用不同程度的证明标准。[①] 美国学者通过对死刑案件司法错误的研究认为应当确立高于“排除合理怀疑”的证明标准，以确保对事实上实施了严重犯罪的罪犯作出死刑判

① 参见李学宽等：《论刑事证明标准及其层次性》，载《中国法学》2001 年第 5 期。

决,同时降低对无辜者错误定罪的风险,[①]提出了"排除任何合理怀疑"(beyond any doubt)、"无疑"(no doubt)、"排除一切怀疑"(beyond all doubt)等提议。[②] 在我国,也有学者建议采取区别化立法方式,建立有差别的刑事证明标准。如一般案件适用"排除合理怀疑"的标准即可,而死刑案件则应实现"排除一切怀疑"的证明。[③] 1984年联合国《关于保护面对死刑的人的权利的保障措施》第四条规定:只有在对被告人的罪行有明确的和令人信服的证据而对事实没有其他解释余地的情况下才能判处死刑。这一规定曾被看作是应当提高死刑案件证明标准的有力依据,认为"对事实没有其他解释余地"是要求认定被告人有罪的结论具有唯一性、不存在其他任何可能";排除合理怀疑"并不要求排除一切可能的疑问而仅要求被排除的疑问能够说出理由,故前者要求是高于后者的,且表明后者并非现实可能达到的最高证明标准,以其为标准不足以防止错判错杀"。[④] 反对者则认为"排除合理怀疑"已是人们认识能力所能达到的最高标准,确立一种新的更高的标准不仅会使死刑审判程序更为复杂,还会动摇现有刑事司法制度的根据,即无论何种案件,被告人只有在适用最严格的证明标准的情况下才能被判定有罪。[⑤] 反对方亦对赞成方所持理由进行了反驳:首先,证明标准严格程度应与案件严重程度成正比的观点可能造成实践中的悖论,即被指控有严重犯罪行为的被告人因达不到较高的证明标准而被判决无罪而被指控较轻犯罪的被告人却因证明标准较易满足而被定罪;其次,赞成方多以被告人丧失自由比丧失生命所受权益损害要小为前提,但非死刑案件被告人所受刑罚可能会对

① 参见[美]布莱恩·福斯特:《司法错误论——性质、来源和救济》,刘静坤译,中国人民公安大学出版社2007年版,第277页。

② See William Glaberson, Killer's Lawyers Seek to Raise Standard of Proof for Death Penalty, *N. Y. Times*, Jan. 11, 2004, p. 27. Craig M. Bradley, A (Genuinely) Modest Proposal Concerning the Death Penalty, 72 *Indiana Law Journal*, 30 (1996). Elizabeth R. Jungman, Note, Beyond All Doubt, 91 *Georgetown Law Journal*, 1066 (2003).

③ 参见何家弘:《刑事证据的采纳标准和采信标准》,载《人民检察》2001年第10期。

④ 参见陈光中:《构建层次性的刑事证明标准》,载陈光中主编:《诉讼法论丛》(第七卷),法律出版社2002年版,第5页;孙长永等:《刑事证明责任制度研究》,中国法制出版社2009年版,第271页。

⑤ 参见[美]Erik Lillquist:《论绝对确定性和死刑》,周苇译,张斌校,载《证据科学》2011年第6期。

其自由造成永久性伤害甚至加速其死亡,不得因对生命权的重视而变相贬抑自由权的价值;最后,现行刑事证明标准已经很高,再提高并不具有实际意义,如一味提高死刑证明标准,反而可能导致实践中降低其他案件的证明标准。①

正如反对方所言,将死刑案件证明标准提升至"排除一切怀疑""无疑"等字面含义高于"排除合理怀疑"的程度并不具有现实意义。如上文分析,"排除合理怀疑"根源于无法达到真正的绝对确定性的哲学思考,代表了人类所能达到的最高证明程度,其目的即要求在诉讼中获得人类可能达到的最大的确定性。联合国文件规定的"对事实没有其他解释余地"并不是指不能存在进行其他解释的可能性,而是强调这些"其他解释"是人类理智认为不具有合理性的。该条规定的意义在于,要求对死刑案件的证明应当适用当前可以达到的最高证明标准,如一国立法与司法中死刑案件证明标准已经达到最高,则无须修改,可通过增加程序与严格把握执行方式等措施达到保障死刑质量之目的;如当前死刑案件证明标准尚有提高余地的则应据此加以改进。② 可以说,作为证明标准,《死刑案件证据规定》中的"唯一结论"与刑事诉讼法规定的"排除合理怀疑"并无高下之分,任何认定被告人有罪的结论都应当是唯一的,前者应看作严格适用刑事证明标准的要求,而非对"事实清楚,证据确实、充分"标准的提高。

事实上,争论的关键在于司法实践中对法定证明标准具体适用时的严格性降低的问题。美国学者通过研究发现,当前司法实践中法官宣布的证明标准与陪审团适用的证明标准均低于19世纪初对"排除合理怀疑"的要求,实践中陪审团成员对被告人定罪所需的确定性仅为70%或者更少。③ 故死刑案件证明标准问题的本身不是确立新的标准,而是如何确保现有标准的严格适用。我国实践中死刑案件出现错误的主要原因就包括对证明标准

① 参见[美]Erik Lillquist:《论绝对确定性和死刑》,周苇译,张斌校,载《证据科学》2011年第6期。

② 参见杨宇冠:《死刑案件证明标准与程序要求》,载《人民检察》2008年第8期。

③ 参见[美]Erik Lillquist:《论绝对确定性和死刑》,周苇译,张斌校,载《证据科学》2011年第6期;Steve Sheppard,The Metamorphoses of Reasonable Doubt:How Changes in the Burden of Proof Have Weakened the Presumption of Innocence,78 *Notre Dame Law Review*,1169(2003).

的把握不当,对证据能力没有实质性限制,导致大量传闻证据进入庭审程序。在证据调查方式上,证人不出庭作证、书面证据大行其道,导致辩方无法进行有效质证和反驳,这些都降低了裁判者事实认定的准确性,而将存有重大瑕疵的证据作为定案依据,在案件存在重大疑点、对基本事实的认定存在合理怀疑的情况下仍作出有罪判决。《死刑案件证据规定》与刑事诉讼法增加了证明标准在主观方面的规定要求,确立了相互印证、排除矛盾、反证等方法,将对准确把握证明标准、保障心证的准确性发挥积极作用。因此,实践中需要严格适用法定证明标准,遵循法定证明程序,以正确认识案件事实。

(五)主观要件证明标准之选择

刑事诉讼中的主要证明事项是犯罪构成要件事实。犯罪构成要件构成了刑事追诉的边界,也构成了公民自由的边界,必须对其进行最为严格的证明,以实现国家刑罚权的正确实施与公民合法权利的保障。而其中犯罪的主观要件,如故意、过失、明知、目的等,属于行为人的内心因素,除行为人自己承认外,很难通过客观证据进行证明。实践中,各国多采取一些变通办法,如确立无须考虑主观过错的犯罪,规定对主观方面的证明不需要补强证据,或者通过推断把握主观状态(指在缺少直接证据时根据一系列间接证据进行逻辑推理以实现对犯罪主观要件的认定,如运用相关言词证据与实物证据,通过对行为人作案时间、地点、手段、方式等多方面情况的综合分析进行证明)等。在证明标准的适用问题上,美国学者认为,对外在事实与精神事实的把握,人们实际上是区别对待的,证明被告人向死者开枪的事实会设立非常严格的证据要求,而确定是否存在伤害或杀人的意图,证明要求则会宽松很多,因为实际经验告诉我们,它一般总是存在的。[①] 我国学者也指出,由于犯罪主观要件的特殊性,其证明要求可低于最高标准。[②] 其中值得注意的是,"推断"实质上属于一种事实推定。事实推定在未被提升为法律规定

① 参见[美]米尔吉安·R.达马斯卡:《比较法视野中的证据制度》,吴宏耀等译,中国人民公安大学出版社2006年版,第133页。

② 参见陈光中:《构建层次性的刑事证明标准》,载陈光中主编:《诉讼法论丛》(第七卷),法律出版社2002年版,第5页。

时，原则上仍应由控方承担证明责任，且证明需要达到法定标准。而鉴于证明困难的现实，可通过立法规定允许对相关事实进行推定。例如，《联合国反腐败公约》第二十八条即规定："根据本公约确立的犯罪所需具备的明知、故意或者目的等要素，可以根据客观实际情况予以推定。"在此基础上，由于推定规则导致证明责任倒置，控方只需就基础事实，如相关客观行为进行证明，由辩护方进行反驳，而此时辩方证明程度可以低于法定标准。总体而言，对犯罪构成主观要件的证明，可以较为宽松，而为长远考虑，应当在立法上作出修改，明确可以对相关事实进行推定。

总而言之，"排除合理怀疑"是我国传统的"证据确实、充分"标准在主观方面的解释与要求，有助于克服证明标准抽象化与客观化造成的证明难题，同时亦有助于促进无罪推定原则的确立与人权保障观念的更新。但"排除合理怀疑"本身是一个比较复杂而微妙的概念，需要对其内涵加以正确的理解与把握，并在实践中结合相关规定进行准确适用。

关于印发《关于办理涉众型非法集资犯罪案件的指导意见》的通知

第一、第二中级人民法院,第三中级人民法院(知识产权法院、铁路运输中级法院),各区人民法院,上海铁路运输法院,市高级人民法院相关部门;市检察院第一、第二、第三分院(铁路分院),各区人民检察院,上海铁路运输检察院,市人民检察院相关部门;市公安局各分局,市公安局相关部门,各公安处(局):

为提高办理涉众型非法集资犯罪案件的质量和效率,最大限度追赃挽损,维护社会稳定,确保办案取得良好的法律效果和社会效果,根据《刑法》《刑事诉讼法》及有关司法解释规定,结合工作实际,市高级人民法院、市人民检察院、市公安局联合制定了《关于办理涉众型非法集资犯罪案件的指导意见》。现予以印发,请遵照执行。

上海市高级人民法院

上海市人民检察院

上海市公安局

2018 年 11 月 3 日

关于办理涉众型非法集资犯罪案件的指导意见

当前，非法吸收公众存款、集资诈骗等涉众型非法集资犯罪新情况、新问题不断呈现，为提高办案质量和效率，最大限度追赃挽损，维护社会稳定，确保办案取得良好的法律效果和社会效果，根据《刑法》《刑事诉讼法》及有关司法解释规定，结合工作实际，制定本指导意见。

一、关于惩治非法集资犯罪的一般原则

办理非法集资犯罪案件，要突出打击重点，注重区别对待，强化追赃挽损，着力化解社会矛盾。

对于非法集资犯罪活动中的组织、策划、指挥者和主要实施者，应当重点打击，从严惩处。

对于虽未直接参与实施非法集资犯罪行为，但明知非法集资性质而出资入股的主要获利者，应当以共犯论处，依法追究其刑事责任。

对于侦查、审查起诉阶段积极挽回集资参与人财产损失且犯罪情节相对较轻的一般参与者，可以不予移送审查起诉或不起诉。

对于非法集资犯罪活动中的组织、策划、指挥者和主要实施者以外的人，虽然犯罪数额巨大或数额特别巨大，但到案后积极（全部）退缴违法所得，尽力弥补本人行为造成的他人财产损失的，应当依法予以从轻、减轻或者免除处罚。

二、关于非法集资行为罪与非罪的界限

认定非法吸收公众存款、集资诈骗等非法集资犯罪，必须坚持主客观相统一原则。具有下列情形之一的，应当认定非法集资犯罪：

（一）虚构经营业务或者故意作夸大宣传的；

（二）明知集资参与人返利过高，或者招揽业务提成比例过高，不符合一般市场行情的；

（三）明知单位业务亏损，仍通过高息揽存等方式归还单位债务的；

（四）曾在其他公司从事非法集资活动被查处或取缔，之后又从事相同业务的；

（五）曾在银行、证券、保险等金融机构工作，具有一定的金融专业知识，参与实施非法集资活动的；

（六）其他应当认定非法集资犯罪的情形。

对于被告单位中层级较低的管理人员或者普通职员，如果确有证据或理由表明其并不知晓非法集资性质，而是当作正常经营业务参与实施了非法集资行为的，一般不宜作为犯罪处理。

三、关于非法吸收公众存款罪与集资诈骗罪的界限

办理非法集资犯罪案件，应当根据被告人主观上是否具有非法占有目的，分别定罪处罚。对于先行非法吸收公众存款从事经营活动，后因严重亏损而采用欺骗方法吸收资金用于还债或挥霍的，因行为人的主观故意内容和客观上的犯罪对象不同（所涉及的资金应当分别计算和认定），应当分别认定非法吸收公众存款罪和集资诈骗罪，实行数罪并罚。

对于多人参与、分工实施的集资诈骗犯罪，其中的组织、策划、指挥者应当以集资诈骗罪定罪处罚；对于确有证据或理由表明并不知晓上述人员的非法占有目的，可以非法吸收公众存款罪定罪处罚。

四、关于单位犯罪的认定和处理

对于以单位名义实施非法集资行为，全部或者大部分违法所得归单位所有的，应当依法认定单位犯罪。

对于个人以单位名义实施非法集资行为，没有合法经营业务，违法所得主要由个人任意支配、处分的，应当依法以个人犯罪论处。

单位涉嫌犯罪的，应当指定单位在职员工作为诉讼代表人参与诉讼，以充分维护被告单位的诉讼权利。如果单位在职员工确无参与诉讼的能力或条件,或者均涉案不能作为诉讼代表人的,可以由其委托熟悉单位情况的离职、退休人员、法律顾问等作为诉讼代表人参与诉讼。

涉嫌犯罪的单位确无合适人员担任诉讼代表人的,不得将其列为被告单位,但对该单位中直接负责的主管人员或者其他直接责任人员,可以按照单位犯罪追究刑事责任。对于相关人员附加判处财产刑的,一般应当按照个人违法所得或者犯罪行为造成他人财产损失数额的一定比例或者倍数予以确定。

对于涉嫌犯罪但没有被起诉的单位,如果其名下确有一定数额的财产或者违法所得的,在相关单位人员被定罪处罚后,可以根据所认定的犯罪事实,依法予以追缴或者责令退赔并发还集资参与人。

五、关于共同犯罪中主从犯的认定

在多人参与、分工实施的非法集资犯罪中,原则上应当区分主从犯。除非法集资犯罪活动的组织、策划、指挥者以外,积极参与犯罪的主要实施者,以及明知非法集资性质而出资入股的主要获利者,应当认定为主犯。对于接受他人指使、管理而实施非法募集资金行为的次要实行犯,或者仅仅为非法集资提供后台支持行为的帮助犯,应当依法认定为从犯。

对于多个单位共同实施的非法集资犯罪,应当根据各自在共同犯罪中的地位和作用,依法区分主从犯。主犯单位的内部人员之间地位和作用确有差别的,可以区分主从犯。对于从犯单位内部人员,应当一律认定为从犯,但应当根据各自在共同犯罪中的地位和作用分别量刑。

对于只起诉了部分单位共犯的案件,如果确有证据证明被起诉的单位只起次要或辅助作用的,应当依法认定为从犯。主从犯作用难以确定的,可以不予区分主从犯,但应当根据各自在共同犯罪中的地位和作用分别量刑。

六、关于犯罪数额的认定

通过向社会公开宣传方式非法集资,其中含有向亲友吸收的资金的,应当计入犯罪数额。对于行为人本人或者其近亲属投入的资金,可不计入犯罪数额,但应当优先用于赔偿其他集资参与人的财产损失。

对于非法集资活动的参与者，应当按照其实际参与的非法集资活动计算犯罪数额；其离开单位后，下线人员独自实施的非法集资数额，不应计入其犯罪数额。

非法集资单位内部人员相互集资的数额，不应计入各自的犯罪数额，但应计入各自的上线以及单位的犯罪数额。

对于一次性投入资金未作提取，其间虽有利用到期本息滚动投入记录的，只需将一次性投入的本金计入非法吸收公众存款或者集资诈骗的犯罪数额。如果其间确有追加投入的，应当将追加投入金额与前次投入的本金累计计入犯罪数额。

七、关于自首的认定

对于等待、配合公安机关处置的行为能否视为“自动投案”，进而认定为自首，应当区分三种情况分别掌握：1. 犯罪嫌疑人在被公安机关抓获前，明知公安机关前来处置，在特定地点等候的，可以视为“自动投案”，其后能如实供述犯罪事实的，可以认定为自首。2. 公安机关在抓获犯罪嫌疑人后通常会视情分别采取以下三种管控方式，即刑事拘留、取保候审或者责令随传随到、听候处置。既然公安机关已经明确犯罪嫌疑人并采取了不同的管控方式，则不再发生犯罪嫌疑人“自动投案”的问题。对于其后配合调查、如实供述犯罪事实的，可以依法认定为坦白。3. 犯罪嫌疑人被公安机关抓获并采取相应处置措施后逃跑的，因其违反公安机关确定的配合调查义务，应当酌情从重处罚。对于逃跑后又自动归案的行为，不能认定为“自动投案”，但可在量刑时酌情考虑。

犯罪嫌疑人涉嫌非法吸收公众存款罪被立案侦查，到案后如实供述自己的犯罪事实，被司法机关最终认定为集资诈骗罪的，因两罪的大部分事实重合，通常并不符合刑法第六十七条第二款关于“如实供述司法机关还未掌握的本人其他罪行”的规定，不能认定为自首；符合坦白条件的，可以认定为坦白。

犯罪嫌疑人接电话通知到案配合调查后被取保候审，在取保候审期间继续从事非法集资活动，之后又自动投案、如实供述自己的罪行的，从总体而言,其行为具有自动投案、如实供述自己的罪行的基本特征,可以依法认定为自首,但是对其从宽处罚的幅度需要从严把握;如果最终系被公安机关抓获归案的,则全案不能认定为自首。

八、关于累犯的认定

在非法集资犯罪案件中,因犯罪嫌疑人、被告人的犯罪行为往往会持续一段时间,认定其是否系在刑罚执行完毕或者赦免以后五年以内重新犯罪,应当以犯罪行为开始时为依据,而不能以非法集资行为达到犯罪起点数额标准时或者实行终了时为依据。

九、关于集资参与人的诉讼地位及权利保障

非法集资参与人,属于非法集资刑事案件的诉讼参与人,其知情权、赃款返还请求权等权利,应当依法予以保障。

对于集资诈骗犯罪被害人提出由其本人或者委托的诉讼代理人参加庭审等请求,一般应予准许;但被害人人数众多的,可要求其选派代表参与相关诉讼活动,以保证审判活动顺利进行。

十、关于遗漏集资参与人及请求追加起诉的处理

在非法集资犯罪案件中,因人数众多而遗漏集资参与人、需要追加起诉的,一般应当安排在一审开庭审理前依法进行。一审庭审后,被遗漏的集资参与人直接向法院主张权利的,法院应当将相关证据材料移交检察机关先行审核,在检法办案人员审核确认以后,可以参与涉案资产分配。

十一、关于追缴集资参与人的非法收益及被告人的退赔

向社会公众非法吸收的资金属于违法所得。以吸收的资金向集资参与人支付的利息、分红等回报,不论集资参与人是否已先期离场,均应当依法追缴。集资参与人本金尚未归还的,所支付的回报可予折抵本金。

参与非法集资犯罪的被告人(包括被追究刑事责任的业务员),应当对其犯罪行为造成的损失承担退赔责任,除应当依法追缴其获取的佣金、提成

等违法所得外,还可以责令在其犯罪行为造成的损失范围内承担退赔责任。

十二、关于法律适用、刑罚裁量及涉案财物处置的标准统一

分别在不同法院审理的同一系列非法集资犯罪案件,不同法院之间要加强沟通协调,确保法律适用统一,量刑均衡。

非法集资犯罪案件的涉案财物以集中统一处置为原则,并按照非法集资参与人的实际损失比例发还。

上级单位(总公司、母公司)和分支机构(分公司、子公司)均涉案的非法集资犯罪案件,由本市不同法院审理的,原则上由审理涉案总公司、母公司的法院统一处置涉案财物。

对于涉案总公司、母公司不在本市,涉案分公司、子公司的非法集资犯罪案件由本市法院审理的,应加强与审理涉案总公司、母公司的法院沟通协调,可交由该法院统一处置涉案财物;未能移送审理涉案总公司、母公司的法院统一处置涉案财物,或者因为审理节奏不统一等不宜由审理涉案总公司、母公司的法院统一处置涉案财物的,本市法院应当及时处置涉案财物,但要与审理涉案总公司、母公司的法院做好信息沟通和相关工作衔接。

审理法院原则上应当在作出一审判决前制定处置涉案财物的初步方案,其中包括集资参与人名单、集资数额、财产查扣数额、返还本金数额、支付利息数额等。

对于易贬值、易损耗的涉案财物,侦查机关、检察机关以及审判机关应及时通过变卖、拍卖等方式予以先行处置。

涉众型非法集资犯罪的法律、政策规制

黄祥青* 肖晚祥** 罗开卷*** 许 浩****

目前,非法吸收公众存款、集资诈骗等涉众型非法集资犯罪呈现高发态势,影响国家金融安全和社会的和谐稳定。依法稳妥处理好涉众型非法集资犯罪案件,防范系统性金融风险,是当前司法机关的一项重要任务。然而,实践中如何把握政策界限,如何精准适用法律,尚存分歧,有些甚至影响办案的质量和效果。针对这些分歧问题开展研究,明确指导意见,统一法律适用,对于提高涉众型非法集资犯罪案件的办案质量具有重要意义。

一、惩治非法集资犯罪的一般原则

当前,涉众型非法集资犯罪往往公司化、集团化运作,公司、集团内部人员众多,层级、分工明显,有董事长、总裁、总经理等高层决策、指挥层,有区域经理等中层管理层,也有业务员等底层实施层;有非法集资的直接决策、指挥、实施者,也有并不直接参与非法集资的如财务、技术等后台支持者。对非法集资犯罪案件,我们的办理原则是突出打击重点,注重区别对待,强化追赃挽损,着力化解社会矛盾。

(一)关于打击重点

对于将非法集资犯罪活动的组织、策划、指挥者和主要实施者作为重点打击对象基本没有争议,争议在于明知非法集资性质而出资入股的主要获利者是否应作为重点打击对象。一种观点认为,明知非法集资性质而出资

* 黄祥青,上海市高级人民法院党组成员、上海市第一中级人民法院院长,法学博士。

** 肖晚祥,上海市高级人民法院刑二庭副庭长,法学博士。

*** 罗开卷,上海市高级人民法院刑二庭副庭长,法学博士。

**** 许浩,上海市高级人民法院刑二庭审判员,法学硕士。

入股的主要获利者,具有非法集资的主观故意,且在非法集资单位中处于股东地位,获取了大量非法利益,是造成集资参与人损失的主要原因之一,故应当作为重点打击对象。另一种观点则认为,此类人员既不是非法集资的组织、策划、指挥者,也没有直接实施非法集资行为,其出资入股行为只是为非法集资单位提供资金支持并分享收益而已,应属于帮助犯的范畴,故不应作为重点打击对象。

我们认为,实践中实施非法集资行为的公司,其股东往往为组织、策划、指挥者。未直接参与实施非法集资,而单纯出资入股获取非法集资利益的情况较为少见,此类人员相对于组织、策划、指挥者而言,地位相对较低、作用相对较小,但如果系幕后大股东,其地位和作用未必低于、小于相关组织、策划、指挥者。这类人员主观上明知非法集资性质而出资入股,犯罪意图明显,客观上又是主要获利者,虽然没有直接实施非法集资行为,但也应作为共犯追究刑事责任。

对于非法集资犯罪活动中组织、策划、指挥者和主要实施者以外的一般参与者,虽然犯罪数额巨大或数额特别巨大,但到案后如果能积极退缴违法所得,尽力弥补本人行为造成的他人财产损失的,可充分贯彻宽严相济刑事政策,对其依法予以从轻、减轻或者免除处罚。

(二)关于打击范围

非法集资犯罪案件大多呈公司化运作,涉及人员众多,特别是一些大型的非法集资公司,员工数以千计,是否有必要将全部人员纳入刑事打击范围,存在较大争议。一种观点认为,应该严格依照法律规定,对具有非法集资故意,且数额达到入罪标准的人员,均纳入刑事打击范围。主要理由是:既然按照法律规定已经构成犯罪,就应当纳入刑事打击范围,否则有放纵犯罪之嫌。另一种观点则认为,应适当限缩刑事打击范围,对层级较低的管理人员和普通职员,可适当作出罪处理。主要理由是:基于当前非法集资犯罪案件的现状,达到追诉数额标准的人员往往众多,其中不乏一些刚出大学校门便进入其中工作的普通职员,如将只要达到追诉数额标准的都纳入刑事打击范围,造成打击面过宽,不符合“打击少数、挽救多数”的刑事政策精神,也难以取得法律效果与社会效果的统一。故可从贯彻宽严相济刑事政策层面，适当限缩打击范围，对于非法集资单位中层级较低的管理人员和普通职员，可从主观上明知程度不高、客观上情节显著轻微角度，适当作出罪处理。

我们认为，适当限缩打击范围更符合当前实际。具体而言，就是针对非法集资单位中的一般参与者即层级较低的管理人员和普通职员，即使其参与非法集资的数额达到了入罪标准，但如果犯罪情节相对较轻并在侦查、审查起诉阶段积极挽回集资参与人财产损失的，可以不予移送审查起诉或不起诉；或者虽然犯罪数额巨大或数额特别巨大，但到案后积极（全部）退缴违法所得，尽力弥补本人行为造成的他人财产损失的，应当依法予以从轻、减轻或者免除处罚。积极退赃退赔和弥补被害人的财产损失，本是从宽处罚情节，尤其是对于涉众型非法集资犯罪案件，涉案资金巨大甚至特别巨大，而案发时兑付比例往往不足20%，也因为兑付比例低，给集资参与人造成巨大的财产损失，并由此引发社会不稳定因素，故只有加大追赃挽损力度，最大限度地保护集资参与人的财产利益，才能有效化解社会矛盾，维护社会的和谐稳定。也只有这样，才能实现办案的法律效果和社会效果的有机统一。因此，考虑此类犯罪的特殊性，将积极退赃退赔和弥补被害人财产损失作为重要的从宽处罚情节，予以较大幅度的从轻、减轻处罚甚至免除处罚或者不作为犯罪处理，可起到鼓励犯罪情节较轻的一般参与者及早退赃、退赔，积极挽回损失的作用。

二、非法集资行为罪与非罪的界限

（一）坚持主客观相统一区分罪与非罪

非法集资公司中的人员客观上往往都不同程度地直接实施了非法集资行为或者实施了为非法集资提供帮助的行为，但部分层级较低的管理人员或者普通职员有可能并不知晓公司所从事的业务具有非法集资性质，故对该部分人员是否作为犯罪处理，应当坚持主客观相统一的原则，注重全面收集证据，如确有证据证明其并不知晓公司的非法集资性质，而是当作正常经营业务参与实施了非法集资行为的，一般不宜作为犯罪处理。

（二）非法集资故意的具体认定

区分非法集资行为的罪与非罪，其重点也是难点在于认定行为人是否具有主观故意。实践中,既要避免单纯根据所在公司存在非法集资行为客观归罪,也不能仅凭被告人自己的供述,而应当根据案件的具体情况具体分析。根据司法实践,具有下列情形之一的,可以推定行为人具有非法集资的主观故意:一是在非法集资过程中虚构经营业务或者故意作夸大宣传的;二是明知集资参与人返利过高,或者招揽业务提成比例过高,不符合一般市场行情的;三是明知单位业务亏损,仍通过高息揽存等方式归还单位债务的;四是曾在其他公司从事非法集资活动被查处或取缔,之后又从事相同业务的;五是曾在银行、证券、保险等金融机构工作,具有一定的金融专业知识,参与实施非法集资活动的;六是其他应当认定具有非法集资犯罪故意的情形。但是,在处理具体案件的时候,对于有证据证明行为人不具有非法集资主观故意的,就不能作为非法集资犯罪处理。

三、非法吸收公众存款罪与集资诈骗罪的界限

非法集资犯罪主要涉及非法吸收公众存款罪和集资诈骗罪。根据刑法规定,两罪的区别主要在于行为人主观上是否具有非法占有目的。如有,构成集资诈骗罪;如否,构成非法吸收公众存款罪。

(一)犯意转化与数罪并罚

实践中,行为人先行非法吸收公众存款从事经营活动,其后因严重亏损等原因产生犯意转化,以非法占有目的继续向公众非法集资,究竟是应以集资诈骗罪一罪认定还是以非法吸收公众存款罪和集资诈骗罪实行数罪并罚,存在较大争议。一种观点认为,这种非法集资行为上具有连续性,仅是中间过程中存在犯意转化,之前的非法吸收公众存款应当被后面的集资诈骗所吸收,即以集资诈骗罪一罪处罚,之前的非法吸收公众存款行为可作为酌定量刑情节考虑。另一种观点则认为,行为人在产生犯意转化后所从事的非法集资行为,主观故意上具有非法占有目的,客观行为上不但继续从事非法集资行为而且将集资款用于偿还债务等消耗性支出,与之前的行为相比,不仅主观故意内容不同,而且客观表现存在明显差异,分别构成非法吸收公众存款罪和集资诈骗罪,应当数罪并罚。

我们倾向于第二种观点。行为人在犯意转化前后实施的非法集资行为是两种性质完全不同的行为，尽管前后行为在资金调配上有所关联，但并不影响对两种行为的刑法评价，依法分别构成非法吸收公众存款罪和集资诈骗罪，予以数罪并罚。以两罪并罚，才能充分评价整个犯罪行为。

（二）多人参与、分工实施的集资诈骗犯罪中其他参与者的罪名认定

对于多人参与、分工实施的集资诈骗犯罪，组织、策划、指挥者以外的其他参与者是否均应以集资诈骗罪的共犯认定，存在不同观点。一种观点认为，根据共同犯罪理论，对共犯应适用部分行为共同责任原则，其他参与者系共犯，虽然仅根据分工实施了部分行为，但应对整个犯罪承担共同责任，故对其他参与者应以集资诈骗罪的共犯认定。另一种观点则认为，其他参与者是否构成集资诈骗罪的共犯，需要具体情况具体分析。如果其他参与者明知组织、策划、指挥者具有非法占有目的，仍然实施相关的非法集资行为的，则应以集资诈骗罪共犯认定；但如果并不知晓组织、策划、指挥者具有非法占有目的，但具有非法集资主观故意的，则不构成集资诈骗罪，一般应认定非法吸收公众存款罪。

我们倾向于第二种观点。第一，某种行为是否构成犯罪，构成什么罪，必须坚持主客观相统一原则。对于多人参与、分工实施的集资诈骗犯罪，如层级较低的人员并不知晓组织、策划、指挥者具有非法占有目的，说明其实施相关非法集资行为时在主观上不具有非法占有目的，此时如以集资诈骗罪共犯论处，明显违背主客观相统一原则，故不足取。第二，多人参与、分工实施的集资诈骗犯罪，隐蔽性强，其中层级较低的人员并不知晓组织、策划、指挥者具有非法占有目的符合常理，实践中亦常有发生。如罔顾该事实定罪，容易导致客观归罪。第三，对层级较低的人员不以集资诈骗罪共犯论处，但仍可认定其行为构成非法吸收公众存款罪。虽然对组织、策划、指挥者以集资诈骗罪定罪，对于不具有非法占有目的的层级较低的人员以非法吸收公众存款罪定罪，但两个罪名均属于非法集资犯罪，在非法吸收公众存款这一非法集资行为上两者系共同犯罪，只是组织、策划、指挥者有非法占有目的，属于实行过限。因此，分别以集资诈骗罪和非法吸收公众存款罪定罪，符合部分实行过限情形下的部分共同犯罪原理。

四、单位犯罪的认定和处理

（一）单位犯罪的认定

当前的非法集资犯罪案件绝大多数呈公司化运作。行为人设立公司就是为了实施非法集资犯罪活动，或者公司设立后以实施非法集资犯罪为主要活动。对此，是属于单位犯罪还是个人共同犯罪，争议较大。一种观点认为，1999年《最高人民法院关于审理单位犯罪案件具体应用法律有关问题的解释》第二条规定："个人为进行违法犯罪活动而设立的公司、企业、事业单位实施犯罪的，或者公司、企业、事业单位设立后，以实施犯罪为主要活动的，不以单位犯罪论处。"有鉴于此，如果确有证据证明涉案公司是为实施非法集资犯罪活动而设立，或者设立后以实施非法集资犯罪为主要活动的，按照司法解释规定应以个人犯罪论处。另一种观点则认为，司法解释之所以作上述规定，是为了有效打击以单位为幌子实施的个人犯罪行为。但对于以公司名义实施的非法集资犯罪，往往并不存在该司法解释意图规制的行为，以单位犯罪认定不仅不会轻纵行为人，而且有利于追缴违法所得，最大限度地挽回集资参与人的财产损失。因此，对于以公司名义实施的非法集资犯罪行为，全部或者大部分违法所得归公司所有的，一般应以单位犯罪认定。

我们倾向于第二种观点。行为人设立公司往往只是出于非法集资的需要，而并不是为了规避责任，且当前非法集资犯罪的数额基本上为特别巨大以上，以单位犯罪认定并不会轻纵行为人。加之很多涉案财产处于公司名下，如果不将公司作为犯罪主体追究，显然不利于追赃挽损。因此，对于以公司名义实施的非法集资犯罪，如违法所得归公司所有，符合单位犯罪基本概念的，一般宜以单位犯罪认定。如此认定，事实上与司法解释规定的精神并不相悖。实践中如"e租宝"案等，均以单位犯罪认定，取得了较好效果。

当然，认定非法集资属于单位犯罪必须符合单位犯罪的基本概念，即以单位名义实施，违法所得归单位所有。对于以公司名义实施非法集资，没有合法经营业务，违法所得主要由个人任意支配、处分的，由于公司只是用来实施非法集资的幌子，故应当否定公司人格，以个人犯罪论处。

(二)单位诉讼代表人的确定

非法集资犯罪案发后,单位的管理层和员工等往往因为涉案而不能担任诉讼代表人,如果单位确无合适的在职员工担任诉讼代表人的,离职、退休人员以及单位法律顾问等能否担任诉讼代表人,争议较大。一种观点认为,单位的诉讼代表人在诉讼中代表单位,必须由单位在职员工担任,离职、退休人员或者单位的法律顾问不能代表单位,故不能担任诉讼代表人。另一种观点则认为,单位的诉讼代表人原则上应由单位的在职员工担任,如确无合适的在职员工可担任诉讼代表人的,亦可由熟悉单位情况的离职、退休人员或者法律顾问等作为诉讼代表人参与诉讼。

我们倾向于第二种观点。关于单位诉讼代表人资格问题,法律并没有明确规定只有单位在职员工方可担任诉讼代表人。鉴于实践中涉案非法集资单位找不到合适的在职员工担任诉讼代表人的情况时有发生,为有利于追究涉案单位的刑事责任,可适当从宽掌握单位诉讼代表人的资格,对于确无合适的在职员工担任诉讼代表人的情况,也可由熟悉单位情况的离职、退休人员或者法律顾问等作为诉讼代表人参与诉讼。如仍没有合适人员担任诉讼代表人的,在诉讼活动中则不应将涉嫌犯罪的单位列为被告单位,但对该单位中直接负责的主管人员和其他直接责任人员,可以按照单位犯罪追究刑事责任。对于相关人员附加判处财产刑的,一般应当按照个人违法所得或者犯罪行为造成他人财产损失数额的一定比例或者倍数予以确定。

(三)未被起诉的犯罪单位名下财产的追缴和责令退赔

对于涉嫌犯罪但因无合适诉讼代表人等原因没有被起诉的单位,其名下的财产能否予以追缴或责令退赔,实践中存在较大争议。一种观点认为,单位没有被起诉,当然就不能判决承担法律责任,对其名下的财产予以追缴或责令退赔缺乏法律依据。另一种观点则认为,虽然没有起诉单位,但原因是没有合适的诉讼代表人等,并不是单位不构成犯罪,而且在裁判文书中实际上已认定单位构成犯罪,故对于犯罪单位名下的财产,可以根据犯罪事实依法予以追缴或者责令退赔。

我们倾向于第二种观点。对于未被起诉的单位,其名下财产如果能被查证属于违法所得的,依法予以追缴并无争议,争议在于单位名下难以被确定为违法所得的财产。我们认为,单位虽未被起诉,但对直接负责的主管人员和其他直接责任人员的判决已经认定了单位构成犯罪,犯罪单位应当对其犯罪行为造成的他人损失承担赔偿责任,故其名下的财产,即使无法确定系违法所得的,也可责令其退赔并发还集资参与人。

五、共同犯罪中主从犯的认定

(一)主从犯区分的一般规则

非法集资犯罪往往涉及众多被告人,同一系列案件的被告人分别在不同法院审理已属常态。实践中,相关审理法院对主从犯的认定往往存在不同的标准,如有的区分主从犯,有的不区分主从犯,影响适用法律的统一。

我们认为,在多人参与、分工实施的非法集资共同犯罪中,各行为人的地位和作用往往是有所区别的,故原则上应当区分主从犯。在区分主从犯的标准上,实践中存在两种观点。一种观点认为,非法集资单位的主要负责人应当认定为主犯,其他受聘从事单位管理的人员等则应认定为从犯。另一种观点则认为,主犯不仅仅是指非法集资单位的主要负责人,还应包括非法集资犯罪活动的组织、策划、指挥者,积极参与犯罪的主要实施者,以及明知非法集资性质而出资入股的主要获利者。对于其他受人指使、管理而实施非法募集资金行为的次要实行犯,或者仅仅为非法集资提供后台支持的帮助犯,则应当认定为从犯。

我们倾向于第二种观点。在以往的司法实践中,对于单位犯罪中直接负责的主管人员和其他直接责任人员一般不区分主从犯,只有为了量刑平衡等需要,有必要区分主从犯时才予以区分。而在非法集资单位犯罪案件中,对直接负责的主管人员和其他直接责任人员如果不区分主从犯,基本上很难做到量刑平衡,故区分主从犯是常态。在主从犯的区分标准上,仅将单位的主要负责人认定为主犯,而将其他受聘从事管理工作的人员均一律认定为从犯显然不妥。主从犯的区分主要应该看其在共同犯罪中的地位和作用,有些受聘从事高层管理工作的人员实际上可能是组织、策划、指挥者,当然应认定为主犯。具体而言,主犯包括非法集资犯罪活动的组织、策划、指挥者,积极参与犯罪的主要实施者,以及明知非法集资性质而出资入股的主要获利者,这几类人员在非法集资共同犯罪中的地位和作用都难以归于从属地位和帮助作用,故不能认定为从犯,应以主犯认定。

(二)单位共同犯罪中主从犯的区分

实践中,多个单位构成非法集资共同犯罪的情况并不鲜见,对于各单位之间是否需要区分主从犯,存在不同意见。一种观点认为,单位之间的共同犯罪一般不应区分主从犯,直接按照各犯罪单位在共同犯罪中的地位和作用处理即可。另一种观点则认为,单位之间的共同犯罪应当根据各自在共同犯罪中的地位和作用区分主从犯。

我们倾向于第二种观点。刑法关于主从犯的规定并未局限于自然人共同犯罪,对于多个单位构成共同犯罪且各单位在共同犯罪的地位和作用存在差异,不区分主从犯难以确保量刑平衡的,应当区分主从犯。

既然单位共同犯罪可依法区分主从犯,那么,被认定为主犯单位中的内部人员是否都应认定为主犯,而被认定为从犯单位中的内部人员是否都应认定为从犯,亦存在争议。一种观点认为,单位犯罪中,单位内部人员对于单位具有从属性,法律规定单位犯罪的内部人员只有直接负责的主管人员和其他直接责任人员之分,既然单位被认定为主犯,那么主犯单位的直接负责的主管人员和其他直接责任人员就应当都是主犯,而从犯单位的直接负责的主管人员和其他直接责任人员就应当都是从犯。另一种观点则认为,对于主犯单位的内部人员原则上认定为主犯,但如果地位和作用确有差别的也可区分主从犯;从犯单位的内部人员,则应一律认定为从犯,但也应根据各自在共同犯罪中的地位和作用在量刑上有所区别。

我们倾向于第二种观点。对于单位犯罪,内部人员在不区分主从犯难以做到量刑均衡的情况下,是可以区分主从犯的。从实际情况看,非法集资案件中被认定为主犯的单位很有可能是规模较大的公司,其中有一些层级较低的涉案人员如果被认定为其他直接责任人员,也将其认定为主犯,似有不妥,导致量刑偏重,故对于主犯单位内部人员可原则上认定为主犯,但确有区分主从犯必要的,也可区分主从犯。而从犯单位,其整体在共同犯罪中均处于从属地位和起帮助作用,作为单位内部人员,其地位和作用不可能超过单位整体,故应当一律认定为从犯。当然,从犯单位内部人员之间地位和作用如有差异的,在量刑时可予具体把握。

对于因种种原因,只起诉了部分单位共犯的案件,如果确有证据证明被起诉的单位只起次要或辅助作用的,我们认为,还是应当依法认定为从犯。主从犯作用难以确定的,可以不予区分主从犯,但应当根据各自在共同犯罪中的地位和作用分别量刑。

六、犯罪数额的认定

实践中以案发时尚未归还的数额作为集资诈骗罪的犯罪数额,但关于非法吸收公众存款罪的犯罪数额认定,存在较多争议。

(一)向亲友吸收的资金是否应从犯罪数额中扣除

对于通过向社会公开宣传方式非法集资,其中含有向自己的亲友吸收的资金,亲友投入的资金是否应当从行为人的犯罪数额中扣除,存在不同意见。一种观点认为,亲友不属于社会公众范畴,故投入的资金应从犯罪数额中扣除。另一种观点则认为,通过向社会公开宣传方式非法集资,亲友也属于社会公众的一部分,而且,因为亲友的范围较为模糊,实践中扣除哪些亲友的投资数额,存在不统一,故以不扣除为妥。

我们认为,如果未向社会公开宣传,其亲友属于特定对象,但当通过向社会公开宣传方式非法集资,亲友已成为社会公众的一部分,此时亲友的投资金额原则上应计入犯罪数额。若在向公众非法集资的同时,自己也有资金投入的,本人投入的资金显然不能认定为向社会公众非法集资的资金,应从犯罪数额中扣除。对于和行为人具有财产混同关系的人员,如配偶投入的资金,一般不宜认定为向社会公众非法集资的资金。尽管不计入非法集资金额,但不能和其他集资参与人以同样顺位参与涉案资产分配,其投入的资金均应当优先用于赔偿其他集资参与人的财产损失。

(二)行为人离开后,其下线人员的非法集资数额是否应计入其犯罪数额

当前,许多非法集资犯罪案件都呈现类似传销的层级式结构,且人员具有一定的流动性,对于非法集资活动参与者,其发展下线人员后过了一段时间又离开了单位,不再从事非法集资活动,其离开后下线人员实施的非法集

资数额是否应计入其犯罪数额,对此存在不同意见。一种观点认为,行为人发展下线人员的目的十分明确,就是从事非法集资活动,其发展下线人员的行为与下线人员的非法集资行为之间存在因果关系,下线人员实施的非法集资活动都在行为人的概括故意之下,即使行为人离开了单位,其发展下线人员的行为与下线人员的非法集资金额之间仍然存在刑法上的因果关系,故下线人员的非法集资数额均应计入其犯罪数额。另一种观点则认为,行为人发展下线人员后,如果从下线人员的非法集资金额中获取返利等,那么下线人员的非法集资金额计入其犯罪数额无可厚非。但行为人离开单位后,已经不从其发展的下线人员非法集资金额中获取返利,下线人员其后的非法集资行为具有独立性,行为人此时主观上已经不具有非法集资的故意,客观上不再从事非法集资行为,即非法集资行为已经告一段落,故其犯罪数额的计算在时间上也应当截至其离开单位为止,其离开单位后,下线人员的非法集资数额不应计入其犯罪数额。

我们倾向于第二种观点。对于非法集资活动的参与者,应当按照其实际参与的非法集资活动计算犯罪数额,其离开单位后,已经不再参与非法集资活动,下线人员此后实施的非法集资具有独立性,不应计入其犯罪数额。

(三)非法集资单位内部人员之间相互集资的数额,是否应计入各自的犯罪数额

对于非法集资单位内部人员之间相互集资的数额,是否应计入各自的犯罪数额,存在不同意见。一种观点认为,通过向社会公开宣传方式非法集资,单位内部人员也成了社会公众的一部分,故内部人员相互集资的数额应计入各自的犯罪数额。另一种观点则认为,单位内部人员之间相互集资,往往是为了增加业绩的一种操作方式,所投入的资金实际上相当于本人投入的资金,以不计入各自的犯罪数额为妥。

我们倾向于第二种观点。从实际情况来看,非法集资单位内部人员相互集资大多基于增加业绩需要,如业务员 A 将自己的 100 万元投给业务员 B,业务员 B 则将自己的 100 万元投给业务员 A,实际效果与业务员 A、B 将自己的 100 万元投给自己并无太大区别,故这种情况类似于行为人本人投入资金,不应计入各自的犯罪数额。需要注意的是,相互集资数额虽不应计入

各自的犯罪数额,但还是应计入各自上线以及单位的犯罪数额。

(四)未作提取的滚动投入,如何计算非法吸收公众款的犯罪数额

对于集资参与人一次性投入资金未作提取,其间有利用到期本息滚动投入记录的,在计算非法吸收公众存款数额时,是按照滚动记录累加计算还是仅计算一次性投入的资金,对此存在不同意见。一种观点认为,非法吸收公众存款罪侵害的主要客体是金融管理秩序,每一次滚动投入都应该算是一次新的非法吸收公众存款行为,都造成了对金融管理秩序的侵害,故非法吸收公众存款的数额应当按照滚动投入记录累加计算。另一种观点则认为,非法吸收公众存款的数额计算还是应从实质来看,对于一次性投入资金未作提取,其间利用到期本息滚动投入的,实质上集资参与人投入的资金就是一次性投入的资金,行为人实际非法吸收到的资金也是集资参与人一次性投入的资金,故只需将一次性投入的本金计入非法吸收公众存款罪的犯罪数额即可。

我们倾向于第二种观点。非法吸收公众存款罪,其危害性大小的重要标志之一就是非法吸收的资金体量。对于投入以后未提取的资金,滚动投资的,因为非法吸收的资金体量并没有变化,危害性实际上也没有变化,故应以一次性投入的资金计算非法吸收公众存款的金额,不应根据滚动投资记录累加计算犯罪数额。如果其间集资参与人有追加投入的,则应将追加投入金额与前次投入的本金累计计入犯罪数额。

七、自首的认定

非法集资犯罪案件中,犯罪嫌疑人的到案情况多种多样,有些情况下是否能够认定自首,争议较大。

(一)公安机关责令随传随到、听候处置后的配合调查能否视为"自动投案"

对于公安机关抓获犯罪嫌疑人后未采取法律规定的强制措施,只是责令其随传随到、听候处置,其后犯罪嫌疑人等待、配合公安机关处置的能否视为"自动投案",存在不同意见。一种观点认为,公安机关虽然抓获了犯罪嫌疑人,但并未对其采取法律规定的强制措施,只是责令其随传随到、听候

处置,此时犯罪嫌疑人是自由的,完全有条件逃跑,但犯罪嫌疑人选择等待、配合公安机关处置,具有到案的主动性,故可以认定为“自动投案”。另一种观点则认为,犯罪嫌疑人是被公安机关抓获到案的,其后公安机关责令其随传随到、听候处置属于公安机关对犯罪嫌疑人相对宽松的一种管控方式,既然犯罪嫌疑人已经处于公安机关管控之下,则不再有“自动投案”的问题。

我们倾向于第二种观点。公安机关抓获犯罪嫌疑人后,责令其随传随到、听候处置,系对犯罪嫌疑人的一种管控方式,犯罪嫌疑人此时负有随传随到、听候处置的义务,其后犯罪嫌疑人等待、配合公安机关处置应视为履行其随传随到、听候处置义务的行为,不具有“自动投案”的主动性,不能认定为“自动投案”,对于其后配合调查、如实供述犯罪事实的,可以依法认定为坦白。

(二)被公安机关采取措施后逃跑,后又自动归案能否认定“自动投案”

对于犯罪嫌疑人被公安机关抓获并采取相应处置措施后逃跑,其后又自动归案的,能否认定为“自动投案”。一种观点认为,犯罪嫌疑人逃跑后,已经处于一种自由的状态,公安机关如要将其抓捕归案,势必耗费较多的司法资源,但其自动投案,具有到案的主动性,也节约了司法资源,故可认定为“自动投案”。另一种观点则认为,犯罪嫌疑人逃跑后又主动归案的,不宜认定为“自动投案”,进而认定自首,否则将会使犯罪嫌疑人因其具有违法性的逃跑行为而获利。

我们倾向于第二种观点。犯罪嫌疑人被公安机关抓获并采取相应处置措施后逃跑的,违反了公安机关确定的配合调查义务,应当酌情从重处罚。如果逃跑后再自动归案也可以被认定为“自动投案”,那无疑会起到鼓励犯罪嫌疑人逃跑的效果,因为逃跑行为可能会给自己制造一个自首情节。而且,如果将此认定为“自动投案”,进而构成自首,也会造成不逃跑的没有自首情节,逃跑的反而有自首情节的情况,这显然是不合适的。对于逃跑后又自动归案的行为,不能认定为“自动投案”,但可在量刑时酌情考虑。

(三)因涉嫌非法吸收公众存款罪被立案侦查,到案后如实供述,最终被认定为集资诈骗罪的,能否认定自首

对于犯罪嫌疑人涉嫌非法吸收公众存款罪被立案侦查,到案后如实供

述自己的犯罪事实,被司法机关最终认定为集资诈骗罪的,能否认定其符合刑法第六十七条第二款关于“如实供述司法机关还未掌握的本人其他罪行”的规定,认定其具有自首情节,存在不同意见。一种观点认为,侦查机关并不掌握犯罪嫌疑人的集资诈骗犯罪事实,该情况符合刑法第六十七条第二款关于“如实供述司法机关还未掌握的本人其他罪行”的规定,故可认定为自首。另一种观点则认为,非法吸收公众存款罪与集资诈骗罪两罪的大部分事实是重合的,犯罪嫌疑人到案后如实供述的司法机关未掌握的部分仅仅只是其非法占有目的而已,不属于司法机关还未掌握的本人其他罪行,故不能认定自首。

我们倾向于第二种观点。非法吸收公众存款罪与集资诈骗罪两罪在客观事实方面大部分重合,主要的区别往往在于行为人非法占有目的的有无。司法机关在掌握行为人非法吸收公众存款事实的情况下,尽管行为人最终被认定构成集资诈骗罪,但司法机关也是已经掌握了其集资诈骗罪的绝大部分事实,行为人如实供述的,不能归属于供述其他罪行的范畴,故不能认定为“如实供述司法机关还未掌握的本人其他罪行”,不能认定自首。

(四)主动到案配合调查后被取保候审,其间又非法集资,之后又主动到案、如实供述的,能否认定为自首

对于犯罪嫌疑人接电话通知到案配合调查后被取保候审,在取保候审期间继续从事非法集资活动,之后又自动投案、如实供述自己罪行的情况,是否认定为自首,存在不同意见。一种观点认为,虽然犯罪嫌疑人最初系主动到案,但被采取取保候审强制措施后就负有随传随到的义务,其后犯罪嫌疑人不思悔改,继续从事非法集资活动,此时再主动到案只能视为其履行随传随到义务的行为,不能认定为“自动投案”,从而成立自首。另一种观点则认为,从总体上看,犯罪嫌疑人的到案具有主动性,公安机关在其到案过程中未采取过任何抓捕行动,且犯罪嫌疑人到案后能配合调查,如实供述自己的罪行,故可认定为自首。

我们倾向于第二种观点。犯罪嫌疑人两次均系主动到案,虽然第二次主动到案是在被取保候审以后,但其行为总体上具有自动投案的特征,如果其到案后如实供述自己罪行的,可认定为自首,但考虑到其在取保候审期间

又从事非法集资活动的情况,对其自首情节予以从宽处罚的幅度需要从严把握。如果犯罪嫌疑人最终系被公安机关抓获归案的,则全案都不能认定为自首。

八、累犯的认定

对于在非法集资犯罪中,因犯罪嫌疑人、被告人的犯罪行为往往会持续一段时间,认定其是否系在刑罚执行完毕或者赦免以后五年以内重新犯罪,是以非法集资开始之时为时间节点还是以非法集资达到犯罪起点数额之时为时间节点,争议较大。一种观点认为,构成累犯是以后次非法集资构成犯罪为前提,而在后次非法集资数额尚未达到入罪标准前不能认定其已经构成犯罪,所以后次非法集资构成犯罪的时间节点应为非法集资数额达到犯罪起点数额之时,故应以该时间节点来判断是否系在刑罚执行完毕或者赦免以后五年以内重新犯罪。另一种观点则认为,构成累犯虽以后次非法集资构成犯罪为前提,但在时间节点的计算上不应以后次非法集资数额达到入罪标准时为准,而应以后次非法集资犯罪开始实施时为准。

我们倾向于第二种观点。非法集资犯罪属于持续犯,只要非法集资行为最终达到了构成犯罪的标准,那么从其开始实施非法集资之时起就都属于非法集资犯罪行为的有机组成部分,即非法集资犯罪是从其开始实施非法集资之时起始的,故应以非法集资开始之时为时间节点认定是否系在刑罚执行完毕或者赦免以后五年以内重新犯罪。而且,规定对累犯从重处罚,主要在于累犯的人身危险性大,而该人身危险性主要表现在五年内重新实施犯罪行为。从时间上看,在重新犯罪开始之时,行为人不知悔改的人身危险性已经表现出来,所以无须等到数额达到入罪标准之时。

九、遗漏集资参与人及请求追加起诉的处理

因集资参与人众多,实践中因各种原因不时会遗漏集资参与人,并由此导致犯罪数额等案件事实的认定出现偏差,也直接影响其实现参与分配赃款赃物的诉求。那么,在诉讼过程中对遗漏的集资参与人是否应当追加起诉以及追加起诉是否应当有时间限制,争议较大。一种观点认为,遗漏集资

参与人往往会导致犯罪数额等案件事实的认定不准确，而认定犯罪事实是定案的基础，在能够纠正或者补救的情况下当然应该追加起诉，故只要在案件一审宣判前，都应当追加起诉，以查明事实，正确定案。另一种观点则认为，遗漏集资参与人是常见现象，而且被遗漏的集资参与人报案等节奏并不一致，如果不时发现被遗漏的集资参与人并追加起诉，将会给案件审判工作带来较大的困扰并会使案件久拖不决。因此，为保证案件审判的顺利进行，对于追加起诉应当设定合理的时间限制，一般应当安排在一审开庭审理前依法进行。对于庭审后遗漏的集资参与人主张权利的，可经办案人员审核确认后，直接参与涉案资产分配。

我们倾向于第二种观点。当前案发的非法集资大案要案，非法集资参与人众多，有的数以万计，实践中因信息不对称等原因遗漏集资参与人在所难免，如要求查清所有的集资参与人才予以开庭审判，既不现实，也有碍诉讼的依法及时进行。况且，因涉案犯罪数额往往特别巨大，即使遗漏了少部分集资参与人，也基本不影响对被告人的定罪量刑。基于此，将追加起诉的时间一般限制在一审开庭审理前，更加合理。同时，为兼顾被遗漏集资参与人的权利，对于庭审后主张权利的，经办案人员审核确认相关材料后，可直接参与涉案资产分配。

十、追缴集资参与人的非法收益及被告人的退赔问题

（一）先期离场集资参与人的违法所得追缴

在非法集资犯罪案件中，因非法集资时间持续较长，往往存在先期集资参与人获取本息后离场的问题，而其中的利息部分又来源于后期的集资参与人投入的资金，那么对已经足额领取本息而先期离场的集资参与人，其所得利息、分红等是否应予追缴？对此，“两高一部”发布的《关于办理非法集资刑事案件适用法律若干问题的意见》作了相关规定，即“向社会公众非法吸收的资金属于违法所得。以吸收的资金向集资参与人支付的利息、分红等回报……应当依法追缴”。但该规定并没有区分集资参与人是否已先期离场，即不管集资参与人是否已经先期离场，只要其获取的利息、分红等源于非法吸收的资金，均应依法追缴。

司法实践中，对于已经先期立场的集资参与人，因实践操作较为困难，对其所得的利息、分红等收益往往无人追缴。我们认为，实践中很多集资参与人是明知非法集资性质而参与，就是意图先期获取好处后及时离场，而且随着非法集资犯罪的发展，这类集资参与人越来越多，这个群体已不单纯是非法集资活动的参与者，在某种意义上对后期的非法集资犯罪起到推波助澜作用。因此，依法惩治非法集资犯罪，不仅要依法打击实施非法集资的犯罪分子，也要依法处置明知非法集资性质而参与其中的获利者，通过司法行为明确“任何人不得从自己的违法行为中获得好处”这一道理，换言之，不能让集资参与人从非法集资中获利，从源头上防止非法集资的发生与蔓延。故此，对于获利后先期离场的集资参与人，应强化措施，依法追缴其利息、分红等收益。

（二）被告人的退赔责任范围

关于非法集资案件被告人的退赔责任，主要争议在于退赔责任承担范围的划定。一种观点认为，被告人应当在其违法所得范围内承担退赔责任。尽管其犯罪行为所造成的损失往往远大于其违法所得，但因为其并没有实际获取，事实上也无力退赔，故让其承担全部退赔责任意义不大。另一种观点则认为，对被告人的违法所得应予追缴，还应对其犯罪行为所造成的损失承担退赔责任。法律既规定追缴被告人的违法所得，亦规定被告人应对其犯罪行为所造成的他人损失承担赔偿责任。

我们倾向于第二种观点。退赔责任应当包括退出违法所得和赔偿因自己的犯罪行为给他人造成的损失。退赔不应受限于被告人的违法所得，其退赔范围应当根据被告人的犯罪行为所造成的损害结果来确定。尽管很多被告人可能无力赔偿，但不能因此而限缩其应该赔偿的范围。实践中，对于退出违法所得以及赔偿其犯罪行为给他人造成的财产损失的，尤其是对于积极退赔的，均作为量刑情节考虑。

江苏省高级人民法院关于印发《江苏省高级人民法院关于环境污染刑事案件的审理指南(一)》的通知

各市中级人民法院,徐州铁路运输法院,各基层人民法院,本院各部门:

为了准确执行《最高人民法院、最高人民检察院关于办理环境污染刑事案件适用法律若干问题的解释》(以下称《解释》),统一裁判尺度,结合全省环境污染刑事案件审判工作实际,制定了《江苏省高级人民法院关于环境污染刑事案件的审理指南(一)》。现予以印发,供全省法院参考。

执行中遇到的问题,请及时报送我院。

江苏省高级人民法院

江苏省高级人民法院关于环境污染刑事案件的审理指南(一)

(2018年6月22日江苏省高级人民法院审判委员会第7次会议通过 2018年7月18日印发)

为了准确执行《最高人民法院、最高人民检察院关于办理环境污染刑事案件适用法律若干问题的解释》(以下称《解释》),统一裁判尺度,结合全省环境污染刑事案件审判工作实际,制定本审理指南,供全省法院参考。

一、实行最严格的环境司法保护制度。坚持绿色发展理念,贯彻落实美丽中国建设要求,加大罚金刑的适用力度,严格非监禁刑适用条件,依法惩治环境污染犯罪,切实保障自然资源和生态环境安全。

二、遵循恢复性司法要求。注重对生态环境的保护和修复,注重惩治、教育和预防相结合,将承担污染治理、补种复绿、增殖放流以及劳务代偿、缴纳修复费用等生态环境修复责任状况作为污染环境罪量刑的重要因素。

三、以下情形为“未取得危险废物经营许可证”:

(一)许可证被吊销、撤销的;

(二)许可证有效期已经届满的;

(三)许可证被收缴、暂扣的;

(四)借用其他单位危险废物经营许可证从事危险废物经营活动的。

以下情形为“超出危险废物经营许可证的经营范围”:

(一)超出许可证规定的危险废物类别的;

(二)超出许可证规定的经营规模的;

(三)在许可证规定的地址之外贮存、处置危险废物的;

(四)擅自改变许可证规定的危险废物经营方式的。

四、为防止污染扩大、消除污染而采取合理措施包括污染场地回填,由此产生的费用属公私财产损失。

五、非法排放含重金属、持久性有机污染物等严重危害环境、损害人体健康的污染物,既有国家污染物排放标准,也有省级人民政府根据《中华人民共和国环境保护法》第十六条第二款制定的地方污染物排放标准,适用地方污染物排放标准。

六、“违法所得”包括违法获利和因非法排污而减少支出的污染治理费用,实际支出的犯罪成本不予扣除。

七、生态环境修复费用,生态环境修复期间服务功能的损失和生态环境功能永久性损害造成的损失,以及其他必要合理费用总额超过 200 万元的,可认定为“生态环境严重损害”。

上述费用总额超过 1 000 万元的,可认定为“生态环境特别严重损害”。

八、直接负责的主管人员和其他直接责任人员,既包括对污染环境行为负有决定、组织、指挥或者管理职责的负责人、管理人员等,也包括明知污染环境仍然实施相关行为的人员。

九、非法排放、倾倒、处置危险废物虽然不足三吨,但危险废物的浓度、毒性远超危险废物鉴别标准和方法所确定的最低标准限值,对生态环境的污染破坏程度明显高于三吨最低标准限值危险废物的,属于《解释》第一条第(十八)项规定的“其他严重污染环境的情形”。

非法排放、倾倒、处置危险废物不足一百吨,但排放物的浓度、毒性远超危险废物鉴别办法所确定的最低标准限值,对生态环境的污染破坏程度明显高于一百吨最低标准限值危险废物的,属于《解释》第三条第(十三)项规定的“其他后果特别严重的情形”。

对上述事项,应当咨询具有相应资质的专业机构或具有专门知识的专业人员,并根据相关计算规则作出的结论,综合专家意见和危害结果予以认定。

十、为了单位利益,实施污染环境行为,并具有下列情形之一的,可以认定为单位犯罪:

(一)由单位决策机构决定的;

(二)经单位主管人员事先同意的;

(三)单位主管人员明知行为人实施上述行为而不加以制止,也未及时采取措施防止损失扩大、消除污染的。

十一、综合考虑污染环境行为的犯罪情节、危害后果、社会影响以及犯罪行为发生后被告人处置、应对情况,正确适用刑罚。对于共同犯罪,应区分各被告人的地位作用,做到宽严得当,努力实现法律效果与社会效果的统一。

十二、构成“严重污染环境”的犯罪行为,量刑起点为有期徒刑一年至一年半;构成“后果特别严重”的犯罪行为,量刑起点为有期徒刑四年。

十三、在量刑起点的基础上,根据污染物种类、排放量、浓度、排放时间、造成的环境污染后果等其他影响犯罪构成的犯罪事实增加刑罚量,调节基准刑。增加刑罚量所确定的基准刑不得超过法定最高刑。

(一)具有《解释》第一条第(二)项规定的情形,每增加二十五吨,增加三个月至六个月刑期确定基准刑;具有《解释》第三条第(二)项规定的情形,

每增加一百吨,增加六个月至一年刑期确定基准刑;

(二)具有《解释》第一条第(三)项规定的情形,每增加五倍,增加三个月至六个月刑期确定基准刑;

(三)具有《解释》第一条第(四)项规定的情形,每增加十倍,增加三个月至六个月刑期确定基准刑;

(四)具有《解释》第一条第(五)项、第(七)项规定的情形,累计时间超过一年,增加三个月至六个月刑期确定基准刑;累计时间超过二年,增加六个月至一年刑期确定基准刑;

(五)具有《解释》第一条第(八)项规定的情形,减少的支出每增加二百万,增加三个月至六个月刑期确定基准刑;

(六)具有《解释》第一条第(九)项规定的情形,数额每增加三十万,增加三个月至六个月刑期确定基准刑;具有《解释》第三条第(五)项规定的情形,每增加一百万,增加六个月至一年刑期确定基准刑;

(七)具有《解释》第一条第(十)项规定的情形,数额每增加三百万元,增加三个月至六个月刑期确定基准刑;具有《解释》第三条第(六)项规定的情形,每增加一千万,增加六个月至一年确定基准刑;

(八)具有《解释》第一条第(十一)项规定的情形,每增加十二小时,增加三个月至六个月刑期确定基准刑;具有《解释》第三条第(一)项规定的情形,每增加十二小时,增加六个月至一年刑期确定基准刑;

(九)每增加《解释》第一条第(一)项至第(十七)项情形中的一项,增加六个月刑期确定基准刑;每增加《解释》第三条第(一)项至第(十二)项情节中的一项,增加一年刑期确定基准刑;

(十)其他可以增加刑罚量的情形。

十四、有下列情形之一的,可增加基准刑的20%以下;同时具有两种以上情形的,可累计增加,但不得超过基准刑的100%,不得高于法定最高刑:

(一)具有《解释》第四条规定的情形之一的;

(二)曾因污染环境、非法捕捞、非法狩猎、走私固体废物、非法采矿、滥砍滥伐林木等破坏生态环境行为受到行政处罚的;

(三)违反国家规定,跨省、市区域排放、倾倒、处置有放射性的废物、含

传染病病原体的废物、有毒物质或者其他有害物质的;

(四)违反国家规定,向省控重点河流、湖泊、灌溉水渠排放、倾倒、处置有放射性的废物、含传染病病原体的废物、有毒物质或者其他有害物质的;

(五)污染环境行为严重影响群众生产、生活的。

已根据以上情形确定量刑起点和基准刑的除外。

十五、有下列情形之一的,可相应减少基准刑:

(一)及时采取应急措施,防止损失扩大,可减少基准刑的20%以下;

(二)积极实施污染治理,消除影响,赔偿损失,可减少基准刑的30%以下;

(三)积极修复生态环境;环境难以修复或修复无实际意义的情况下,已经缴纳生态修复资金或者进行替代性修复,可减少基准刑的50%以下。

十六、量刑情节对基准刑的调节结果在法定最低刑以下,具有法定减轻处罚情节,且罪责相适应的,可以直接确定宣告刑。只有从轻处罚情节的,可以依法确定法定最低刑为宣告刑。

量刑情节对基准刑的调节结果在法定最高刑以上的,可以依法确定最高刑为宣告刑。

十七、在全面把握犯罪事实和量刑情节的基础上严格依照刑法规定的条件适用缓刑、免予刑事处罚。

具有下列情形之一的,不适用缓刑或者免予刑事处罚:

(一)不如实供述罪行的;

(二)不退缴违法所得的;

(三)阻挠环境监督检查或者突发环境事件调查,尚不构成妨害公务等犯罪的;

(四)在医院、学校、居民区等人口集中地区及其附近,违反国家规定排放、倾倒、处置有放射性的废物、含传染病病原体的废物、有毒物质或者其他有害物质的;

(五)在重污染天气预警期间、突发环境事件处置期间或者被责令限期整改期间,违反国家规定排放、倾倒、处置有放射性的废物、含传染病病原体的废物、有毒物质或者其他有害物质的;

（六）具有危险废物经营许可证的企业违反国家规定排放、倾倒、处置有放射性的废物、含传染病病原体的废物、有毒物质或者其他有害物质的；

（七）曾因污染环境、非法捕捞、非法狩猎、走私固体废物、非法采矿、滥砍滥伐林木等破坏生态环境行为受到行政处罚的；

（八）违反国家规定，跨省、市区域排放、倾倒、处置有放射性的废物、含传染病病原体的废物、有毒物质或者其他有害物质的；

（九）违反国家规定，向省控重点河流、湖泊、灌溉水渠排放、倾倒、处置有放射性的废物、含传染病病原体的废物、有毒物质或者其他有害物质的；

（十）污染环境行为严重影响群众生产、生活的。

不具有前款规定的情形且具备下列条件之一，依法判处三年有期徒刑以下刑罚，符合刑法规定的缓刑适用条件的污染环境犯罪分子，可以适用缓刑：

（一）在污染环境犯罪行为被发现之前，主动采取应急措施防止损失扩大，并积极修复环境的；

（二）案件经刑事侦查立案后，采取应急措施，挽回全部损失或基本消除污染影响的；因客观原因导致环境难以全部修复，已经赔偿全部损失和足额缴纳生态修复资金的。

对判处缓刑的，一般应当同时宣告禁止令，禁止其在缓刑考验期内从事与排污有关的活动。

十八、人民法院审理环境污染刑事案件拟适用缓刑或者免予刑事处罚的，可以听取相关机关的意见。对于情节恶劣、社会反映强烈的环境污染犯罪，不得适用缓刑、免予刑事处罚。

适用缓刑或者免予刑事处罚的，应当经审判委员会讨论决定。

十九、依法严格适用罚金刑。确定罚金刑数额应充分考虑以下因素：

（一）污染环境犯罪行为所造成的实际损失；

（二）对环境危害的后果；

（三）被污染环境修复的可能性和难度；

（四）污染情节恶劣程度；

（五）污染环境所造成的社会影响。

单位犯罪的,单位罚金数额应在其违法所得的一至两倍范围内确定;违法所得不确定的,罚金数额可按生态环境修复费用的50%至一倍范围内确定;单位直接负责的主管人员和其他直接责任人员的罚金数额可按案发时上一年度从本单位取得的收入的50%至三倍范围内确定。

个人犯罪的,罚金数额在违法所得的一至二倍范围内确定;无法确定违法所得的,可酌情确定,但不得少于一千元。

被告人积极采取措施防止损失扩大、赔偿损失或者修复生态环境的,可适当减少罚金数额。

二十、本审理指南未规定的其他常见量刑情节,遵照《最高人民法院关于常见犯罪的量刑指导意见》和《江苏省高级人民法院〈人民法院量刑指导意见〉实施细则》执行。

实务探讨

保障公民参审权利　有效推进司法民主

——人民陪审员法重点解读

林文学　姚宝华

2018年4月27日，第十三届全国人民代表大会常务委员会第二次会议审议通过《中华人民共和国人民陪审员法》(以下简称人民陪审员法)，并于同日公布施行。人民陪审员法的出台是中国特色社会主义法治建设的一件大事，也是保障公民民主权利、推进司法民主建设新的里程碑。为深入贯彻落实人民陪审员法，在人民法院审判工作中更好实现人民陪审员制度的功能效果，现就人民陪审员法作如下重点解读。

一、立法背景和起草过程

党的十九大报告强调，要健全人民当家做主制度体系，发展社会主义民主政治。人民陪审员制度是社会主义民主政治的重要内容，是中国特色社会主义司法制度的重要组成部分，也是人民民主在司法领域的重要体现。制定一部专门的人民陪审员法，有利于扩大司法领域的人民民主，切实保障人民群众对审判工作的知情权、参与权、监督权，更好地体现人民当家做主；有利于弘扬社会主义核心价值观和法治精神，促进全民守法、营造依法治国的浓厚氛围；有利于架起人民法院与人民群众的沟通桥梁，形成法官和人民陪审员的优势互补，实现司法专业化判断与群众对公正认知的有机统一，让人民群众在每一个司法案件中感受到公平正义。

人民陪审员法出台之前，我国的人民陪审员制度，是以全国人大常委会

2004年审议通过的《关于完善人民陪审员制度的决定》(以下简称《决定》)为核心,包括人民法院组织法以及民事、刑事、行政诉讼法相关法律规定、司法解释、政策文件所构成的制度体系。长期以来,人民陪审员制度在推进司法民主、促进司法公正、提高司法公信等方面一直发挥着重要作用,但仍存在一些需要改进和完善的地方,如人民陪审员的广泛性和代表性不足,"驻庭陪审、编外法官""陪而不审、审而不议"现象仍然存在,管理机制不健全,履职保障机制不完善等。党的十八届三中全会决定指出,要广泛实行人民陪审员制度,拓宽人民群众有序参与司法的渠道。党的十八届四中全会决定进一步提出,要保障人民群众参与司法,完善人民陪审员制度,扩大参审范围,保障公民陪审权利,完善随机抽选方式,提高人民陪审制度公信度,逐步实行人民陪审员不再审理法律适用问题,只参与审理事实认定问题。这些都为人民陪审员制度改革提出了明确方向和政策要求。

根据中央深改组通过的《人民陪审员制度改革试点方案》(以下简称《试点方案》)和《全国人民代表大会常务委员会关于授权在部分地区开展人民陪审员制度改革试点工作的决定》,2015年5月,最高人民法院和司法部联合发布《人民陪审员制度改革试点工作实施办法》(以下简称《试点办法》),开始了新一轮人民陪审员制度改革试点。为进一步研究解决改革试点中的难点问题,2017年4月,全国人大常委会决定,试点期限延长一年。三年间,各试点法院认真落实党中央决策部署,积极扩大选任范围、完善参审机制、合理区分事实审和法律审、健全保障机制,试点工作成效显著。在试点过程中,有不少人大代表、政协委员、专家学者建议在总结改革试点经验的基础上,制定一部专门的人民陪审员法。在试点过程中,各地法院已经探索出许多可复制、可推广的经验做法,其中所涉主要问题也基本形成共识,特别是试点延期一年的实践中,最高人民法院坚持问题导向,组织试点法院对人民陪审员制度改革中的重点难点问题进行攻关,及时总结经验,适当调整政策,为立法积累了有益经验,立法条件已经具备。基于上述情况,全国人大常委会及时调整立法规划,将制定人民陪审员法提上议事日程。

最高人民法院在总结人民陪审员制度改革试点经验的基础上,深入调查研究,以2004年《决定》为蓝本,全面梳理人民陪审员制度的基本规定和实践经验，拟定了《中华人民共和国人民陪审员法（草案）》，于2017年12月提交第十二届全国人大常委会第三十一次会议初次审议。2018年4月27日，《中华人民共和国人民陪审员法（草案）》经第十三届全国人大常委会第二次会议二次审议后通过，并于通过之日起公布实施。

二、立法的基本原则

（一）充分保障人民群众参与司法的民主权利

宪法规定，人民依照法律规定，通过各种途径和形式，管理国家事务，管理经济和文化事业，管理社会事务。党的十九大报告强调，要体现人民意志、保障人民权益，激发人民创造活力，用制度体系保证人民当家做主。经过法定的选任条件和程序，担任人民陪审员参与司法事务的管理是公民的一项重要民主权利，人民陪审员法从不同角度对公民的该项权利给予充分保障。人民陪审员法第二条规定，公民有依法担任人民陪审员的权利和义务；人民陪审员依照本法产生，依法参加人民法院的审判活动，除法律另有规定外，同法官有同等权利。第三条规定，人民陪审员依法享有参加审判活动、独立发表意见、获得履职保障等权利。第四条规定，人民法院应当依法保障人民陪审员履行审判职责；人民陪审员所在单位、户籍所在地或者经常居住地的基层群众性自治组织应当依法保障人民陪审员参加审判活动。

（二）坚持人民陪审员选任的广泛性和代表性

人民陪审员的选任应当注意吸收普通群众，兼顾社会各阶层人员的结构比例，注意吸收社会不同行业、职业、年龄、民族、性别的人员，实现人民陪审员的广泛性和代表性。按照《试点方案》的要求，推行人民陪审员选任的“一升一降”（提升年龄、降低学历）和“三次随机”（随机抽选人民陪审员候选人、随机抽选确定人民陪审员人选、随机抽取人民陪审员审理具体案件），主要就是为了体现人民陪审员选任的广泛性和代表性，并已取得预期效果。因此，人民陪审员法将这些要求予以明确规定，但考虑到部分地方选任上的实际困难，仍然保留一定比例的个人申请和组织推荐产生人民陪审员的方式。

（三）强调充分发挥人民陪审员的参审作用

人民陪审员法以解决“陪而不审、审而不议”问题，充分发挥人民陪审员的实质参审作用为导向,合理界定人民陪审员参审范围,明确人民陪审员参与案件审理的程序和要求;妥善区分事实审和法律审,在七人合议庭中,实行人民陪审员不再审理法律适用问题,只参与审理事实认定问题;同时加大审判长对人民陪审员的指引、提示力度,强调法官对人民陪审员行使权利的保障义务,但不得影响人民陪审员的独立判断。

三、主要内容

(一)改革和完善选任制度

一是放宽选任入口。人民陪审员法在总结改革试点经验的基础上,将学历要求从原有的大专以上降低到一般具有高中以上文化程度,让更大范围的群众有机会选任为人民陪审员。同时,法官员额制改革后,实践中担任员额法官的年龄一般需要28周岁以上(本科毕业23岁左右,从事法律工作5年以上),并考虑到提高年龄要求有利于更好地发挥人民陪审员富有社会阅历、了解社情民意的优势,将担任人民陪审员的年龄从23周岁提高到28周岁。

二是改革选任机关。《试点方案》和《试点办法》要求人民法院会同同级司法行政机关开展人民陪审员选任工作。试点过程中,法院内外均有同志提出,为了实现选用分离,确保选任的随机性和公正性,建议将人民陪审员选任工作交由司法行政机关负责。立法机关综合各方意见,对此项内容作出较大调整,将选任工作交由司法行政机关牵头负责,建立司法行政机关选荐、人大任命、法院使用的工作机制。人民陪审员法第九条规定,司法行政机关会同基层人民法院、公安机关,从辖区内符合条件的常住居民名单中随机抽选拟任命人民陪审员数五倍以上的人员作为人民陪审员候选人,对人民陪审员候选人进行资格审查,征求候选人意见。

三是改革选任方式。《试点方案》和《试点办法》要求陪审员全部随机抽选产生,在实践中产生了不少争议。部分全国人大代表和不少地方法院都主张保留个人申请和组织推荐方式。立法机关采纳该意见,在人民陪审员法第十一条规定,因审判活动需要,可以通过个人申请和所在单位、户籍所在地或者经常居住地的基层群众自治性组织、人民团体推荐的方式产生人民陪审员候选人，经司法行政机关会同基层人民法院、公安机关进行资格审查，确定人民陪审员人选，但该部分人民陪审员不得超过人民陪审员名额数的五分之一。

（二）合理界定并适当扩大案件参审范围

通过合理界定人民陪审员参审案件的范围，既要让陪审制度在国家治理和司法体系中发挥应有作用，又要解决实践中长期存在的“陪而不审、审而不议”等问题。

1. 细化并扩大案件参审范围

人民陪审员法第十五条为参审范围的一般规定，即涉及群体利益、公共利益，人民群众广泛关注或者其他社会影响较大，案情复杂或者有其他情形，需要由人民陪审员参加审判的第一审刑事、民事、行政案件，均应当适用陪审制，但法律规定由法官独任审理或者由法官组成合议庭审理的除外。其中，“涉及群体利益、公共利益”和“人民群众广泛关注或者其他社会影响较大”是对2004年《决定》第二条第一项“社会影响较大的刑事、民事、行政案件”的进一步细化，使审判实践中的可操作性大大增强；“案情复杂或者有其他情形，需要由人民陪审员参加审判的”，是新增加的内容，主要是针对未成年人犯罪、民间纠纷、婚姻家庭纠纷等案件，因案情复杂，或者涉及当地习俗、熟人纷争、矛盾比较尖锐，人民陪审员参与进来，利用其了解社情民意、富有社会阅历，擅长事实认定、善于调处矛盾的优势，可以尽快查清事实，有效化解矛盾，提高法院裁判的公信力。

2. 明确七人合议庭的案件参审范围

人民陪审员法第十六条将部分案件类型从第十五条中分离出来，明确为七人合议庭的案件参审范围。

第一类是社会影响重大的可能判处十年以上有期徒刑、无期徒刑、死刑的刑事案件。与《试点方案》和《试点办法》相比，社会影响重大的死刑案件列入了参审范围，是人民陪审员法的一大亮点，对于促进死刑制度的进步具有重要意义。但是，那种认为根据2004年《决定》或者《试点办法》，人民陪审员原来都不能参与死刑案件审理的认识是不全面的，2004年《决定》仅是明确社会影响较大的案件应当适用陪审制。原来的实践中，社会影响较大的死刑案件是适用陪审制的，只不过一般是由一名陪审员或两名陪审员与法官组成三人合议庭审理。试点过程中，考虑到死刑案件的特殊性，《试点办法》没有规定死刑案件必须适用陪审制审理，但是，只要案件属于“涉及群体利益、社会公共利益，人民群众广泛关注或者其他社会影响较大的”范畴，有可能判处死刑的，也可以适用陪审制。因此，人民陪审员法不是增加了死刑案件的适用，而是进一步明确了适用七人合议庭审理死刑案件的范围。根据人民陪审员法，如果属于社会影响重大的死刑案件应当组成七人合议庭审理，如果是社会影响较大的属于第十五条规定的案件类型，则应当适用三人合议庭审理。

第二类是根据行政诉讼法和民事诉讼法提起的公益诉讼案件。据此，今后人民检察院、法律规定的机关和有关组织提起的公益诉讼，都必须适用七人合议庭审理。在人民陪审员法起草过程中，有意见认为，根据民事诉讼法和行政诉讼法提起的公益诉讼并不都是社会影响重大的案件，为了节省陪审资源，不宜都适用陪审制。公益诉讼就是对损害社会公众利益或者国家利益提起的民事或行政诉讼，特别是检察公益诉讼，在民事领域是相关组织不起诉的情况下，才由检察机关提起的，且一般都由中级人民法院一审；在行政领域是在立案调查、发出检察建议后，相关行政机关仍不纠正的情况下，才提起的诉讼。这些案件的社会影响重大，尤其是人民检察院提起的行政公益诉讼，涉及群体性利益和行政机关的规范执法等问题，让人民陪审员参与案件审理，有利于督促行政机关更好地依法行政，也有利于提高司法公信力。况且，这类公益诉讼的数量还相对有限。据初步统计，2015年7月1日至2017年6月30日试点结束，全国法院共受理检察机关提起的公益诉讼案件1 126件，审结938件。民事诉讼法和行政诉讼法修改后，2017年7月1日至2017年12月31日，全国法院共受理检察机关提起的公益诉讼案件257件，审结53件。显然，这类案件的数量并不大，且没有逐步增加的趋势。

第三类是涉及征地拆迁、环境保护、食品药品安全的社会影响重大的案件。近些年来，随着我国市场经济的发展，城市规模不断扩大，引发了一些社会影响重大的拆迁纠纷，对于这类案件，让陪审员和法官组成七人合议庭审理，有利于促进司法公开、增强司法公信，也有利于矛盾纠纷的化解。生态环境问题是指人类为其自身生存和发展,在利用和改造自然的过程中,对自然环境破坏和污染所产生的危害人类生存的各种负反馈效应。我国环境保护法从法学角度对环境下了定义:“本法所称环境,是指影响人类生存和发展的各种天然的和经过人工改造的自然因素的总体,包括大气、水、海洋、土地、矿藏、森林、草原、野生生物、自然遗迹,人文遗迹、风景名胜区、城市和乡村等。”“生态环境”的范畴确定以后,对于何谓涉及生态环境保护的社会影响重大案件,也就比较好判断了。这里需要注意的是,此类案件有可能也属于本条第二项规定的公益诉讼案件。食品和药品安全是涉及国计民生的大事,近些年人民群众饮食用药安全越来越引起全社会的重视,一些重大的食品药品安全案件,如世纪之交的龙胆泻肝丸事件,2008 年举世震惊的三鹿奶粉案等,在一定程度上促进了食品和药品安全立法进程。2015 年国家对药品管理法进行修改,对食品安全法进行了重大修订,重典治乱,强化了责任追究。同样,涉及食品药品安全的社会影响重大案件与公益诉讼案件有重合问题,但这并不影响人民法院依法组成合议庭对案件进行审理。

第四类是其他社会影响重大的案件。这是一个兜底条款,前三项没有穷尽列举时,新出现的案件类型可以通过此项涵盖。实践中新出现其他类型的社会影响重大案件,人民法院可以直接适用该项进行审理,最高人民法院也将在调研的基础上适时通过司法解释予以规范。这里需要强调的是,公众舆论和舆情炒作不是社会影响较大和社会影响重大的判断标准,社会舆情不能影响司法公正,法官也有义务不受社会舆情的左右。合议庭组成是人民法院依职权的行为,社会影响重大的标准应由人民法院作出认定。

除了上述规定,参审范围还包括当事人申请适用的案件。

(三)增设七人合议庭,事实审和法律审适当分离

为了贯彻党的十八届四中全会逐步探索实行人民陪审员不再审理法律适用问题,只参与审理事实认定问题的精神,人民陪审员法规定人民陪审员参加的合议庭组成采用两种模式:一是原有的三人合议庭继续保留,二是增设七人合议庭。之所以没有选择五人或九人及以上的合议庭组成模式,主要是考虑到在区分事实审和法律审的前提下,采用五人合议庭,法官人数至少要保证三人,人民陪审员则仅有两人,在合议庭内人数较少,难以发挥有

效、实质参审的应有作用。采用七人合议庭,一方面七人合议庭已能满足审理重大案件的需要,法庭设施也不需要大规模改造;另一方面七人合议庭中人民陪审员四人和法官三人,数量配比相对平衡。如果合议庭人数为九人及以上,既会加剧人民法院“案多人少”的矛盾,加大陪审成本,又会影响审判活动的效率。

在三人合议庭中,以不区分事实审与法律审为宜,人民陪审员与法官有同等权利;对一些社会影响重大的案件,由三名法官和四名人民陪审员组成七人合议庭,人民陪审员在法官的指引下只参与审理事实认定问题,不审理法律适用问题。因此,人民陪审员法第二十一条、第二十二条对三人合议庭与七人合议庭的评议规则分别作出规定,三人合议庭不区分事实审和法律审,七人合议庭审判案件时,人民陪审员只参与审理事实认定问题,不参与审理法律适用问题。

在人民陪审员法的起草过程中,有意见对三人合议庭不区分事实审和法律审,而七人合议庭区分事实审和法律审提出质疑,认为三人合议庭中人民陪审员能审理法律适用问题,七人合议庭中不能审理法律适用问题,法理不通,且有违人民陪审员与法官有同等权利的规定。笔者认为,这种认识看似有一定道理,但没有真正理解该制度设计的内涵。人民陪审员法在合理界定参审范围的前提下,有些案件的法律适用问题相对简单,甚至事实问题确定了法律适用问题也就解决了,人民陪审员既可以有效地确定事实问题,也可以有效地确定法律适用问题,此时,人民陪审员一人或二人与法官组成三人合议庭,以不区分事实审与法律审为宜,人民陪审员与法官有同等权利。比如,民间借贷案件,如果借贷事实能够成立,归还本金及利息的法律适用问题也就自然解决;物权返还纠纷,物权的权属确定了,物权返还的法律请求自然成立。也就是说,此类案件,人民陪审员不需要具备特定的法律知识,基于普通人对生活实际的理解、法律的理解,对法律问题的判断与法律规定及法官的职业判断是一致的,此时,法理与情理是完全一致的。而有些社会影响重大的案件疑难复杂,人民陪审员在法官的指引下有能力确定事实认定问题,但法律适用问题是其能力所不及的,此时组成人民陪审员占多数的七人合议庭,对事实审与法律审加以区分更为合适。例如,社会影响重大的团伙犯罪案件,人民陪审员对具体的犯罪事实可以作出认定,但对于主犯从犯之间的关系,各自所应当承担的责任,可能无从发表意见。七人合议庭与三人合议庭看似有区别,本质上都体现了人民陪审员参与司法的有效性。

(四)完善参审和评议程序

一是明确了法官的指引、提示义务。人民陪审员法第二十条规定,审判长应当履行与案件审判相关的指引、提示义务,但不得妨碍人民陪审员对案件的独立判断。合议庭评议案件,审判长应当对本案中涉及的事实认定、证据规则、法律规定等事项及应当注意的问题,向人民陪审员进行必要的解释和说明。至此,我国法官对人民陪审员的指引制度正式确立。指引、提示义务主要体现在案件审理过程中,而在案件评议过程中,审判长则负有解释、说明义务。实践中,案件开庭前,审判长可以将庭前准备程序的有关情况整理成书面指引提纲,提纲内容包括原告方的起诉要点和被告方的答辩要点、初步的争议焦点,以便人民陪审员从参与之时就明确其需要作出事实认定判断的范围,有针对性地阅卷、准备庭审提问等。合议庭评议时,审判长应当对本案中涉及的事实认定、证据规则、法律规定等事项及应当注意的问题,向人民陪审员进行必要的解释和说明,必要时可以书面形式列出案件事实问题清单。

二是明确了合议庭成员分歧时的处理规则。人民陪审员法第二十三条规定,合议庭评议案件,实行少数服从多数原则;人民陪审员同合议庭其他成员意见分歧的,应当将其意见写入笔录;合议庭组成人员意见有重大分歧的,人民陪审员或者法官可以要求合议庭将案件提请院长决定是否提交审判委员会讨论决定。这一规定赋予了法官和人民陪审员对等的审判权力,同时又可以最大限度保证案件审理的质量和效率。

(五)加强履职保障

一是建立人民陪审员宣誓制度。为推进司法民主,增强人民陪审员履行职务的使命感、责任感和荣誉感,人民陪审员法在第十二条就人民陪审员的宣誓作出特别规定。人民陪审员宣誓制度的建立是对宪法权威、民主意识、契约精神的推崇,更能彰显我国人民陪审员制度的民意基础,但这里要注意将其与宪法宣誓相区别。宪法宣誓制度是指经人大及其常委会选举或者决定任命的国家工作人员正式就职时应当公开向宪法宣誓。人民陪审员虽然经人大常委会任命,但不属于国家工作人员,为避免产生歧义,根据人民陪审员制度特点将宣誓明确为“就职宣誓”。

二是完善了人民陪审员任期的规定。人民陪审员法第十三条规定,人民陪审员的任期为五年,一般不得连任。之所以规定“一般不得连任”,是为了使更多的公民有机会成为人民陪审员参与到司法事务中来。同时,“一般不得连任”是指大多数情况下不得连任,特殊情况下是可以连任的,例如,通过随机抽取再次被选中,个人申请和组织推荐的人民陪审员再次提出申请或者被推荐,或是随机抽取的人民陪审员通过个人申请或组织推荐再次成为人民陪审员。另外,一般情况下,间隔一段时间后再担任人民陪审员是可以的,但是间隔时间太短,比如间隔半年或一年又再次被选任为人民陪审员的,形成了实质上的连任,这与“一般不得连任”的精神是不一致的。

三是设立参审案件数量上限。为了有效防止“驻庭陪审员”“编外法官”的出现,设定每位人民陪审员的年度参审案件数量上限是有必要的。因此,人民陪审员法第二十四条还规定,人民法院应当结合本辖区实际情况,合理确定每名人民陪审员年度参加审判案件的数量上限,并向社会公告。本条执行过程中,应当落实好广泛参审和均衡参审要求,结合本地区人民陪审员人数、陪审制合议庭组成模式、辖区面积等因素科学合理测定案件数量的上限,并及时以适当形式向社会公告,接受全社会的监督。

四是完善退出和惩戒机制。人民陪审员法第二十七条基本保留了《决定》第十七条的规定,列明免除人民陪审员职务的情形,对本人申请辞去职务情形限定为“因正当理由”,同时参考《试点办法》相关内容,规定人民陪审员有该条第一款第三项、第四项所列行为,可以采取通知其所在单位、户籍所在地或者经常居住地的基层群众性自治组织、人民团体,在辖区范围内公开通报等措施进行惩戒,构成犯罪的,依法追究刑事责任。

五是加强人民陪审员的人身安全和住所安全保护。解决人民陪审员履职的后顾之忧,建立起对人民陪审员包括人身、住所安全保障在内的一系列履职保障制度,是吸引更广大的人民群众参与到司法审判,树立起人民陪审员对这一制度信心的重要方面。为此,人民陪审员法在第二十八条明确规定,人民陪审员的人身和住所安全受法律保护;任何单位和个人不得对人民陪审员及其近亲属打击报复;对报复陷害、侮辱诽谤、暴力侵害人民陪审员及其近亲属的,依法追究法律责任。

六是明确人民陪审员所在单位的保障责任。通过立法形式对人民陪审员的履职过程给予保障,能够为解决工审矛盾提供法律制度层面的支持,确保人民陪审员的参审积极性。人民陪审员法第二十九条规定,人民陪审员参加审判活动期间,所在单位不得克扣或者变相克扣其工资、奖金及其他福利待遇。同时明确"人民陪审员所在单位违反前款规定的,基层人民法院应当及时向人民陪审员所在单位或者所在单位的主管部门、上级部门提出纠正意见"。实践中,如人民陪审员认为其所在单位出现违反本条第一款规定的行为时,应当首先向所在基层人民法院提出,并提供必要的证据予以佐证。人民法院应当对相关情况进行审查核实后,通过发出司法建议等方式向人民陪审员所在单位或者主管部门、上级部门提出纠正意见。

七是统一了参审补助标准。人民陪审员法对人民陪审员的参审补助作出重大调整,不再区分有无固定收入,统一了参审补助标准。人民陪审员法在第三十条第一款明确"人民陪审员参加审判活动期间,由人民法院依照有关规定按实际工作日给予补助"。从理论上来讲,陪审员参加审判是履行公民义务,身份上既不是国家公务员,也没有与人民法院建立雇佣或劳动关系,其获得的补助不是工资性收入,性质上属于劳务费,是劳务报酬的一种。本法规定了陪审员参加陪审案件数量的年度上限,以后一个陪审员每年参加审理的案件数量不会太多,也不存在劳务取酬过多的问题。最高人民法院、财政部、司法部将尽快出台文件进一步明确具体的补助标准。

(六)新旧法律的衔接

人民陪审员法自 2018 年 4 月 27 日公布之日起施行,2004 年《决定》同时废止,这就带来新旧法律的衔接问题。实践中需要注意以下两个方面。

第一,人民陪审员法仅适用于法律施行后受理的第一审刑事、民事、行政案件,人民陪审员法施行前受理的第一审刑事、民事、行政案件,人民陪审员参加的审判活动继续有效。例如,公益诉讼案件,根据 2004 年《决定》和相关司法解释,可以适用陪审制审理,也可以不适用陪审制审理,但根据新法都应当适用陪审制七人合议庭审理,因此,对于新法施行前已经受理的案件,可以由已经组成的合议庭继续审理,人民陪审员参与的活动继续有效。

第二,关于原有人民陪审员的去留问题。为确保审判活动的正常进行,人民陪审员法施行前已经任命的人民陪审员继续任职,任期届满后自动免除职务。对不符合人民陪审员法规定的选任条件的人民陪审员,应当提请同级人民代表大会常务委员会免除其人民陪审员职务。这里说的不符合选任条件,主要是指人民陪审员法第六条和第七条规定的不能和不得担任人民陪审员的情形,其中主要是与2004年《决定》相比增加的限制条件,比如,是监察委员会的工作人员,正在担任公证员、仲裁员、基层法律服务工作者的,被开除公职的,被吊销律师、公证员执业证书的,被纳入失信被执行人名单的,有其他严重违法行为可能影响司法公信的。对于根据2004年《决定》选任的二十三周岁以上,现在仍未满二十八周岁的人民陪审员,应当允许其继续任职到五年期满。另外,在本法实施后中级人民法院不再单独选任人民陪审员,此前根据2015年《试点办法》或者工作需要选任的人民陪审员可以继续任职,参加审理中级人民法院的案件,在任期届满后职务自动免除。中级人民法院审理第一审案件,需要人民陪审员参与审理的,可以在原选任的人民陪审员名单中随机抽取,也可以根据工作需要在辖区基层人民法院人民陪审员名单中随机抽取。

(作者单位:最高人民法院)

人民陪审员法第十六条第一项理解之我见

姚宝华

2018 年 4 月 27 日,人民陪审员法经第十三届全国人大常委会第二次会议审议通过并公布施行。人民陪审员法第十六条第一项规定,可能判处十年以上有期徒刑、无期徒刑、死刑,社会影响重大的第一审刑事案件,由人民陪审员四人和法官三人组成七人合议庭进行。司法实践中,对于该项的理解产生较大分歧,有的认为,只要可能判处十年以上有期徒刑、无期徒刑、死刑的案件都必须适用七人合议庭审理;有的认为,只要所涉罪名法定刑在十年以上的,都应当适用七人合议庭审理;还有的认为,只要当事人或律师认为案件社会影响重大,且可能判处十年以上刑罚,人民法院就应当适用七人合议庭审理。笔者认为,根据立法原意,正确理解适用该条款要从以下几个方面把握:

一、适用该项的案件必须是第一审刑事案件

人民陪审员法第十五条、第十六条均明确,由人民陪审员和法官组成合议庭审判的案件范围限于第一审刑事、民事、行政案件,二审案件均不适用陪审制。受理一审刑事案件的法院,既可以是基层人民法院,也可以是中级人民法院或高级人民法院。根据最新修改的刑事诉讼法,最高人民法院审判第一审案件,由审判员组成合议庭。可能有人会有疑问,为什么只有一审案件适用陪审制?因为人民陪审员参加一审案件的审判,主要是发挥其熟悉社情民意、富有社会阅历,长于事实认定的优势,二审案件、再审案件以及发回一审重审案件,都不是第一次审理的案件,很多事实和法律问题已经固定,且交织在一起,已经变得较为复杂,对于人民陪审员这些非法律专业人士来说,很难充分发挥实质参审作用。因此,为了稳妥起见,也为了合理利

用有限的陪审资源,原则上只有新受理的一审案件适用陪审制,二审案件、再审案件、发回一审法院重新审理的案件不适用陪审制。

二、必须是“社会影响重大”的可能判处十年以上有期徒刑、无期徒刑、死刑的案件,才可以适用七人合议庭审理

认为只要“可能判处十年以上有期徒刑、无期徒刑、死刑”的案件都应适用七人合议庭审理的观点是不准确的。陪审制的运行成本本身就很高,组成七人合议庭相应的成本更高,应保证把这部分陪审力量用到与广大人民利益息息相关,对社会影响重大的案件中去。因此,全国人大常委会在起草该条款时,将这几类案件限定为“社会影响重大”加以控制,以合理限定七人合议庭的适用范围。由全国人大常委会部分参与立法的同志撰写的《中华人民共和国人民陪审员法释义》一书认为,“社会影响重大”的认定要与特定案件涉及人数的多少、人民群众是不是广泛关注,是不是影响到国计民生、社会稳定、公共安全或社会特定群体的利益等因素密切相关。是否具有重大的社会影响,由人民法院根据具体案件进行判断,如食物中毒事件,如果发生在学校,涉及的人数众多,就应当认定为具有重大的社会影响;但若发生在自己家里,只涉及几个人,且没有造成什么身体损害,就不能认定为具有重大社会影响。这里还要强调一点,即公众舆论和舆情炒作不是社会影响重大与否的判断标准,社会舆情不能影响司法公正,是否属于“社会影响重大”,应由人民法院作出认定,这也是法院依法独立行使审判权的重要内容。

三、关于“可能判处十年以上有期徒刑、无期徒刑、死刑”的认定和把握

“可能判处十年以上有期徒刑、无期徒刑、死刑”要根据人民检察院起诉书并综合案件实际情况,由人民法院作出判断。一般情况下,中级法院、高级法院审理的一审刑事案件属于可能判处无期徒刑、死刑的案件,如果同时“社会影响重大”,应当组成七人合议庭审理。对于有些案件即使人民检察院认为可能被判处十年以上有徒刑,如果基层法院认为有法定和酌定情形,可能不会被判处十年以上有期徒刑,可以决定不组成七人合议庭审理。这里需要特别注意的是,可能判处十年以上有期徒刑、无期徒刑、死刑,是指实际结果上有可能被判处十年以上有期徒刑、无期徒刑、死刑,不是指公诉到法院时涉案罪名可能判处十年以上有期徒刑、无期徒刑、死刑。当然,这些案件,不适用七人合议庭审理,如果符合人民陪审员法第十五条的条件,可以由人民陪审员和法官组成三人合议庭审理。

四、要强调合议庭组成属于人民法院依职权决定的事项

人民法院根据法律规定组成合议庭属于人民法院职权范畴,是人民法院独立行使审判权的原则之一。一个案件是否应当适用陪审制由人民法院决定,人民法院决定适用陪审制后,是组成三人合议庭,还是组成七人合议庭审理,依然由人民法院依职权决定,当事人无权就合议庭组成本身要求复议,或提起上诉;当然对于合议庭的具体成员,包括法官和人民陪审员,当事人有提出回避的权利。如果实践中有当事人或律师提出,案件不应由三人合议庭而应当由七人合议庭审理,因不属于回避权利的行使,无须提请院长决定,主持庭审的审判长可以直接决定是否驳回当事人的申请。有观点认为,如果当事人认为合议庭组成不合法,可以提出上诉。笔者认为,审判组织不合法,主要指人民陪审员独任审理,应当组成合议庭审理的案件采用独任制审理,变更合议庭组成未通知当事人等情形;也就是说,合议庭组成违反了法律的明确规定,才构成合议庭组成不合法。可能判决十年以上有期徒刑、无期徒刑、死刑并且社会影响重大,这两方面的内容都不能完全具体量化,这实质上有赖于法官的内心判断,因此就给予了人民法院一定范围内的自由裁量权。由此,笔者认为,在一般情况下,一审中当事人不得就陪审制中应当组成三人合议庭还是七人合议庭提出异议,即使提出上诉,二审法院也不应支持。

(作者单位:最高人民法院)

审理组织、强迫、引诱、容留、介绍卖淫等刑事案件若干疑难问题探讨

——基于对《最高人民法院、最高人民检察院关于办理组织、强迫、引诱、容留、介绍卖淫刑事案件适用法律若干问题的解释》的再次解读

陆建红*

2017年7月21日,最高人民法院、最高人民检察院联合公布了《关于办理组织、强迫、引诱、容留、介绍卖淫刑事案件适用法律若干问题的解释》(以下简称《涉卖淫刑案解释》),自2017年7月25日起施行。为配合该《涉卖淫刑案解释》的实施,起草小组成员撰写了相关理解适用文章。[①]《涉卖淫刑案解释》实施以来,总的来看,大家基本能正确理解和运用。但仍有不少地方法院的同志来电、来信咨询有关问题,表达了对审理组织、强迫、引诱、容留、介绍卖淫等刑事案件有关问题的不同看法。此外,确实还有一些问题,《涉卖淫刑案解释》并未涉及,也有些问题,由于过于细小琐碎,《涉卖淫刑案解释》的理解适用文章未能顾及。基于这些原因,笔者拟以刑法和《涉卖淫刑案解释》的有关规定为指导,结合刑法学的基本原理,对办理组织、强迫、引诱、容留、介绍卖淫等刑事案件中的若干疑难问题,谈点个人看法。

一、协助组织卖淫罪的入罪标准如何掌握?协助组织卖淫犯罪中是否可区分主从犯?

协助组织卖淫罪与组织卖淫罪是两个密切关联的犯罪。从本质上说,

* 陆建红,最高人民法院刑事审判第四庭审判长,二级高级法官,第二届全国审判业务专家。

① 参见周峰、党建军、陆建红、杨华:《〈关于办理组织、强迫、引诱、容留、介绍卖淫刑事案件适用法律若干问题的解释〉的理解与适用》,载《人民司法》2017年第25期。

大多数协助组织卖淫行为属于组织卖淫共同犯罪从犯的性质，但也有部分行为人成立专门的培训机构、运输组织等，专门从事协助组织卖淫的行为，这部分行为的独立性就非常强，将其以组织卖淫罪的从犯处理，不符合这类行为的本质。因此，1997年刑法单独规定了协助组织卖淫罪。这说明，这类行为有具体的罪状和单独的法定刑，应当确定为独立的罪名，适用单独的法定刑处罚，不再适用刑法关于从犯的处罚原则。《涉卖淫刑案解释》第四条第一款也对协助卖淫罪的概念和处理原则作了明确规定："明知他人实施组织卖淫犯罪活动而为其招募、运送人员或者充当保镖、打手、管账人等的，依照刑法第三百五十八条第四款的规定，以协助组织卖淫罪定罪处罚，不以组织卖淫罪的从犯论处。"据此，对协助组织卖淫罪的入罪标准，可分两种情况。(1)作为组织卖淫从犯性质的协助组织卖淫行为，其入罪标准依托于组织卖淫行为是否构成犯罪。只有在组织卖淫行为构成犯罪的前提下，协助组织行为才构成协助组织卖淫罪。最高人民检察院、公安部于2017年4月27日发布的《关于公安机关管辖的刑事案件立案追诉标准的规定(一)的补充规定》第十二条规定："在组织卖淫的犯罪活动中，帮助招募、运送、培训人员3人以上，或者充当保镖、打手、管账人等，起帮助作用的，应予立案追诉。"同时，要注意正确适用《涉卖淫刑案解释》第四条第二款关于"在具有营业执照的会所、洗浴中心等经营场所担任保洁员、收银员、保安员等，从事一般服务性、劳务性工作，仅领取正常薪酬，且无前款所列协助组织卖淫行为的，不认定为协助组织卖淫罪"的规定。(2)相对独立于组织卖淫犯罪的协助组织卖淫行为，如成立专门的培训机构、运输组织等，对这类行为，《涉卖淫刑案解释》没有明确其入罪标准。我们认为，可以参照组织卖淫罪的人数标准，即培训三人或运输三人以上的，构成协助组织卖淫罪。其理由，一是这一类型的协助组织卖淫犯罪，与前述类型的协助组织卖淫犯罪相比，其社会危害性更大。而且，由于该类型犯罪本身具有一定的组织性，侦查难度也更大，犯罪行为人的人身危险性更大，主观恶性也更深，因此，参照组织卖淫罪的入罪标准，只会有利于被告人，而不会对被告人处以偏重的刑罚。二是《涉卖淫刑案解释》第五条规定的协助组织卖淫罪"情节严重"的情形，除非法获利以组织卖淫罪"情节严重"的一半即五十万元为标准外，其他标准与组织卖淫罪"情节严重"的标准完全一致。

另外,刑法专门规定了协助组织卖淫罪以后,并不影响组织卖淫共同犯罪中根据案件事实可以区分主从犯;同样,协助组织卖淫罪本身也有主从犯之分,如有的犯罪分子成立专门的运送卖淫女团伙,在团伙内部就有主从犯之分。概言之,只要是共同故意犯罪,都可能存在主从犯的问题。

实践中,要注意区别组织卖淫罪与协助组织卖淫罪。不能把组织卖淫犯罪中的从犯,一律简单地认定为协助组织卖淫罪犯。要严格按照刑法和《涉卖淫刑案解释》规定的构成要件,准确认定协助组织卖淫罪。实践中容易出现的误区是,主犯设置了组织卖淫的场所,而帮助主犯管理的人员处于帮助地位,因而认定为协助组织卖淫罪。例如,某法院审理的被告人胡某等八人协助组织卖淫案,余某某(另案处理)于2016年8月3日与某公司签订承包地下停车场协议,后利用该场所从事组织卖淫嫖娼的活动。余某某为老板,被告人胡某为执行经理负责日常管理,被告人夏某某负责收银,被告人方某、李某、张某、吴某某、严某某等营销人员通过网站、QQ、微信等方式发布招嫖信息,并将嫖客带到某俱乐部,再由被告人龙某某进行确认嫖客身份后将嫖客带入卖淫场所,方某等营销人员再行安排房间让嫖客和卖淫人员进行卖淫嫖娼活动。嫖娼按照事先规定进行分成。2016年8月30日晚,公安人员查获了本案,当场抓获卖淫嫖娼人员5对10人。公诉机关以协助组织卖淫罪提起公诉,法院以对胡某等八名人员均以协助组织卖淫罪定罪处罚。我们认为,本案中,除胡某以外的被告人,其行为性质认定为协助组织卖淫罪均没问题。但胡某虽然地位上次于另案处理的余某某,其行为却应当认定为组织卖淫罪。因为其在余某某为首的卖淫犯罪团伙中担任了执行经理的角色,所负责的是日常管理,而不是充当保镖、打手、管账人等角色,也不是实施帮助招募、运送人员等处于协助地位的行为,其行为本质上属于管理和控制卖淫人员的行为,因此,应当认定为组织卖淫罪。

二、组织卖淫等涉卖淫类犯罪的既未遂如何界定

有同志提出,行为人实施组织卖淫或者容留卖淫、介绍卖淫等犯罪时,卖淫嫖娼人员的性交易正在进行甚至还未开始时,即被公安机关查获,此

时,组织、容留、介绍卖淫行为是犯罪既遂还是犯罪未遂?我们认为,组织、容留、介绍卖淫以其组织、容留、介绍行为的实施为犯罪既未遂界限,即只要组织、容留、介绍行为实施完毕,就处于犯罪既遂状态。至于卖淫人员与嫖客是否实际进行了卖淫嫖娼违法活动以及卖淫嫖娼活动是否处于结束状态,都不影响组织、容留、介绍卖淫行为的既遂状态成立。其理由是:(1)涉卖淫类刑事犯罪属于妨害社会管理秩序的犯罪,其犯罪客体是社会管理秩序及社会风尚,刑法惩处的是组织、容留、介绍卖淫犯罪行为本身,而不是卖淫嫖娼行为。因此,以组织、容留、介绍等行为完成状态作为此类犯罪的既未遂界限符合立法目的。(2)有利于突出打击重点。刑法打击的重点不在于卖淫嫖娼行为本身,而在于组织卖淫等犯罪行为。而且,在我国,卖淫嫖娼行为除故意传播性病外,其本身并不构成犯罪,如果将组织、容留、介绍卖淫犯罪的既遂标准推后到卖淫嫖娼行为完成时,无疑会在一定程度上放纵犯罪,不利于准确、严厉地打击犯罪。

协助组织卖淫是组织卖淫行为的帮助犯,有独立的犯罪构成,独立的法定刑。因此,其定罪有自身的标准,其量刑也有自己的幅度范围,其既遂问题也有自己的标准。判断协助组织卖淫行为是否既遂,是行为人是否实施了协助组织卖淫的行为。根据《涉卖淫刑案解释》第四条的规定,协助组织卖淫行为是指明知他人实施组织卖淫犯罪活动而为其招募、运送人员或者充当保镖、打手、管账人等行为。因此,行为人只要实施了这些行为,就属于犯罪既遂。至于组织卖淫犯罪活动中的卖淫嫖娼是否完成,甚至是否实际实施,都不影响协助组织卖淫行为的既遂。

强迫卖淫的既未遂判断,涉及被害人的意志与行为不一致问题。也就是说,卖淫人员的卖淫行为并非出于自愿,而是被迫。这不同于组织、容留、介绍卖淫犯罪,其中卖淫人员的卖淫行为是出于自愿的。强迫卖淫行为的发展有一个过程,包括实施强迫他人同意卖淫、准备为他人提供性服务、开始卖淫、卖淫行为完成等阶段。将上述阶段中的哪一个阶段作为判断强迫卖淫行为的既遂标准,不能随心所欲。我们认为,判断强迫卖淫的既未遂问题,既要看行为人的强迫行为是否已经实施,也要看被强迫卖淫人员的卖淫行为是否实施。行为人的强迫行为,包括暴力、威胁或者以其他手段的强迫行为已经实施,被强迫卖淫人员已经与嫖娼者达成合意并基于该合意着手实施卖淫嫖娼行为的,就可以认定强迫卖淫行为已经既遂。这当中,关于卖淫行为的实施,指的是开始实施而不是已经完成。卖淫嫖娼是一个过程,为卖淫嫖娼所做的谈价格、找地点、性交易前准备、性交易过程等均属卖淫嫖娼的组成部分,只要被强迫卖淫人员实施了上述一个或数个行为的,均应认定卖淫行为开始实施。实践中特别要注重以下四种状态下的既遂:(1)强迫卖淫行为完成后,卖淫人员已经进入与嫖娼人员约定地点,还未开始实施卖淫嫖娼活动,即被公安人员查获的;(2)强迫卖淫行为完成后,卖淫人员已经进入与嫖娼人员约定地点,卖淫人员逃离卖淫嫖娼场所,从而使嫖娼人员实际无法实施嫖娼行为的;(3)强迫卖淫行为完成后,卖淫人员已经进入与嫖娼人员约定地点,卖淫人员与嫖娼人员商谈后,嫖娼人员放弃嫖娼行为的;(4)被害人已被迫卖淫,在卖淫过程中,嫖客没有接受性服务,或者进行的只是一般猥亵行为,或者嫖客因自身的因素没能实现嫖娼目的的。在上述四种状态下,均应认定强迫卖淫行为已经既遂。其主要原因就是卖淫嫖娼活动已经开始实施,只是尚未进入实质性的发生性关系行为或者无法发生性关系而已。在下列情况下,应当认定为强迫卖淫未遂:(1)强迫行为并未实现目的,即强迫行为没有达到强制他人的目的,被害人一直拒绝卖淫的;(2)强迫行为使他人不得不同意卖淫,但被害人答应后又在进入卖淫场所前拒绝的或者进入卖淫场所前逃脱的,则行为人仍然没有达到强制他人卖淫的目的。

引诱卖淫(包括引诱幼女卖淫)的既未遂判断,涉及被害人意志内容的转变的问题。引诱卖淫不同于强迫卖淫,强迫卖淫的卖淫人员是自始至终不同意卖淫,其卖淫完全是被强迫的;而引诱卖淫的卖淫人员是开始没有卖淫意愿,经引诱后自愿卖淫的。因此,应当以卖淫人员是否被引诱并着手实施卖淫作为引诱卖淫行为的既遂标志。卖淫人员意志转变且开始实施卖淫行为时,即引诱卖淫完成时。不能将卖淫行为的完成作为引诱卖淫行为的既遂标志。引诱行为的完成和被引诱对象卖淫行为的开始构成了引诱卖淫行为既遂的综合判断标准,两者缺一不可。

三、如何认定松散型管理的组织卖淫行为与容留卖淫的区别

组织卖淫与容留卖淫的最大区别在于行为人对卖淫人员是否实施了管理、控制行为。《涉卖淫刑案解释》第一条规定:“以招募、雇佣、纠集等手段,管理或者控制他人卖淫,卖淫人员在三人以上的,应当认定为刑法第三百五十八条规定的‘组织他人卖淫’。组织卖淫者是否设置固定的卖淫场所、组织卖淫者人数多少、规模大小,不影响组织卖淫行为的认定。”结合刑法理论和《涉卖淫刑案解释》的上述规定,我们认为,组织卖淫罪的最主要特征是犯罪分子实施的行为属于组织行为,既包括如何将卖淫人员组织在一起的行为,也包括将卖淫人员组织起来后如何管理、控制卖淫活动的行为。前者是手段,如招募、雇佣、纠集等,实践中,也包括容留等手段。但组织卖淫中的容留与单纯的容留卖淫是有质的区别的:组织卖淫中的容留,是为组织卖淫服务的,作为组织卖淫的一种手段;而单纯的容留卖淫,其本身就是容留卖淫罪的犯罪行为,是该罪构成要件中客观方面的基本内容,而没有相应的管理、控制行为。后者则是组织卖淫即管理或者控制他人卖淫的手段之一。因此,组织卖淫行为的主要特征是管理和控制。这里的管理和控制是对卖淫人员以及卖淫活动的管理和控制。至于卖淫人员是否自愿卖淫,不影响组织卖淫的成立。管理和控制的主要表现就是卖淫人员在何处、何时卖淫、向谁卖淫、如何收费、如何分配卖淫的收入甚至卖淫人员的日常行为都是由组织卖淫行为人决定。即使卖淫人员自愿卖淫,但在上述事项上也是由组织卖淫行为人决定的。当然,组织卖淫行为必须具备一定规模要件。如果卖淫人员不到三人的,应当降格认定为容留卖淫。因为,《涉卖淫刑案解释》将组织卖淫罪中被组织卖淫人员的人数明确规定为三人以上。另外,在一般情况下,组织卖淫行为人是设置或者变相设置卖淫场所的,如以宾馆、洗浴中心、会所、发廊、旅店、饭店等为固定场所或者以经营宾馆、洗浴中心、会所等为名,行组织卖淫之实。但近些年来,面对严厉的“扫黄”行动,一些不法之徒采取动态管理方式,即不建立固定的卖淫窝点,而是利用现代化的交通与通信工具,指挥、控制多人从事卖淫活动。这种动态管理模式,将组织卖淫行为化整为零,或者将分散的单个卖淫人员组织起来,既能扩大卖淫活

动的范围,又便于逃避公安机关的追查。这类没有固定场所的组织卖淫,非常明显地体现了组织者的管理、控制行为,也应当认定为组织卖淫行为。

而容留他人卖淫,是指故意为他人从事卖淫、嫖娼活动提供场所的行为,既包括在自己所有、管理、使用、经营的固定或者临时租借的场所容留卖淫、嫖娼人员从事卖淫、嫖娼活动,也包括在流动场所,如运输工具中容留他们卖淫、嫖娼。[①]

通过以上对组织卖淫主要特征的分析,我们可以看出,组织卖淫,尤其是以容留卖淫为手段的组织卖淫,与单纯的容留卖淫,最主要的区别在于行为人对卖淫人员的卖淫活动是否实施了管理、控制行为。组织卖淫行为人最主要的行为特征是对卖淫活动进行了管理、控制,而容留卖淫行为人对卖淫人员的卖淫活动既不管理,更不控制,而仅仅提供固定或者临时租借的场所以及流动场所,收取一定的场所费用甚至不收取任何费用,对卖淫人员在何时卖淫、向谁卖淫、如何收费等均不过问,至于卖淫人员的日常活动,均由卖淫人员自行安排。

实践中,有的犯罪分子实施组织卖淫犯罪行为时,利用发廊、按摩店等,招募多名卖淫人员,但卖淫人员来去自由,与犯罪分子之间没有人身管理关系。此时,我们应该透过现象看本质。控制、限制和管理卖淫人员除卖淫活动外的行为,是一般组织卖淫犯罪存在的普遍现象,但是,组织卖淫罪强调的是犯罪分子对卖淫人员卖淫活动的管理和控制。犯罪分子是否对卖淫人员卖淫以外的活动进行管理和控制,并不是组织卖淫罪的本质特征。即使卖淫人员来去自由,只要犯罪分子收取和分配卖淫人员卖淫所收取的费用,为卖淫活动提供食宿和通风报信等,而不是卖淫人员收取嫖资后向犯罪分子缴纳场所费用的,就应当认定犯罪分子的行为性质为组织卖淫,而不是容留卖淫。实践中,有的法院建议,对于非集团化、公司化的非规模性组织卖淫案件,要充分考虑被告人对卖淫人员的控制和管理程度,卖淫人员人身自由程度和社会危害性等因素,对仅有一两名经营者负责收取嫖资或者管理的,只要行为人没有引诱、强迫行为,一般以容留、介绍卖淫罪定罪处罚。我

---

① 参见王爱立主编:《中华人民共和国刑法解读》(第四版),中国法制出版社2015年版,第860页。

们认为，这种观点没有认识到组织卖淫罪与容留卖淫罪的最本质区别，也与刑法及《涉卖淫刑案解释》突出打击重点，严惩组织卖淫犯罪的精神不相符。

四、《涉卖淫刑案解释》对组织卖淫和协助组织卖淫犯罪概念表述均用了“招募”一词，如何区分

《涉卖淫刑案解释》第一条第一款规定：以招募、雇佣、纠集等手段，管理或者控制他人卖淫，卖淫人员在三人以上的，应当认定为刑法第三百五十八条规定的“组织他人卖淫”。第四条第一款规定：明知他人实施组织卖淫犯罪活动而为其招募、运送人员或者充当保镖、打手、管账人等的，依照刑法第三百五十八条第四款的规定，以协助组织卖淫罪定罪处罚，不以组织卖淫罪的从犯论处。有同志咨询：两个条文都用了“招募”一词，含义是否相同？如果相同，如何判断招募这一行为是组织卖淫还是协助组织卖淫？

我们认为，招募，作为一个词语，其含义是相同的，其原本意思是，为了吸引足够数量的具备相应能力和态度，从而助力于实现目标的人员而开展的一系列活动，如招揽有意向的人员，参与并配合共同完成的活动、工作任务等；其基本内涵是征召募集的意思。招募本是一个中性词，但在涉卖淫类犯罪中，招募是指行为人为了组织卖淫活动而向社会招集卖淫人员。组织卖淫罪和协助组织卖淫罪的构罪要件中，“招募”一词的含义是一样的。但是，其一，“招募”在组织卖淫罪中只是一种手段，并非犯罪方面的构成要件，而只是组织卖淫罪中管理或者控制他人卖淫这一客观方面构成要件的手段之一。组织卖淫罪的犯罪行为是管理和控制卖淫人员。而协助组织卖淫罪中的“招募”就是犯罪行为本身。其二，组织卖淫罪中，行为人招募的目的是自己实施组织卖淫犯罪，而协助组织卖淫罪中，行为人招募的目的是帮助组织卖淫者。也就是说，理解“招募”一词，必须把其放到具体的法条语境中理解和适用。唯其如此，才能区别招募行为人所犯之罪是组织卖淫罪还是协助组织卖淫罪。

五、如何理解组织、强迫卖淫"造成被组织、强迫卖淫的人自残、自杀或者其他严重后果"这一情节严重的情形

根据《涉卖淫刑案解释》第二条第五项、第五条第五项、第六条第一款第四项的规定,造成被组织卖淫的人,被招募、运送卖淫的人以及被强迫卖淫的人自残、自杀或者其他严重后果的,应当分别认定为组织卖淫"情节严重"、协助组织卖淫"情节严重"和强迫卖淫"情节严重"。

对此要件的理解,应当明确以下几点:(1)这里的"自残、自杀"不是基于组织卖淫、协助组织卖淫以及强迫卖淫犯罪分子故意的行为。如果是上述犯罪分子的故意行为,则应当依照刑法第三百五十八条第三款的规定,以故意杀人、故意伤害罪等对犯罪分子数罪并罚。所犯故意杀人罪、故意伤害罪,如果应当判处死刑的,可以依法判处死刑。(2)这里"自残、自杀"是一种结果,而不是行为本身,即卖淫人员的自残、自杀行为必须导致严重残疾或者死亡的结果,如果行为人仅有自残、自杀的行为,但没有造成严重残疾或者死亡结果的,不能认定为造成卖淫人员自残、自杀的情形。(3)这里的其他严重后果,是指与严重残疾、死亡基本同质的后果,如造成卖淫人员严重精神病致不能自理生活的,造成多人重伤的,等等。(4)卖淫人员在卖淫期间发生死亡、严重残疾等严重后果,且该严重后果与卖淫活动有紧密的因果或者条件关系的,应当认定为"其他严重后果"。例如,四川省宜宾市某区人民法院审理被告人胡宗友、李仲达组织卖淫案,卖淫人员牟某某于2016年8月15日在进行卖淫活动时,因嫖资纠纷被嫖客陈旋杀害。在该案中,卖淫人员的死亡既非卖淫人员的自杀引起,也非被告人胡宗友、李仲达所实施,但发生在卖淫活动期间,且因嫖资纠纷而引发,因此,与卖淫活动有着刑法意义上的紧密联系,应当认定为"其他严重后果"。

六、关于组织、强迫卖淫罪是否为选择性罪名问题

《涉卖淫刑案解释》第六条第二款规定:"行为人既有组织卖淫犯罪行为,又有强迫卖淫犯罪行为,且具有以下情形之一的,以组织、强迫卖淫'情节严重'论处:(一)组织卖淫、强迫卖淫行为中具有本解释第二条、本条前款

规定的‘情节严重’情形之一的；（二）卖淫人员累计达到本解释第二条第一、二项规定的组织卖淫‘情节严重’人数标准的；（三）非法获利数额相加达到本解释第二条第四项规定的组织卖淫‘情节严重’数额标准的。”

根据《涉卖淫刑案解释》的这一规定，组织、强迫卖淫罪为选择性罪名。这是《涉卖淫刑案解释》对组织、强迫卖淫罪罪名的新表述。为什么说组织、强迫卖淫罪是选择性罪名？1979 年刑法只规定了强迫卖淫罪，没有规定组织卖淫罪。1997 年刑法第三百五十八条规定“组织他人卖淫或者强迫他人卖淫的，处……”1997 年 12 月 11 日公布的《最高人民法院关于执行〈中华人民共和国刑法〉确定罪名的规定》，将组织卖淫罪、强迫卖淫罪作为两个罪名规定。实践中，单独的强迫卖淫犯罪并不多见，一般都是组织卖淫犯罪中夹带强迫卖淫犯罪行为。在这种情况下，定组织卖淫罪、强迫卖淫罪并予以数罪并罚不是那么科学。《刑法修正案（九）》将罪状描述作了修改，将原来的“组织他人卖淫或者强迫他人卖淫的”修改为“组织、强迫卖淫的”。据此，《涉卖淫刑案解释》将组织、强迫卖淫的情节合并计量就有了法律依据。既然情节可以合并计量，那么《涉卖淫刑案解释》将组织、强迫卖淫罪作为选择性罪名规定是正确的。《刑法修正案（九）》后，“两高”对这两个罪名没有专门作出规定。原来关于罪名的规定，因为《刑法修正案（九）》的出台而失去依据。《涉卖淫刑案解释》是由最高人民法院、最高人民检察院联合发布的，可以理解为“两高”根据《刑法修正案（九）》的规定，对组织、强迫卖淫罪的罪名作了修正。

七、一年内曾因引诱、容留、介绍卖淫犯罪被判处刑罚，又实施容留、介绍卖淫行为的，能否比照适用《涉卖淫刑案解释》第八条第一款第四项关于“一年内曾因引诱、容留、介绍卖淫行为被行政处罚，又实施容留、介绍卖淫行为的”规定

有观点认为，“举重以明轻”“举轻以明重”是长期以来坚持的司法规则。既然行为人“一年内曾因引诱、容留、介绍卖淫行为被行政处罚，又实施容留、介绍卖淫行为的”，都要以容留、介绍卖淫罪定罪处罚，那么，一年内因引诱、容留、介绍卖淫犯罪被判处刑罚，又实施容留、介绍卖淫行为的，更要以容留、介绍卖淫罪定罪处罚。

我们不同意这个观点。主要理由是：

其一，对《涉卖淫刑案解释》规定的入罪门槛，不宜突破。司法解释对引诱、容留、介绍卖淫罪的构成条件在第八条第一款已经作了明确而详尽的规定，司法实践中应当严格依照该规定执行。《涉卖淫刑案解释》对于引诱、容留、介绍卖淫罪的入罪标准主要从以下几个方面考虑：一是从卖淫人数考虑；二是从卖淫人员的类别考虑；三是参照其他司法解释的范例，对具有同类行为被行政处罚过的人作出降低入罪门槛的规定；四是根据行为人获利情况确定入罪标准。因此，《涉卖淫刑案解释》对于本罪的入罪门槛问题，已经考虑到方方面面的情况。

其二，《涉卖淫刑案解释》的规定不宜适用“举轻以明重”规则。“举轻以明重”指的是对危害轻的行为都要进行处罚，对危害重的行为更要进行处罚。这种理解，在类推制度存在的环境下还说得过去。自从1997年刑法废除了类推制度，实行严格的罪刑法定原则后，适用“举轻以明重”规则要非常谨慎。《涉卖淫刑案解释》将行为人“一年内曾因引诱、容留、介绍卖淫行为被行政处罚，又实施容留、介绍卖淫行为的”作为入罪条件，并不是单纯从社会危害角度考虑，而更多的是从行为人的主观恶性考虑，主要目的是较好地评价主观恶性较深的容留、介绍卖淫行为。而一年内如果曾因引诱、容留、介绍卖淫行为被判处刑罚，又实施容留、介绍卖淫行为的，则对后一次行为只能严格适用《涉卖淫刑案解释》的入罪条件判断是否构罪，对前一次的犯罪行为，不能再作为评价后一次行为是否构成犯罪的标准。如果后一行为构成犯罪，且属于累犯的，则应当依法从重处罚。也就是说，不能对前一次构成犯罪的行为先后进行两次犯罪评价，这是禁止重复评价原理的基本要义。

需要明确的是，这里的“一年内”的时间起止如何计算。我们认为，所谓一年内，不是历法上的1月1日至当年的12月31日，而是前一次行为与后一次行为的时间跨度在12个月内，如2017年3月2日至2018年3月1日。如果第一个行为发生在2017年3月2日，第二个行为发生在2018年3月2日，此时两个行为就比一年多一天，就不属于“一年内”了。另外，一年内，指的是两个行为在一年内，而不是前一个行为的行政处罚时间和后一个行为的发生时间在一年内。这主要是因为前一次行为的时间是固定的，而行政处罚的时间则可能由于行政执法机关的原因有较长的拖延，从有利于被告人的原则出发，我们认为应理解为两个行为之间的时间跨度在一年内。

八、关于涉卖淫类犯罪中的卖淫人数计算问题

《涉卖淫刑案解释》在规定涉卖淫类犯罪的入罪门槛以及情节严重情形时，基于从有利于操作，有利于公安机关更快地查明案件基本事实出发，摒弃了以往常用的“人次”的概念，而改为以“人数”作为计量标准。同时在第十条专门规定：“组织、强迫、引诱、容留、介绍他人卖淫的次数，作为酌定情节在量刑时考虑。”但是，在如何计算人数的问题上，仍然有两个问题需要解决：一是如何理解《涉卖淫刑案解释》第九条第一项规定的“引诱五人以上或者引诱、容留、介绍十人以上卖淫”认定引诱、容留、介绍他人卖淫“情节严重”的人数问题。对此，起草小组公开发表的理解与适用文章已作了明确说明：引诱、容留、介绍卖淫是选择性罪名。如果被引诱卖淫的人数达到5人以上的，即构成情节严重。如果被引诱卖淫的人数不到5人，但被引诱、容留、介绍卖淫的人数达到10人以上的，也构成情节严重。[①] 二是同一个卖淫人员，先后进了退，退了又进入同一个卖淫犯罪团伙或者容留卖淫场所，对其如何计算人数？我们认为，在卖淫人数已经作为涉卖淫类犯罪入罪门槛和界定是否属于“情节严重”的标准这一背景下，同一个卖淫人员先进后退又进入，甚至多次进退同一个卖淫犯罪团伙或者容留卖淫场所的，仍然应该按照一人来计算，不能重复计算人数。

在认定卖淫人员的人数时，既要坚持证据裁判原则，严格认定具体人数，又不能仅将查处时现场查获的人数为卖淫人数。认定某人是否属于卖淫人员，比较齐全的证据包括：卖淫人员的证言，嫖娼人员的证言，被告人的供述，有关书证，现场物证等。对于现场抓获的卖淫嫖娼人员，上述证据容易收集。但对于现场抓获之前已经发生的卖淫嫖娼行为，要根据涉卖淫类

① 周峰、党建军、陆建红、杨华：《〈关于办理组织、强迫、引诱、容留、介绍卖淫刑事案件适用法律若干问题的解释〉的理解与适用》，载《人民司法》2017年第25期。

刑事案件的自身特点来认定事实和证据。特别是嫖娼人员的证言往往难以取得,有的卖淫人员在案件查获时已经离开卖淫场所,其证言也常常不易取得。在这种情况下,除被告人供述外,还要注重对相关证人证言如服务员的证言,其他知情卖淫人员的证言,相关书证甚至视频证据,特别是账单、电脑数据等证据的收集和审查判断,在基本证据扎实,基本事实清楚的前提下,要依法、果断地认定相关卖淫人数,而不能因为卖淫嫖娼人员的证言难以取得就轻易地不予认定相关事实。在基本事实确定的情况下,对卖淫人数、次数,有时可以采取模糊表述的方式,如十余人、一百余次。但这种模糊表述的前提是基本事实清楚,基本证据扎实。如表述卖淫人员十余人时,对卖淫人员达到十人这一基本事实必须证据确实、充分。不能在卖淫人员是否达到十人这一基本事实还不清楚的情况下,作出卖淫人员十余人的表述。

九、介绍嫖娼能否以介绍卖淫论处

有观点认为,《涉卖淫刑案解释》第八条第三款规定"引诱、容留、介绍他人卖淫是否以营利为目的,不影响犯罪的成立",由此将一般介绍嫖娼行为纳入介绍卖淫罪考虑的视角。

我们认为,不能将单纯地介绍嫖娼行为与介绍卖淫行为混淆起来。理由如下:一是《涉卖淫刑案解释》未将"营利为目的"规定为引诱、容留、介绍卖淫罪的构成要件,其目的不是以惩处介绍嫖娼行为。《涉卖淫刑案解释》作此规定的主要目的是考虑到实践中往往遇到并非"以营利为目的"而是出于奸淫或者其他目的而引诱、容留、介绍卖淫的情况,如果规定必须"以营利为目的",就不好追究此类人的刑事责任。① 为了让基层法院在实务中更加明确此点,《涉卖淫刑案解释》强调"引诱、容留、介绍他人卖淫是否以营利为目的,不影响本罪的成立"。因此,《涉卖淫刑案解释》的这一规定,并没有将介绍嫖娼行为以介绍卖淫论处的意思。二是刑法惩罚的是介绍卖淫行为,不能随意将惩处范围扩大到介绍嫖娼行为。虽然在实践中,介绍卖淫和介绍嫖娼行为因其表现形式的多样性和复杂性,往往容易重叠和混淆,但不能

① 参见高铭暄:《中华人民共和国刑法的孕育诞生和发展完善》,北京大学出版社2012年版,第583页。

因此而不加区分。既不能进行无限扩张,把介绍嫖娼行为一律作为介绍卖淫行为纳入刑法打击范围,也不能将貌似介绍嫖娼实际属于介绍卖淫的行为排除在刑法打击范围之外。为了卖淫人员或者组织、强迫、引诱、容留卖淫行为人的利益而介绍他人去嫖娼的,依法应当认定为介绍他人卖淫。仅仅知道卖淫窝点或联系方式等,而与卖淫方面的相关人员没有关联性,介绍他人去嫖娼的,属于介绍嫖娼,不应当认定为刑法意义上的介绍卖淫。区别介绍卖淫与介绍嫖娼的关键在于行为人主要是为了组织、强迫、引诱、容留卖淫行为人的利益或者卖淫人员的利益还是为了嫖娼人员的非法需求而介绍。前者属于介绍卖淫,后者属于介绍嫖娼。

十、罚金刑的有关问题

《涉卖淫刑案解释》第十三条规定,犯组织、强迫、引诱、容留、介绍卖淫罪的,应当依法判处犯罪所得二倍以上的罚金。共同犯罪的,对各共同犯罪人合计判处的罚金应当在犯罪所得的二倍以下。对犯组织、强迫卖淫罪被判处无期徒刑的,应当并处没收财产。有地方法院提出,《涉卖淫刑案解释》对涉卖淫类刑事案件罚金刑的规定较为笼统,在实践中不易操作。主要是:(1)犯罪所得如何确定?与《涉卖淫刑案解释》第二条第四项、第五条第四项、第六条第二款第三项、第八条第一款第五项、第九条第三项规定的非法获利如何区分?(2)有证据证明的犯罪所得与实际所得明显不相符的,如何确定罚金刑?实践中,犯罪所得往往难以查清,侦查机关也未必很重视收集犯罪所得方面的证据,导致人民法院在适用罚金刑时很难把握罚金的数额,特别是有的案件,有证据证明的犯罪所得才一二百元,而《最高人民法院关于适用财产刑若干问题的规定》(法释〔2000〕45 号,以下简称《财产刑规定》)第二条明确规定,"刑法没有明确规定罚金数额标准的,罚金的最低数额不能少于一千元",此时如何确定罚金的数额?

对此,我们认为:

第一,犯罪所得与非法获利的内涵是一样的,均指犯罪行为人犯罪收入的总和,而不能理解为"利润"。无论是卖淫嫖娼本身还是组织、强迫、引诱、容留、介绍卖淫行为,都是违法犯罪行为。法律对此类行为持否定性评价,决定了此类行为人由此而获得的经济利益都是非法的。至于行为人为此而付出的成本,如付给卖淫人员的费用,卖淫场所发生的相关费用,付给协助组织卖淫人、介绍卖淫人、通风报信人等的费用,都属于犯罪成本,依法不能在犯罪所得中予以扣除。即使犯罪所得不足以弥补其犯罪成本,计算犯罪所得时也应该按照犯罪分子因犯罪行为的全部收入计算,而不考虑犯罪成本。因此,所谓的犯罪所得或非法获利,一般情况下就是指收取嫖娼人员所有费用的总和。

第二,要正确理解《涉卖淫刑案解释》与《财产刑规定》的关系。我们认为,《涉卖淫刑案解释》与《财产刑规定》都是有效的司法解释,人民法院在审理案件中,都应当依法适用。就效力而言,两者是等同的。就罚金刑的适用而言,两者也不存在矛盾之处。鉴于组织、强迫、引诱、容留、介绍卖淫犯罪既侵犯卖淫人员的人身自由,又有伤社会风化,还可能侵害不特定人员的人身健康,而犯罪分子的主观目的却主要是牟取利益,因此,罚金刑应当充分适用。为此,《涉卖淫刑案解释》规定了一个明确的合理的幅度,以使基层法院在审理此类案件适用刑罚时具有更强的可操作性。这个幅度的确定就是要让犯罪分子在经济上得不到任何好处。而根据《财产刑规定》第二条,罚金的最低数额不能少于一千元,对未成年人犯罪应当从轻或者减轻判处罚金,但罚金的最低数额不能少于五百元。因此,若犯罪分子罪行较重,但非法获利不多,依照《涉卖淫刑案解释》规定的二倍比例,如果罚金还不到一千元时,就应当根据《财产刑规定》,处以最低一千元的罚金刑,对未成年人罪犯则处以最低五百元的罚金刑。

十一、如何正确理解刑法分则第六章第八节有关条款规定中“等”字的含义

刑法分则第六章第八节有三个地方用了“等”字:一是刑法第三百五十八条第三款规定,“犯前两款罪,并有杀害、伤害、强奸、绑架等犯罪行为的,依照数罪并罚的规定处罚”,《涉卖淫刑案解释》第七条第一款重申了这一规定。二是刑法第三百六十一条第一款规定:“旅馆业、饮食服务业、文化娱乐业、出租汽车业等单位的人员,利用本单位的条件,组织、强迫、引诱、容留、

介绍他人卖淫的，依照本法第三百五十八条、第三百五十九条的规定定罪处罚”。三是刑法第三百六十二条规定，“旅馆业、饮食服务业、文化娱乐业、出租汽车业等单位的人员，在公安机关查处卖淫、嫖娼活动时，为违法犯罪分子通风报信，情节严重的，依照本法第三百一十条的规定定罪处罚”，《涉卖淫刑案解释》第十四条重申并细化了这一规定。

上述三个“等”字，后两个是同样的含义。但第一个“等”与后两个“等”字的含义是不同的。

先看第一个“等”。这里理解“等”字，必须将其放在立法背景下来考察。刑法第三百五十八条第三款是《刑法修正案（九）》基于取消组织、强迫卖淫罪的死刑的情况下增加设立的。取消组织、强迫卖淫罪的死刑，是立法机关在反复研究、论证，并广泛听取人大代表、专家和有关方面意见的基础上提出的；同时，为防止可能产生的负面影响，在法律上还留有从严处罚的余地，仍然保留了故意杀人罪、故意伤害罪、绑架罪、强奸罪的死刑。司法实践中如有组织、强迫卖淫犯罪，情节特别恶劣，确需判处死刑的，还可以依照刑法现有规定判处，不会出现轻纵犯罪的情况。[①] 可见，刑法增加有关可以数罪并罚的规定，其最主要目的是防止轻纵某些情节特别恶劣的犯罪，如杀害卖淫人员、伤害卖淫人员致死亡、强奸卖淫人员情节特别恶劣、绑架卖淫人员，但组织、强迫卖淫本身情节并不严重，无法判处重刑，或者以故意杀人罪等四个罪名定罪处罚，根据犯罪情节、社会危害程度应当判处死刑，而以组织、强迫卖淫罪却依法不能判处死刑时，可以适用该条数罪并罚的规定，对罪犯依法判处重刑甚至判处死刑。实践中，组织、强迫卖淫罪，特别是强迫卖淫罪，往往伴有非法拘禁的情形。在这种情况下，非法拘禁本身就是强迫的一种手段，有时也是组织卖淫的一种管理、控制手段，而非法拘禁罪本身不是一个重罪。依照刑法第二百三十八条的规定，犯非法拘禁罪，处三年有期徒刑以下刑罚；致人重伤时，才处三年以上十年以下有期徒刑；使用暴力致人伤残、死亡的，则依照故意杀人罪、故意伤害罪定罪处罚。因此，在非法拘禁

① 参见臧铁伟主编：《中华人民共和国刑法修正案（九）解读》，中国法制出版社 2015 年版，第 369～370 页。“取消死刑后，如出现情节特别恶劣，符合数罪并罚或者其他有关犯罪规定的，还可依法判处更重的刑罚。”同上书，第 359 页。

没有致人伤残、死亡的情况下,完全可以作为手段行为,被组织、强迫卖淫罪所吸收。在致人伤残、死亡的情况下,则可依照刑法第三百五十八条第三款的规定,实行数罪并罚。也就是说,在故意杀人罪、故意伤害罪、强奸罪、绑架罪之外,组织、强迫卖淫罪的行为人,其手段行为如果还触犯了非法拘禁罪等罪名的,完全可以根据择一重罪处断的原则,以组织、强迫卖淫罪从重处罚。综合以上分析,我们认为,刑法第三百五十八条第三款规定中的“等”以及《涉卖淫刑案解释》第七条第一款规定中的“等”,应该属于“等内等”。

再看后两个“等”,即刑法第三百六十一条和第三百六十二条规定中的“等”字。我们认为,这里的“等”,属于“等外等”。理由在于:(1)从字面含义看,无法推断出列举已穷尽。实践中,社会上还存在四类行业以外的单位的人员可以作出本条法律所禁止的行为,如停车场,作为酒店、餐厅、洗浴中心等公共服务行业的配套设施,广泛并且独立存在,这些独立经营的停车场的管理员同样可以在公安机关查处时,为违法犯罪分子通风报信,甚至在某些情况下比条文中列明的主体更为方便、快捷地实施该行为。(2)从立法目的看,本条文是对1991年9月4日《全国人民代表大会常务委员会关于严禁卖淫嫖娼的决定》(以下简称《决定》)第八条吸纳而来。该规定旨在打击对卖淫嫖娼活动进行通风报信的行为。受当时社会经济发展情况的影响和制约,该条文只列举了四类行业。随着经济社会的发展变化,社会公共娱乐服务行业也在不断更新和发展,如果只将打击范围局限于这四类行业,将导致法条无法跟上时代步伐。立法者专门加一个“等”字,正是考虑了社会进步与法律滞后的矛盾,赋予法条更长久的生命力。因此,将上述四类行业之外,具有与四类行业相同性质,具有通风报信的便利条件(与行业相密切关联的职能条件)的行业认定为通风报信的特殊行业,是符合罪刑法定原则的。

需要说明的是,《涉卖淫刑案解释》中还有两处“等”字的表述,均为“等外等”,应当正确理解。一是,对性病范围的表述。《涉卖淫刑案解释》第十一条第三款规定:“刑法第三百六十条规定所称的‘严重性病’,包括梅毒、淋病等。”这里的“等”字如何理解,《涉卖淫刑案解释》已经有明确的诠释,即其他性病是否认定为“严重性病”,应当根据《中华人民共和国传染病防治法》

《性病防治管理办法》的规定，在国家卫生和计划生育委员会规定实行性病监测的性病范围内，依照其危害、特点与梅毒、淋病相当的原则，从严掌握。二是，对协助组织卖淫概念的表述。《涉卖淫刑案解释》第四条第一款规定："明知他人实施组织卖淫犯罪活动而为其招募、运送人员或者充当保镖、打手、管账人等的，依照刑法第三百五十八条第四款的规定，以协助组织卖淫罪定罪处罚，不以组织卖淫罪的从犯论处。"此处用"等"字，表明实践中远不止保镖、打手、管账人这些角色。典型的如培训师，有的协助组织卖淫犯罪人甚至成立专门的培训机构。对培训师这样的角色，理应认定为协助组织卖淫的犯罪分子。

十二、嫖宿幼女的行为如何定罪处罚

1997年刑法第三百六十条第二款规定："嫖宿不满十四周岁的幼女的，处五年以上有期徒刑，并处罚金。"《刑法修正案（九）》删去了该款的内容。《涉卖淫刑案解释》（征求意见稿）曾经规定，"明知不满十四周岁的幼女，与其发生性关系的，依照刑法第二百三十六条第二款、第三款的规定，以强奸论，从重处罚"，目的是明确《刑法修正案（九）》删除嫖宿幼女罪的规定后对嫖宿幼女行为如何定罪处罚的问题。在调研阶段，有不少专家学者提出，既然刑法已经删除了嫖宿幼女罪的有关规定，就没有必要在司法解释中再对此类行为作出规定，对这类行为可与其他奸淫幼女行为一样，依照刑法第二百三十六条关于"奸淫不满十四周岁的幼女的，以强奸论，从重处罚"的规定处理。《涉卖淫刑案解释》起草小组采纳了该意见。

实践中，需要明确的是，知道或者应当知道对方是不满十四周岁的幼女，而实施奸淫（包括嫖宿，刑法取消嫖宿幼女罪不等于实践中不会发生嫖宿幼女的案件）等性侵行为的，应当认定行为人"明知"对方是幼女。因此，首先，嫖宿幼女以强奸论的前提是行为人明知卖淫人员系不满十四周岁的幼女。如果不明知卖淫人员是不满十四周岁的幼女而嫖宿的，则应当按照嫖娼行为处理。这个问题是事实证据的认定问题，是否明知，应当结合案件事实和证据综合认定。行为人从卖淫人员的身体发育状况、言谈举止、衣着特征、生活作息规律等观察可能是幼女，而实施奸淫等性侵行为的，应当认定行为人"明知"对方是幼女。其次,《最高人民法院、最高人民检察院、公安部、司法部关于依法惩治性侵害未成年人犯罪的意见》第十九条第二款规定,对于不满十二周岁的被害人实施奸淫等性侵行为的,应当认定行为人"明知"对方是幼女。也就是说,在被害人不满十二周岁的情况下,行为人是否"明知",无须其他证据的证明,甚至无须被告人关于是否"明知"的供述,只要有充足的证据证明被害人确实系不满十二周岁的幼女即可,即使被害人身体发育、言谈举止等呈早熟特征,行为人亦辩称其误认为被害人已满十四周岁,也不应采信其辩解。①

十三、《涉卖淫刑案解释》与过去有关规定不一致之处,该如何适用

一是关于《最高人民法院、最高人民检察院关于执行〈全国人民代表大会常务委员会关于严禁卖淫嫖娼的决定〉的若干问题的解答》(1992年12月11日发布,以下简称《解答》)。该《解答》所依附的《全国人民代表大会常务委员会关于严禁卖淫嫖娼的决定》(以下简称《决定》)有关刑事责任方面的规定已经被现行刑法所吸纳,并且刑法与《决定》相比,在罪行规定方面有较大变化,因此,《解答》已无法解决司法实践中的诸多问题。2013年,"两高"经对司法解释进行清理,宣布废止《解答》。因此,《解答》不能在司法工作中再予以引用。

二是关于《最高人民检察院、公安部关于公安机关管辖的刑事案件立案追诉标准的规定(一)》(公通字〔2008〕36号,以下简称《规定一》)以及《最高人民检察院、公安部关于公安机关管辖的刑事案件立案追诉标准的规定(一)的补充规定》(公通字〔2017〕12号,以下简称《规定一补充规定》)。总体而言,《规定一》和《规定一补充规定》的立案标准,大部分内容与刑法、《涉卖淫刑案解释》是没有冲突的,依然可以适用。比如,《规定一》第七十五条规定:以招募、雇佣、强迫、引诱、容留等手段,组织他人卖淫的,应予立案追诉。第七十六条规定:以暴力、胁迫等手段强迫他人卖淫的,应予立案追诉。第七十七条规定:在组织卖淫的犯罪活动中,充当保镖、打手、管账人等,起

① 黄尔梅主编:《性侵害未成年人犯罪司法政策案例指导与理解适用》,人民法院出版社2014年版,第209页。

帮助作用的,应予立案追诉。第七十九条规定:引诱不满十四周岁的幼女卖淫的,应予立案追诉。第八十条规定:明知自己患有梅毒、淋病等严重性病卖淫、嫖娼的,应予立案追诉。《规定一补充规定》第十二条规定:在组织卖淫的犯罪活动中,帮助招募、运送、培训人员三人以上,或者充当保镖、打手、管账人等,起帮助作用的,应予立案追诉。

但是,《规定一》也有与《涉卖淫刑案解释》不相符的地方。主要体现在,《规定一》关于引诱、容留、介绍卖淫案的立案追诉标准与《涉卖淫刑案解释》规定的入罪标准有差异。《规定一》第七十八条规定:"引诱、容留、介绍他人卖淫,涉嫌下列情形之一的,应予立案追诉:(一)引诱、容留、介绍二人次以上卖淫的;(二)引诱、容留、介绍已满十四周岁未满十八周岁的未成年人卖淫的;(三)被引诱、容留、介绍卖淫的人患有艾滋病或者患有梅毒、淋病等严重性病;(四)其他引诱、容留、介绍卖淫应予追究刑事责任的情形。"两者的差异在于:《规定一》对引诱、容留、介绍卖淫案的立案追诉标准为引诱、容留、介绍二人次以上卖淫。而《涉卖淫刑案解释》则取消了人次的概念,以人数为标准;且在入罪标准上与《规定一》相比,有的提高了入罪门槛,有的则降低了入罪门槛。(1)关于引诱卖淫。根据《规定一》,引诱二人次以上卖淫,才予以刑事立案;而根据《涉卖淫刑案解释》第八条的规定,引诱一人卖淫即构成犯罪。两者相比,《涉卖淫刑案解释》降低了引诱卖淫的入罪门槛,体现了引诱卖淫的罪质重于容留、介绍卖淫的实际情况,也体现了对引诱卖淫从严打击的立场。(2)关于容留、介绍卖淫。根据《规定一》,容留、介绍二人次以上卖淫即予以刑事立案,也就是说,容留、介绍一人两次卖淫,也可刑事立案;而根据《涉卖淫刑案解释》第八条的规定,容留、介绍二人卖淫才构成犯罪。两者相比,《涉卖淫刑案解释》提高了容留、介绍卖淫的入罪门槛,体现了将容留、介绍卖淫与引诱卖淫相区别的态度,目的就是突出打击重点。(3)无论是引诱,还是容留、介绍卖淫,《涉卖淫刑案解释》取消了人次的规定,代之以人数,目的是更具可操作性。因为,司法实践表明,引诱、容留、介绍卖淫的人数认定比次数的认定在证据上更加简便,侦查机关取证的难度也更低些。

上述《规定一》与《涉卖淫刑案解释》不一致之处,应当以《涉卖淫刑案解释》为标准。一是从发布时间上看,《涉卖淫刑案解释》后于《规定一》,后发布的规范性文件往往具有对前发布的规范性文件修正、补充的功能。二是从效力上看,《涉卖淫刑案解释》属于最高人民法院、最高人民检察院联合发布的司法解释,其效力比一般的规范性司法文件更高,如有冲突,应当以司法解释为准。况且,最高人民检察院既是《规定一》的发布主体,也是《涉卖淫刑案解释》的发布主体,说明最高人民检察院是认可《涉卖淫刑案解释》对《规定一》的修正和补充的。

张文中再审案

——中华人民共和国最高人民法院
刑事判决书

（2018）最高法刑再3号

原公诉机关河北省衡水市人民检察院。

原审被告人张文中，男，汉族，1962年7月1日出生，山东省即墨县（现山东省青岛市即墨区）人，博士研究生文化，原系物美控股集团有限公司董事长。2006年12月7日被刑事拘留，同年12月20日被逮捕。2009年3月30日因犯诈骗罪、单位行贿罪、挪用资金罪被判处有期徒刑十二年，并处罚金人民币五十万元（已缴纳）。2010年4月19日被裁定减刑三年，2012年3月19日被裁定减刑二年十个月。2013年2月6日刑满释放。

辩护人赵秉志，北京市中闻律师事务所律师。

辩护人左坚卫，北京乾成律师事务所律师。

原审被告人张伟春，男，汉族，1958年4月27日出生，北京市人，大学文化，原系物美控股集团有限公司行政总监。2006年12月29日被刑事拘留，2007年1月1日变更为监视居住，同年2月14日被逮捕。2009年3月30日因犯诈骗罪被判处有期徒刑五年，并处罚金人民币二十万元（已缴纳）。2010年7月28日被裁定予以假释，2012年2月11日假释考验期满。

辩护人吴建平，北京市泽文律师事务所律师。

辩护人赵磊，北京市泽文律师事务所律师。

原审被告单位物美控股集团有限公司（原北京物美商业集团有限公司，

以下简称物美集团),住所地北京市石景山区实兴大街30号院3号楼8层。2009年3月30日因犯单位行贿罪被判处罚金人民币五百三十万元(已缴纳)。

诉讼代表人徐莹,物美集团总裁。

河北省衡水市中级人民法院审理衡水市人民检察院指控被告单位物美集团犯单位行贿罪,被告人张文中犯诈骗罪、单位行贿罪、挪用资金罪,被告人张伟春犯诈骗罪一案,于2008年10月9日以(2008)衡刑初字第22号刑事判决,认定物美集团犯单位行贿罪,判处罚金人民币五百三十万元;认定张文中犯诈骗罪,判处有期徒刑十五年,并处罚金人民币五十万元,犯单位行贿罪,判处有期徒刑三年,犯挪用资金罪,判处有期徒刑一年,决定执行有期徒刑十八年,并处罚金人民币五十万元;认定张伟春犯诈骗罪,判处有期徒刑五年,并处罚金人民币二十万元;张文中、张伟春违法所得予以追缴,上缴国库。宣判后,物美集团、张文中、张伟春均提出上诉。河北省高级人民法院于2009年3月30日以(2008)冀刑二终字第89号刑事判决,维持一审判决对物美集团、张伟春定罪量刑部分,对张文中、张伟春违法所得追缴部分以及对张文中单位行贿罪、挪用资金罪定罪量刑和诈骗罪定罪部分;撤销一审判决对张文中诈骗罪量刑以及决定执行刑罚部分;认定张文中犯诈骗罪,判处有期徒刑十年,并处罚金人民币五十万元,与其所犯单位行贿罪、挪用资金罪并罚,决定执行有期徒刑十二年,并处罚金人民币五十万元。

判决发生法律效力后,原审被告人张文中向河北省高级人民法院提出申诉,河北省高级人民法院于2015年12月21日予以驳回。2016年10月,张文中向本院提出申诉。本院经审查后于2017年12月27日作出(2017)最高法刑申683号再审决定,提审本案。本院依法组成合议庭,于2018年2月7日召开庭前会议,于2月12日公开开庭审理了本案。最高人民检察院指派检察员尹伊君、杜亚起,助理检察员韩大书、刘文峰出庭履行职务。张文中及其辩护人赵秉志、左坚卫,原审被告人张伟春及其辩护人吴建平、赵磊,原审被告单位物美集团诉讼代表人徐莹,证人黄某1到庭参加诉讼。现已审理终结。

河北省衡水市中级人民法院一审判决认定:

一、诈骗罪

2002 年年初，被告人张文中得知国家对重点企业、重点项目实行国债贴息补贴政策，遂与被告人张伟春、物美集团副总裁张某 1 等人商议此事，并委派张伟春到原国家经贸委等部门进行了咨询。在得知该批国债技改贴息资金主要用于支持国有企业技术改造项目、物美集团作为民营企业不属于国债技改贴息资金支持范围的情况下，张文中与张伟春商量后决定以中国诚通控股集团有限公司（国有企业，以下简称诚通公司）下属企业的名义进行申报。为此，张文中与诚通公司董事长田某 1 多次联系，田某 1 答应了张文中的要求。在张文中指使下，张伟春等人以虚假资料编制了物美集团技改项目《可行性研究报告》，以诚通公司下属企业名义上报原国家经贸委。物流项目获得审批后，物美集团既未实施，也未向银行申请贷款；物美集团以信息化项目为名，以与其关联公司北京和康友联技术有限公司（以下简称和康友联公司）签订虚假设备采购合同和开具虚假发票为手段，获得 1.3 亿元贷款，用于公司日常经营，未实施信息化项目。2003 年 10 月 29 日，财政部将 3 190 万元国债技改贴息资金拨付到诚通公司，后诚通公司将该款汇入物美集团账户，物美集团将该款用于偿还公司贷款。案发后，已追缴赃款 3 190 万元。

认定上述事实的主要证据有《国家重点技术改造项目管理办法》《国家重点技术改造项目国债专项资金管理办法》《关于组织申报 2002 年国债技术改造项目的通知》《关于下达 2002 年国家重点技术改造项目计划（第八批国债专项资金项目）的通知》、规划意见书、采购合同、进账单、发票等书证，证人张某 1、田某 1、李某 1、李某 2、于某 1、杨某、张某 2、于某 2 等人的证言以及被告人张文中、张伟春的供述等。

二、单位行贿罪

2002 年，在被告单位物美集团收购中国国际旅行社总社（以下简称国旅总社）持有的泰康人寿保险股份有限公司（以下简称泰康公司）5 000 万股股份过程中，被告人张文中向国旅总社总经理办公室主任赵某提出让其提供帮助,并承诺给其一笔好处费。在赵某的积极协调、帮助下,2002年年底,物美集团以其关联公司和康友联公司的名义顺利收购了国旅总社持有的5 000万股泰康公司股份。张文中遂指派张某1给付赵某30万元。2003年1月至2004年2月间,张某1通过物美集团的关联公司卡斯特经济评价中心以报销费用的方式向赵某支付了30万元。

2002年,在被告单位物美集团收购广东粤财信托投资公司(以下简称粤财公司)持有的泰康公司5 000万股股份过程中,被告人张文中向粤财公司总经理梁某承诺事成之后给予梁某个人500万元好处费。2003年年底,物美集团以其关联公司华美现代流通发展有限公司(以下简称华美公司)的名义收购了粤财公司持有的5 000万股泰康公司股份,张文中遂指使张某1通过北京敬业和康投资咨询中心(以下简称敬业和康中心)向梁某支付500万元。

认定上述事实的主要证据有物美集团出具的情况说明、股权转让协议、转账支票、进账单等书证,证人赵某、梁某、陈某1、李某3、张某1等人的证言以及被告人张文中的供述等。

三、挪用资金罪

1997年3月,被告人张文中与泰康公司董事长陈某1商定挪用泰康公司的4 000万元资金申购新股谋利。后张文中指使张某1从泰康公司转出4 000万元,具体负责申购新股。张文中、陈某1又与中国国际期货有限公司(以下简称中期公司)董事长田某1商定,通过中期公司所兼管的河南省国际信托投资公司(以下简称河南国投公司)的途径转款,以掩盖挪用情节,炒股所得盈利由张、田、陈三人按3∶3∶4比例分配。其间,中国人民银行检查,三人遂于1997年7月通过河南国投公司,又从泰康公司转出5 000万元用于归还前次挪用款项。1997年8月19日,张某1归还泰康公司4 000万元,同年9月3日和9日又分两次归还了5 000万元。其间,炒股共盈利1 000余万元。

认定上述事实的主要证据有泰康公司支票请领单、委托投资国债协议、转账支票、进账单、资金往来发票等书证,证人陈某1、田某1、张某1、李某4

等人的证言以及被告人张文中的供述等。

河北省衡水市中级人民法院认为，被告人张文中、张伟春以非法占有为目的，虚构事实，隐瞒真相，骗取国家贷款贴息，数额特别巨大，其行为均已构成诈骗罪；被告单位物美集团在收购泰康公司股权过程中，给予国家工作人员好处费，其行为已构成单位行贿罪，张文中作为被告单位直接负责的主管人员，应予刑事处罚；张文中伙同他人并利用他人职务上的便利挪用泰康公司资金，归个人使用进行营利活动，数额较大，构成挪用资金罪的共犯，其在追诉期限内又犯新罪，应追究刑事责任。公诉机关指控的犯罪事实及罪名成立，应予支持。故作出前述一审判决。

一审宣判后，被告单位物美集团、被告人张文中、张伟春分别提出上诉，均认为各自的行为不构成犯罪。

河北省高级人民法院二审判决认定的事实、证据与一审判决一致。二审法院认为，张文中、张伟春以非法占有为目的，将物美集团冒充为国有企业的下属企业，通过申报虚假项目，骗取国债技改贴息资金，数额特别巨大，其行为均已构成诈骗罪。物美集团在收购泰康公司股权过程中，违反国家规定，给予国家工作人员好处费，其行为已构成单位行贿罪；张文中作为物美集团直接负责的主管人员，应当承担相应的刑事责任。张文中伙同他人，并利用他人职务上的便利，挪用公司资金归个人使用，进行营利活动，数额较大，其行为已构成挪用资金罪；张文中的上述行为虽然发生于1997年，但其在该罪的追诉期限内又犯新罪，依法应追究刑事责任。张伟春在诈骗犯罪中，起辅助作用，属从犯，可减轻处罚。本案诈骗数额虽然特别巨大，但在案发后所骗款项已被全部追缴，未给国家造成实际经济损失，同时考虑到诈骗犯罪的目的不是个人占有，对张文中、张伟春可酌情予以从轻处罚。一审判决以诈骗罪判处张文中有期徒刑十五年，量刑偏重，应予改判。故作出前述二审判决。

本院再审中，原审被告人张文中及其辩护人认为，原判认定张文中犯诈骗罪、单位行贿罪和挪用资金罪错误，应当依法改判无罪。主要辩解和辩护意见为：(1)物美集团作为民营企业有资格申报2002年国债技改贴息项目，以诚通公司下属企业名义申报只是上报项目材料的渠道；张文中未参与编制项目《可行性研究报告》，更没有指使张伟春等人以虚假资料编制《可行性研究报告》；物美集团申报的物流项目和信息化项目是真实的，信息化项目的主要内容已经实施并已达到《可行性研究报告》的主要目标，物流项目虽然遇到国家和北京市通州区物流产业园区用地调整等诸多客观障碍，但也通过异地实施的方式实现了当初申报时设定的目标；张文中没有实施骗取国债技改贴息资金的故意和行为，不构成诈骗罪。(2)涉案的30万元是给赵某的劳务报酬，500万元是给中间人李某3的中介费，且不是物美集团支付；收购国旅总社股权的是和康友联公司，收购粤财公司股权的是华美公司，物美集团在本案中不具备单位行贿罪的主体要件，不构成单位行贿罪，故张文中作为物美集团直接负责的主管人员，其行为亦不构成单位行贿罪。(3)4 000万元资金系卡斯特投资咨询中心从泰康公司借出，属于单位之间的资金拆借行为，不属于挪用资金归个人使用，张文中的行为不构成挪用资金罪。

原审被告人张伟春及其辩护人认为，张伟春的行为不构成诈骗罪，应当依法改判无罪。除提出与张文中及其辩护人基本相同的辩解及辩护意见外，还提出张伟春受物美集团董事会指派负责物流项目和信息化项目的申报工作，系职务行为，不具有诈骗犯罪的主观故意。

原审被告单位物美集团的诉讼代表人同意原审被告人张文中及其辩护人提出的相关辩解和辩护意见，认为物美集团不构成单位行贿罪，应当依法改判无罪。

庭前会议听取了检辩双方意见。对于诈骗罪，原审被告人张文中、张伟春的辩护人申请证人黄某1出庭作证，并向法庭提交了3项新证据，用以支持其辩护意见：(1)证人甘某2018年1月25日出具的《关于2002年国债技术改造项目相关情况的说明》；(2)证人李某1 2018年1月25日出具的情况说明；(3)证人于某1 2008年12月16日的证言。对于单位行贿罪，张文中的辩护人向法庭提交了4组新证据，用以支持其辩护意见：(1)证人刘某1 2009年3月8日的证言；(2)泰康公司2009年3月18日出具的《关于赵某在泰康公司任职情况的补充说明》；(3)泰康公司2003年至2008年股东大会及临时股东大会签到册、股东代表委托书、授权委托书、股东投票表决记录单、董事候选人提名函、股东大会表决单;(4)泰康公司2008年股东大会决议、华美公司及和康友联公司分红款支付指令、泰康公司付款回单、银行付款系统专用凭证、华美公司及和康友联公司记账凭证。

最高人民检察院出庭检察员认为,原判适用法律错误,导致定罪量刑错误,建议依法改判原审被告人张文中、张伟春、原审被告单位物美集团无罪。主要理由为:(1)原判认定物美集团不具有申报国债技改贴息资格依据不足;物美集团申报材料中的企业基本情况表和物流项目《可行性研究报告》均有不实内容,但该违规申报行为不是虚构事实、隐瞒真相的诈骗行为,更未因该不实申报行为使国家主管机关陷入错误认识;物美集团将3 190万元国债技改贴息资金用于偿还其他贷款,违反了专款专用的规定,但在财务账目上一直将该笔资金列为"应付人民政府款项",始终没有脱离国家机关的实际管控,物美集团并未非法占有该笔资金。故张文中、张伟春的行为不构成诈骗罪。(2)物美集团是收购泰康公司股份的主体,涉案30万元、500万元分别系给予赵某、梁某的好处费,但物美集团在收购股份过程中未谋取不正当利益,赵某、梁某也没有为物美集团提供不正当帮助,故物美集团及张文中的行为不构成单位行贿罪。(3)张文中与陈某1、田某1共谋从泰康公司挪用4 000万元炒股谋利,并非单位行为,张文中的行为构成挪用资金罪,但已超过追诉期限。

经再审查明:

一、关于诈骗罪

2002年年初,原审被告人张文中获悉国债贴息政策及原国家经贸委正在组织申报国债技术改造项目后,即与原审被告人张伟春等人商议决定物美集团进行申报,并委派张伟春具体负责。张伟春到原国家经贸委等部门进行了咨询。为方便快捷,张文中与张伟春商量后决定以诚通公司下属企业的名义申报,并征得时任诚通公司董事长田某1同意。物美集团遂以诚通公司下属企业的名义,向原国家经贸委上报了第三方物流改造和信息现代化建设两个国债技改项目(以下分别简称物流项目、信息化项目),并编制报送了项目《可行性研究报告》等申报材料,其中物流项目《可行性研究报告》

所附的土地规划意见书及附图不规范且不具有法定效力。上述两个项目经原国家经贸委等部门审批同意后，物美集团与和康友联公司签订虚假设备采购合同，开具虚假发票，获得信息化项目贷款1.3亿元，后用于公司经营。物流项目因客观原因未能在原计划地点实施，也未申请到贷款。2003年11月，物美集团通过诚通公司取得物流项目和信息化项目的国债技改贴息资金共计3 190万元，后用于归还公司其他贷款。案发后，3 190万元被追缴。

上述事实，有一审及再审开庭审理中经质证确认的《国家重点技术改造项目管理办法》《国家重点技术改造项目国债专项资金管理办法》《关于组织申报2002年国债技术改造项目的通知》《关于下达2002年国家重点技术改造项目计划（第八批国债专项资金项目）的通知》《关于下达2003年第二批国债专项资金国家重点技术改造项目投资计划的通知》《关于下达2003年第二批国债专项资金国家重点技术改造项目资金计划的通知》等文件，企业基本情况表、项目基本情况表、物流项目《可行性研究报告》、信息化项目《可行性研究报告》、规划意见书、采购合同、借款合同、进账单、转账支票存根、收贷凭证、银行支付系统专用凭证、发票、扣押物品清单等书证，证人张某1、王某1、吴某1、田某1、李某1、李某2、郝某1、门某、甘某、黄某1、于某1、许某、李某5、郝某2、陈某2、罗某、漆某、杨某、袁某、张某2、张某3、刘某2、张某4、于某2、孟某、李某6、王某2等人的证言，以及原审被告人张文中、张伟春的供述等证据证实。

针对原审被告人张文中、张伟春及其辩护人关于诈骗罪的辩解、辩护意见和最高人民检察院出庭检察员的意见，根据再审查明的事实、证据，综合评判如下：

（一）物美集团作为民营企业具有申报国债技改项目的资格，其以诚通公司下属企业名义申报，并未使负责审批的主管部门产生错误认识

1.相关政策性文件并未禁止民营企业参与申报国债技改贴息项目，且身为民营企业的物美集团于2002年申报国债技改项目，符合国家当时的国债技改贴息政策。原判认定物美集团作为民营企业不属于国债技改贴息资金支持范围，所依据的是原国家经贸委、原国家发展计划委、财政部、中国人民银行于1999年制定的《国家重点技术改造项目管理办法》《国家重点技术

改造项目国债专项资金管理办法》等政策性文件,但上述文件均未明确禁止民营企业申报国家重点技改项目以获得国债技改贴息资金支持。2001年12月,我国正式加入了世界贸易组织,由于国有企业三年改革与脱困目标基本实现,国家调整了国债技改项目的投向和重点,在规定的范围、专题内,进一步明确了对各种所有制企业实行同等待遇,同时将物流配送中心建设、连锁企业信息化建设列入了国债贴息项目予以重点支持。原国家经贸委投资与规划司于2002年2月27日下发的《关于组织申报2002年国债技术改造项目的通知》附件《2002年国债技术改造分行业投资重点》,国务院办公厅于2002年9月27日转发的原国务院体改办、原国家经贸委《关于促进连锁经营发展的若干意见》,以及原国家经贸委于2002年10月16日印发执行的《"十五"商品流通行业结构调整规划纲要》等,对此均有明确规定。2002年物美集团申报国债技改项目时,国家对民营企业的政策已发生变化,国债技改贴息政策已有所调整,物美集团所申报的物流项目和信息化项目属于国债技改贴息资金重点支持的项目范围。物美集团作为国内大型流通企业,积极申报以获取国债技改贴息资金对其物流和信息化建设的支持,符合当时国家经济发展形势和产业政策的要求。

2. 有证据证实,民营企业当时具有申报国债技改贴息项目的资格。(1)一审期间,辩护人提交的中国新闻网2001年11月16日报道《中国国债技改贴息将对各所有制一视同仁》载明,时任原国家经贸委负责人公开表示,从2002年起,改革国债技改贴息办法,对各种所有制企业均实行同等待遇。(2)证人门某证实,2002年国家没有禁止国债技改贴息资金支持民营流通企业的规定,当时的第七、八、九批国家重点技术改造国债贴息项目中,确实有民营企业得到支持并拿到贴息。(3)辩护人提交的《2003年第二批国债专项资金国家重点技术改造项目投资计划表》和相关企业工商注册登记材料证实,在与物美集团同时获批的企业中,还有数家民营企业获得了国债技改贴息资金。(4)再审期间,证人甘某出具的《关于2002年国债技术改造项目相关情况的说明》证实,从2001年开始,部分民营企业进入国债技改贴息计划;证人黄某1出庭作证称,第八批国债技改贴息对企业的所有制性质没有限制性要求。上述证据足以证实2002年民营企业具有申报国债技改贴息项目的资格。

3.物美集团通过诚通公司以真实企业名称申报国债技改项目,没有隐瞒其民营企业性质,也未使负责审批的主管部门产生错误认识。(1)经查,根据财政部《关于同意中国诚通控股公司财务关系单列的通知》及附件《中国诚通控股公司所属成员单位名单》,物美集团确实不是诚通公司在财政部立户的所属成员单位,但物美集团以诚通公司下属企业名义申报国债技改贴息项目,获得了诚通公司同意,且物美集团在申报材料企业基本情况表中填报的是"北京物美综合超市有限公司"(后经原国家经贸委投资与规划司审批同意,项目承担单位调整为物美集团),其以企业真实名称申报,并未隐瞒。(2)证人黄某1的证言及原国内贸易部《关于确定全国第一批连锁经营定点联系企业的函》证实,物美集团是原国内贸易部及原国家经贸委贸易市场局的定点联系企业;证人李某2证实,在物美集团申报过程中,其听过张文中、张伟春等人的汇报,并考察了物美的超市和物流基地,参与了审批,经审查认为符合国债项目安排原则。可见,作为审批部门的原国家经贸委对物美集团的企业性质是清楚的。张文中、张伟春将物美集团以诚通公司下属企业名义申报国债技改项目,并未使原国家经贸委负责审批工作的相关人员对其企业性质产生错误认识。

(二)物美集团申报的物流项目和信息化项目并非虚构

1.物流项目并非虚构,项目获批后未按计划实施及未能贷款系客观原因所致,且已异地实施。(1)物流项目本身并非虚构。2002年4月18日,物美集团在申报之后,与北京市通州区政府签署的《合作协议书》证实,物美集团积极参与通州区物流产业园区的建设,通州区政府将提供政策和资源支持,协助物美集团在通州建立大型现代化的物流中心;2002年9月,清华大学环境影响评价室出具的《北京市环保局建设项目环境影响评价报告表》证实,该室受物美集团委托,对其在通州区物流产业园区的物流项目进行了环境评估。可见,物美集团申报的物流项目并非虚构。(2)物流项目未能获得贷款和未按计划实施有其客观原因,且已异地实施。证人王某1、吴某1、于某1、李某5、许某、张某2、袁某、王某2等人的证言证实:物美集团在北京市通州区的物流项目起初因"非典"推迟,后来在土地出让方式方面,通州区物流产业园区要求购买,而物美集团原计划是租赁土地,因投资成本太高,双方未能达成一致。后物美集团在北京市百子湾等地建了物流中心。证人于某1在侦查阶段还证实,因无法提供用地及开工手续,在北京市通州区的物流项目不能取得银行贷款,后按要求办理异地实施项目的变更手续,但因故最终未能落实。可见,物美集团所申报的物流项目没能按计划在原址实施,未能申请到贷款,系因"非典"疫情及通州区物流产业园区土地由租改卖等客观原因造成。(3)物美集团报送的物流项目《可行性研究报告》虽有不实之处,但不足以否定该项目的可行性和真实性。物流项目《可行性研究报告》、北京市通州区规划局出具的规划意见书及证明等书证,证人张某1、于某2、孟某、李某6、张某2、刘某2、张某4等人的证言,以及原审被告人张伟春的供述等证据证实:物美集团在联系编制物流项目《可行性研究报告》过程中,副总裁张某1等人到物流项目所在地北京市通州区物流产业园区考察并要求出具相关土地证明,通州区规划局出具了盖有该局规划管理专用章的规划意见书,同意物美集团在通州区物流产业园区规划建设商业项目,物美集团在规划意见书后附加了拟建项目地理位置图、平面布置图,而非规范的土地地形图。上述规划意见书和附图虽不规范、不具有法定效力,但不能据此否定整个项目的可行性和真实性。

2. 原判认定物美集团申报虚假信息化项目,依据不足。(1)物美集团申报的信息化项目主要内容包括:通过改造各业态店铺和总部计算机硬件以及对其软件系统升级改造,建立快速适应市场变化的经营组织及管理模式和运作方式,实施和完善网络支撑系统、现代物流系统、供需链管理系统、电子商务应用系统及经营决策支持系统等。经查,物美集团日常经营中在这些方面已有大量的资金投入。原判因物美集团将以信息化项目名义申请获得的贷款用于公司日常经营,即得出信息化项目完全没有实施的结论,依据不足。(2)物美集团虽然采用签订虚假合同等手段申请信息化项目贷款,但并不能据此认定信息化项目是虚假的。国家发放国债技改贴息的目的在于支持企业的技术改造项目,而物美集团申报的项目经相关部门审核属于政策支持范围。根据申报流程,物美集团申请银行贷款时,其国债技改贴息项目的申报已经获得审批通过。物美集团在此后采用签订虚假合同等手段申请信息化项目贷款,虽然违规,但并非是为骗取贴息资金而实施的诈骗行为,也不能据此得出信息化项目是虚构的结论。

(三)物美集团违规使用3 190万元国债技改贴息资金不属于诈骗行为

物美集团在获得3 190万元国债技改贴息资金后,将该款用于偿还公司其他贷款,但在财务账目上一直将其列为"应付人民政府款项",并未采用欺骗手段予以隐瞒、侵吞,且物美集团具有随时归还该笔资金的能力。因此,物美集团的行为虽然违反了《国家重点技术改造项目国债专项资金管理办法》中关于国债专项资金应专款专用的规定,属于违规行为,但不应认定为非法占有贴息资金的诈骗行为。

综上,原审被告人张文中、张伟春及其辩护人所提物美集团作为民营企业有资格申报2002年国债技改贴息项目,张文中、张伟春没有实施骗取国债技改贴息资金行为,没有诈骗故意,不构成诈骗罪的辩解和辩护意见成立;最高人民检察院出庭检察员所提张文中、张伟春的行为不构成诈骗罪的意见成立,本院予以采纳。

二、关于单位行贿罪

2002年,原审被告人张文中获悉国旅总社欲转让所持有的5 000万股泰康公司股份,即通过国旅总社总经理办公室主任赵某(另案处理)向国旅总社负责人明确表达了原审被告单位物美集团收购该股份的意向。张文中请赵某提供帮助,并表示事成后不会亏待赵。物美集团与国旅总社经多次谈判就收购股份达成一致。2002年6月26日,物美集团以其关联公司和康友联公司的名义与国旅总社签订了股权转让协议。根据张文中的安排,2003年1月至2004年2月间,张某1通过物美集团的关联公司卡斯特经济评价中心以报销费用的方式分三次向赵某支付了30万元。

2002年,粤财公司为缓解经营困难,决定转让所持有的5 000万股泰康公司股份。泰康公司董事长陈某1将这一信息告知原审被告人张文中并建议其收购,张文中表示同意。为促成股权转让,陈某1向粤财公司总经理梁某提出,股权转让后给梁500万元好处费,并向张文中提出此要求,张文中表示接受。梁某的校友李某3(广州市华艺广告有限公司和广州市华艺文化有限公司董事长)应陈某1、张文中要求,为帮助原审被告单位物美集团收购股份,也找梁某做工作。之后,物美集团提出以每股1.35元的价格受让粤财公司持有的泰康公司股份,梁某没有同意。经梁某提议,粤财公司按规定委托广州产权交易所挂牌转让,挂牌价为每股1.45元。在无人摘牌的情况下,粤财公司与物美集团经多次谈判,最终以每股1.4元的价格达成一致。2003年3月20日,物美集团以其关联公司华美公司的名义与粤财公司签订了股权转让协议。数月后,李某3在梁某不知情的情况下,通过陈某1向张文中索要500万元。张文中应陈某1的要求,安排张某1将500万元汇至李某3的公司账户。梁某事后得知,明确表示与其无关,并拒绝接受该笔款项,该款一直被李某3的公司占有。

上述事实,有一审及再审开庭审理中经质证确认的物美集团出具的情况说明、物美集团关联公司关系图表、国旅总社会议纪要、国旅总社营业执照、国旅总社关于干部任免事项的通知、粤财公司会议纪要、关于转让泰康股份函、关于接受转让泰康股份的函、股权转让协议、中国保险监督管理委员会批复、泰康公司章程、粤财公司及其投资股东的营业执照、转账支票、进账单、记账凭证、发票等书证,证人赵某、梁某、陈某1、李某3、张某1、王某1、张某5、许某、李某7、王某3、孙某、黄某2、田某2、潘某、刘某3、刘某4、韩某、蔡某、李某8、张某6等人的证言,司法会计鉴定意见以及原审被告人张文中的供述等证据证实。

针对原审被告人张文中及其辩护人、原审被告单位物美集团诉讼代表人关于单位行贿罪的辩解、辩护意见和最高人民检察院出庭检察员的意见,根据再审查明的事实、证据,综合评判如下:

(一)物美集团实施了给予赵某30万元和向李某3公司支付500万元的行为

原审被告人及其辩护人、原审被告单位诉讼代表人提出,给予赵某30万元和李某3公司500万元并非物美集团支付,经查与事实不符。

1. 和康友联公司、华美公司、卡斯特经济评价中心、敬业和康中心等均为物美集团的关联公司,由物美集团直接控制。司法会计鉴定意见、物美集团关联公司关系图表、物美集团出具的情况说明,证人张某1、王某1、许某、张某5等人的证言,以及原审被告人张文中的供述等证据证实:张文中在物美集团注册资本中的投资比例为61.78%,且为和康友联公司、华美公司、卡斯特经济评价中心、敬业和康中心等企业的控股股东;物美集团与上述关联公司的资金由财务部在集团内部统一调度;这些关联公司的财务、记账工作均由物美集团财务人员负责兼职管理,并受物美集团主管财务的副总裁张某1直接领导。

2. 以关联公司名义收购股权的行为由物美集团董事会决定,费用由物美集团筹措,股权收购费等费用的支付均由张某1根据原审被告人张文中的安排,亲自或指派集团的财务人员操办。物美集团出具的情况说明、泰康公司章程、转账支票、记账凭证等书证,证人陈某1、张某1、赵某、李某7、梁某、韩某等人的证言,以及张文中的供述等证据证实:国旅总社、粤财公司转让所持泰康公司股权时,是物美集团与国旅总社、粤财公司进行谈判并达成收购意向。因物美集团已持有一定比例泰康公司股份,为不违反泰康公司章程关于单一股东持股不允许超过10%的规定,物美集团董事会遂决定以其关联公司和康友联公司、华美公司的名义分别与国旅总社、粤财公司签订股权转让协议;收购款由物美集团内部调度给和康友联公司、华美公司支付。物美集团给予赵某的30万元和向李某3公司支付的500万元,分别由物美集团关联公司卡斯特经济评价中心、敬业和康中心支付,其中的500万元系物美集团转至敬业和康中心。

(二)物美集团支付给赵某30万元好处费的行为,依法不构成单位行贿罪

在案的转账支票、赵某报销会议费及装修材料费的发票等书证,证人赵某、张某1、陈某1、孙某、黄某2、田某2、潘某、刘某3、刘某4等人的证言及原审被告人张文中在侦查阶段的供述等证据相互印证,足以证实物美集团支付给赵某的30万元系好处费而非劳务报酬。张文中的辩护人再审期间向法庭提交新证据,用以证明赵某自2003年4月至2008年作为泰康公司监事、董事为物美集团的关联公司和康友联公司、华美公司提供了劳务。经查,物美集团给付赵某30万元的时间与赵某担任泰康公司监事、董事提供劳务的时间并不相符,二者之间缺乏关联性。

根据刑法第三百九十三条规定,单位为谋取不正当利益而行贿,或者违

反国家规定,给予国家工作人员以回扣、手续费,情节严重的,构成单位行贿罪。物美集团给予赵某30万元好处费,属于违反国家规定,在经济活动中账外给予国家工作人员手续费的情形。但根据国旅总社转让所持泰康公司股权情况、会议纪要、股权转让分析报告、股权转让协议等书证,证人赵某、李某7等人的证言以及原审被告人张文中的供述等证据,本起事实具有以下情节:(1)国旅总社为缓解资金紧张意欲转让所持泰康公司股份,经泰康公司董事长陈某1沟通联系,物美集团决定收购并与国旅总社多次谈判后就股权转让达成一致,其间没有第三方参与股权收购,不存在排斥其他买家、取得竞争优势的情形,双方的交易没有违背公平原则。(2)在没有第三方参与、双方自愿达成收购意向的情况下,物美集团承诺给予好处费并非为谋取不正当利益。(3)国旅总社将其所持泰康公司股份转让给物美集团以及具体的转让价格等,均系国旅总社党政领导班子联席会议多次讨论研究决定,双方最终成交价格也在国旅总社预先确定的价格范围内,物美集团没有获得不正当利益,国旅总社的利益亦未受到损害。(4)赵某作为国旅总社总经理办公室主任,其在股权交易过程中仅起到沟通联络作用,没有为物美集团谋取不正当利益。综合考虑上述情况,可以认定物美集团的行为尚不属于情节严重,依法不构成单位行贿罪。

(三)物美集团向李某3公司支付500万元的行为,依法不构成单位行贿罪

1. 在粤财公司意欲转让股份的情况下,陈某1向梁某提出由物美集团收购,并让张文中给梁500万元好处费,后又向张文中提出该要求。因此,股权转让前,给梁某好处费系陈某1提出,张文中只是被动接受了陈某1的要求。

2. 在案证据证实,梁某并没有同意物美集团提出的受让价格,且提议按高于该价格挂牌转让;物美集团与粤财公司最终的股权交易价格,是在粤财公司挂牌转让未果的情况下,经多次谈判而确定的,且高于物美集团提出的受让价格。因此,梁某在股权转让过程中没有为物美集团提供帮助,物美集团也没有因此获取任何不正当利益。

3. 在案证据证实,签订股权转让协议后,物美集团并没有向梁某支付500万元好处费,梁某也未提及此事。直至数月后,在梁某并不知情的情况

下,李某3通过陈某1向张文中索要该500万元,张文中才安排张某1将款汇至李某3公司的账户。梁某事后得知,明确表示与其无关,并拒绝接受该笔款项。该款一直被李某3的公司占有。因此,股权转让后,物美集团支付500万元系被李某3索要,并没有为谋取不正当利益而行贿的主观故意。

综上,原审被告人张文中及其辩护人、原审被告单位物美集团诉讼代表人所提30万元系给赵某的劳务报酬、物美集团不是收购股份及支付款项主体的辩解及辩护意见,与再审查明的事实不符,本院不予采纳。最高人民检察院出庭检察员所提30万元系物美集团给予赵某的好处费,物美集团是收购泰康公司股份主体的意见成立,本院予以采纳。检辩双方所提物美集团、张文中的行为不构成单位行贿罪的意见成立,本院予以采纳。

三、关于挪用资金罪

1997年3月,原审被告人张文中与泰康公司董事长陈某1、中期公司董事长田某1商定,用泰康公司的4 000万元资金申购新股谋利。同年3月27日,泰康公司的4 000万元资金转至物美集团关联公司卡斯特投资咨询中心在国泰证券公司北京方庄营业部开设的股票账户,张某1根据张文中的安排具体负责申购新股。为规避风险,泰康公司计财部与卡斯特投资咨询中心签订了委托投资国债协议及抵押合同。同年7月,因中国人民银行检查,张文中、陈某1与田某1商定,再从泰康公司转出5 000万元至中期公司所兼管的河南国投公司。河南国投公司将4 000万元转至卡斯特投资咨询中心账户,用于向泰康公司归还前次4 000万元款项。同年8月19日,卡斯特投资咨询中心归还了泰康公司4 000万元。同年9月3日、9日,卡斯特投资咨询中心和河南国投公司又分两次共归还泰康公司5 000万元。

上述事实,有一审及再审开庭审理中经质证确认的委托投资国债协议、抵押合同、转账支票、汇票、进账单、记账凭证、资金往来发票等书证,证人陈某1、田某1、张某1、李某4、吴某2、任某、师某等人的证言,以及原审被告人张文中的供述等证据证实。

针对原审被告人张文中及其辩护人关于挪用资金罪的辩解、辩护意见和最高人民检察院出庭检察员的意见,根据再审查明的事实、证据,综合评判如下：

原判认定张文中伙同他人共谋挪用泰康公司4 000万元资金申购新股谋利，后又用5 000万元过账还款予以掩盖的事实清楚，证据确实。但认定张文中伙同陈某1、田某1挪用泰康公司资金归个人使用、为个人谋利的事实不清、证据不足。

（一）在案书证显示，涉案资金均系在单位之间流转，反映的是单位之间的资金往来，无充分证据证实归个人使用

1. 相关转账支票、进账单、存取款凭单、记账凭证、资金往来发票等书证证实：涉案4 000万元资金于1997年3月27日由泰康公司划转至卡斯特投资咨询中心在北京证券交易中心开设的账户，后转至国泰证券公司北京方庄营业部卡斯特投资咨询中心股票交易账户。同年8月19日，涉案4 000万元资金又由国泰证券公司北京方庄营业部卡斯特投资咨询中心股票交易账户，通过北京证券登记有限公司、卡斯特投资咨询中心转回泰康公司。涉案资金始终在单位之间的账上流转。

2. 在案的委托投资国债协议、抵押合同，也系泰康公司与卡斯特投资咨询中心两个单位之间签订，客观上成为泰康公司将4 000万元借给卡斯特投资咨询中心的凭据。中国人民银行对泰康公司进行检查，发现该笔4 000万元资金违规后，要求泰康公司尽快终止合同。泰康公司经总裁室研究决定，向卡斯特投资咨询中心出具了《关于终止委托国债投资协议致卡斯特投资咨询中心的函》，该行为亦是单位之间的行为。

3. 为掩盖4 000万元资金的违规行为，泰康公司又转出5 000万元资金，经河南国投公司过账，用以归还先前挪用的4 000万元。该笔资金仍是在单位之间流转。

（二）无充分证据证实挪用资金为个人谋利

1. 原审被告人张文中及证人陈某1、田某1虽在侦查阶段承认，挪用资金申购新股的盈利由三人按比例分配，但张文中在审查起诉阶段、陈某1在一审阶段均推翻原供证，称申购新股是为了各自公司的利益，并非为个人谋利。供证前后不一。

2. 原判认定张文中等人挪用泰康公司的4 000万元资金申购新股共盈

利1 000余万元与在案书证不符。国泰证券公司北京方庄营业部客户存取款凭单显示，卡斯特投资咨询中心于1997年8月19日支取第一笔4 000万元时，余额为9 335元，同年9月3日支取第二笔4 000万元时，余额为423万余元。由于缺乏卡斯特投资咨询中心股票账户交易记录等证据，上述余额是否为申购新股所得盈利不清，且即便是盈利，也与原判认定的盈利数额存在较大出入。

3. 因无卡斯特投资咨询中心股票账户交易记录等证据在案，该账户上的具体交易情况及资金流向均不清楚，无证据证实张文中等人占有了申购新股所得盈利。

综上，原审被告人张文中及其辩护人所提张文中的行为不属于挪用资金归个人使用，不构成挪用资金罪的辩解和辩护意见成立，本院予以采纳。最高人民检察院出庭检察员所提张文中从泰康公司挪用4 000万元炒股为个人谋利构成挪用资金罪，但已过追诉期限的意见不能成立，本院不予采纳。

本院认为，物美集团在申报国债技改贴息项目时，国债技改贴息政策已有所调整，民营企业具有申报资格，且物美集团所申报的物流项目和信息化项目均属于国债技改贴息重点支持对象，符合国家当时的经济发展形势和产业政策。原审被告人张文中、张伟春在物美集团申报项目过程中，虽然存在违规行为，但未实施虚构事实、隐瞒真相以骗取国债技改贴息资金的诈骗行为，并无非法占有3 190万元国债技改贴息资金的主观故意，不符合诈骗罪的构成要件。故原判认定张文中、张伟春的行为构成诈骗罪，属于认定事实和适用法律错误，应当依法予以纠正。原审被告单位物美集团在收购国旅总社所持泰康公司股份后，给予赵某30万元好处费的行为，并非为了谋取不正当利益，亦不属于情节严重，不符合单位行贿罪的构成要件；物美集团在收购粤财公司所持泰康公司股份后，向李某3公司支付500万元系被索要，且不具有为谋取不正当利益而行贿的主观故意，亦不符合单位行贿罪的构成要件，故物美集团的行为不构成单位行贿罪，张文中作为物美集团直接负责的主管人员，对其亦不应以单位行贿罪追究刑事责任。原判认定物美集团及张文中的行为构成单位行贿罪，属于认定事实和适用法律错误，应当依法予以纠正。张文中与陈某1、田某1共谋，并利用陈某1职务上的便利，将陈某1所在泰康公司4 000万元资金转至卡斯特投资咨询中心股票交易账户进行营利活动的事实清楚，证据确实。但原判认定张文中挪用资金归个人使用、为个人谋利的事实不清、证据不足。故原判认定张文中的行为构成挪用资金罪，属于认定事实和适用法律错误，应当依法予以纠正。

综上，原审被告人张文中、张伟春及其辩护人，原审被告单位物美集团诉讼代表人，最高人民检察院出庭检察员关于改判张文中、张伟春和物美集团无罪的意见成立，本院均予以采纳。依照《中华人民共和国刑事诉讼法》第二百四十五条第一款、第二百二十五条第一款第（二）、（三）项及《最高人民法院关于适用〈中华人民共和国刑事诉讼法〉的解释》第三百八十九条第一款第（三）、（四）项、第二款和第四百四十五条的规定，经本院审判委员会讨论决定，判决如下：

一、撤销河北省高级人民法院（2008）冀刑二终字第89号刑事判决和河北省衡水市中级人民法院（2008）衡刑初字第22号刑事判决。

二、原审被告人张文中无罪。

三、原审被告人张伟春无罪。

四、原审被告单位物美控股集团有限公司无罪。

五、原审判决已执行的罚金及追缴的财产，依法予以返还。

本判决为终审判决。

审判长　孙华璞

审判员　管应时

审判员　齐　素

审判员　董朝阳

审判员　周　庆

二〇一八年五月三十日

法官助理　邓　亮

法官助理　孙自中

书记员　修俊妍

书记员　刘牧骅

相关法律规定

《中华人民共和国刑事诉讼法》

第二百二十五条 第二审人民法院对不服第一审判决的上诉、抗诉案件,经过审理后,应当按照下列情形分别处理:

(一)原判决认定事实和适用法律正确、量刑适当的,应当裁定驳回上诉或者抗诉,维持原判;

(二)原判决认定事实没有错误,但适用法律有错误,或者量刑不当的,应当改判;

(三)原判决事实不清楚或者证据不足的,可以在查清事实后改判;也可以裁定撤销原判,发回原审人民法院重新审判。

原审人民法院对于依照前款第三项规定发回重新审判的案件作出判决后,被告人提出上诉或者人民检察院提出抗诉的,第二审人民法院应当依法作出判决或者裁定,不得再发回原审人民法院重新审判。

第二百四十五条 人民法院按照审判监督程序重新审判的案件,由原审人民法院审理的,应当另行组成合议庭进行。如果原来是第一审案件,应当依照第一审程序进行审判,所作的判决、裁定,可以上诉、抗诉;如果原来是第二审案件,或者是上级人民法院提审的案件,应当依照第二审程序进行审判,所作的判决、裁定,是终审的判决、裁定。

人民法院开庭审理的再审案件,同级人民检察院应当派员出席法庭。

《最高人民法院关于适用〈中华人民共和国刑事诉讼法〉的解释》

第三百八十九条 再审案件经过重新审理后,应当按照下列情形分别处理:

(一)原判决、裁定认定事实和适用法律正确、量刑适当的,应当裁定驳回申诉或者抗诉,维持原判决、裁定;

(二)原判决、裁定定罪准确、量刑适当,但在认定事实、适用法律等方面有瑕疵的,应当裁定纠正并维持原判决、裁定;

(三)原判决、裁定认定事实没有错误,但适用法律错误,或者量刑不当的,应当撤销原判决、裁定,依法改判;

(四)依照第二审程序审理的案件,原判决、裁定事实不清或者证据不足的,可以在查清事实后改判,也可以裁定撤销原判,发回原审人民法院重新审判。

原判决、裁定事实不清或者证据不足,经审理事实已经查清的,应当根据查清的事实依法裁判;事实仍无法查清,证据不足,不能认定被告人有罪的,应当撤销原判决、裁定,判决宣告被告人无罪。

第四百四十五条 财产刑全部或者部分被撤销的,已经执行的财产应当全部或者部分返还被执行人;无法返还的,应当依法赔偿。

裁判文书选登 柔柯耶姆·麦麦提故意杀人案

中华人民共和国最高人民法院

刑事判决书

(2018)最高法刑核36871335号

被告人柔柯耶姆·麦麦提,女,维吾尔族,1981年9月13日出生于新疆维吾尔自治区沙雅县。2015年4月2日被逮捕。现在押。

新疆维吾尔自治区阿克苏地区中级人民法院审理新疆维吾尔自治区人民检察院阿克苏分院指控被告人柔柯耶姆·麦麦提犯故意杀人罪一案,于2015年12月3日以(2015)阿中刑初字第286号刑事判决,认定被告人柔柯耶姆·麦麦提犯故意杀人罪,判处死刑,剥夺政治权利终身。宣判后,在法定期限内没有上诉、抗诉。新疆维吾尔自治区高级人民法院经依法复核,于2018年1月16日以(2017)新刑核67719162号刑事裁定,同意原判,并依法报请本院核准。本院依法组成合议庭,对本案进行了复核,依法讯问了被告人。审查了最高人民检察院的意见。现已复核终结。

经复核确认:被告人柔柯耶姆·麦麦提和买买提·克比尔(另案处理,已判刑)于2000年10月结婚,生育4名女儿。2014年10月,买买提·克比尔以念“塔拉克”(维吾尔语译音,意为口头休妻)的方式强迫柔柯耶姆·麦麦提离婚,并将其驱赶回娘家居住。两个月后,买买提·克比尔叫柔柯耶姆·麦麦提回家居住,随后又逼其离婚并要其独自抚养2名女儿。2015年3月5日,买买提·克比尔因涉嫌犯重婚罪被刑事拘留,柔柯耶姆·麦麦提方才得知丈夫已与他人非法结婚并同居,深感绝望,遂生自杀之念,因担心自己死后无人照顾4名女儿,决意带女儿们一并离开人世。同年3月6日0时许,柔柯耶姆·麦麦提在其位于新疆维吾尔自治区沙雅县沙雅镇某某村某某组某某号的家中,待其女儿被害人穆甲(殁年12岁)、穆乙(殁年8岁)、穆丙(殁年7岁)、穆丁(殁年1岁)入睡后,从室内扣住房门,给火炉添加煤粉等燃料助燃,将一条背带裤塞进烟囱堵住烟道,然后在女儿们身旁躺下。次日14时许,柔柯耶姆·麦麦提的亲属发现异常,破门而入,发现4名女孩已死亡,柔柯耶姆·麦麦提被送医院获救。经鉴定,4名女孩均因一氧化碳中毒缺氧窒息死亡。

上述事实,有原审开庭审理中经质证确认的从案发现场的火炉烟囱里提取的背带裤等物证;被告人柔柯耶姆·麦麦提与另案被告人买买提·克比尔的结婚证,买买提·克比尔犯重婚罪的刑事判决书,柔柯耶姆·麦麦提被送医院抢救的住院病历等书证;载明4名被害人均系一氧化碳中毒缺氧窒息死亡的尸体鉴定意见及理化鉴定意见,从背带裤上检出穆丁的基因分型的DNA鉴定意见;证人吾古拉木·艾克然木、艾买提·克比尔、玛热也木·托合提等的证言;买买提·克比尔的供述等证据证实。柔柯耶姆·麦麦提亦供认。足以认定。

本院认为,被告人柔柯耶姆·麦麦提在实施自杀行为时,故意非法剥夺他人生命的行为,已构成故意杀人罪。柔柯耶姆·麦麦提致4名无辜未成年人死亡,犯罪后果特别严重,论罪应当判处死刑。但鉴于本案起因系被告人柔柯耶姆·麦麦提的丈夫重婚犯罪并利用宗教方式迫使被告人离婚引发,柔柯耶姆·麦麦提系其丈夫重婚犯罪行为和宗教极端行为的受害者。其因心生绝望,意图自杀,怜悯自己的未成年女儿无人照顾,遂在实施自杀行为时同时杀害4名女儿。其犯罪动机并非特别恶劣,且认罪态度好,有悔罪表现,尚不属罪行极其严重必须适用死刑立即执行的犯罪分子。原审判决及新疆维吾尔自治区高级人民法院复核审裁定认定的犯罪事实清楚,证据确实、充分。审判程序合法。但量刑不当,依法应予纠正。本院经审判委员会刑事审判专业委员会议讨论决定,依照《中华人民共和国刑事诉讼法》第二百四十六条、第二百五十条以及《中华人民共和国刑法》第二百三十二条、第四十八条第一款、第五十七条第一款的规定,判决如下:

一、不核准新疆维吾尔自治区高级人民法院(2017)新刑核67719162号同意原审以故意杀人罪判处被告人柔柯耶姆·麦麦提死刑,剥夺政治权利终身的刑事裁定。

二、撤销新疆维吾尔自治区高级人民法院(2017)新刑核67719162号刑事裁定和阿克苏地区中级人民法院(2015)阿中刑初字第286号刑事判决中的量刑部分。

三、被告人柔柯耶姆·麦麦提犯故意杀人罪,判处死刑,缓期二年执行,剥夺政治权利终身。

本判决自宣告之日起发生法律效力。

审判长　冉　容
审判员　艾尼瓦尔·司马义
审判员　郝立珠
二〇一八年十二月十九日
书记员　刘　旭

REFERENCE TO CRIMINAL TRIAL

CONTENTS

【GUIDING CASES】

征稿启事

《刑事审判参考》是最高人民法院刑事审判第一、二、三、四、五庭共同主办、法律出版社出版、面向国内外公开发行的刑事司法业务指导和研究性出版物。

为能够以最前沿的视野、最权威的高度和最贴近刑事司法实践的方式编辑本书,欢迎各位同仁向本书以下栏目提供稿件:

1. 指导案例。在认定事实、采信证据和适用法律、司法解释定罪量刑方面具有研究价值和指导意义的典型、疑难案件,并附一审、二审裁判文书。

2. 理论前沿。对刑事司法的前沿理论问题进行深入研讨的论文。

3. 域外司法。评介域外的刑事立法及司法制度、实务问题和典型案件的文章。

4. 经验交流。地方司法机关制定的刑事司法规范性文件及其背景说明,地方人民法院院领导在刑事审判工作会议上的讲话,等等。

5. 实务探讨。对某一类刑事实务问题提出的解决方案。

6. 裁判文书。具有较强说理性、充分体现法官裁判思维和判案智慧的优秀裁判文书。

7. 编辑部答疑。读者在刑事司法实践中遇到的法律适用方面的疑难、复杂问题。

8. 疑案争鸣。针对刊登的疑难案例争议问题进行分析、发表观点,等等。

稿件应有问题意识,观点明确,语言平实,不晦涩。

来稿请注明作者的联系方式(包括地址、邮编和电话)。来稿一经采用,将按著作权的规定支付报酬。

来稿可向以下任何一位执行编辑投递:

北京市东城区北花市大街 9 号最高人民法院刑一庭　赵俊甫

zhaojunfu81@ 163. com

北京市东城区北花市大街 9 号最高人民法院刑二庭　段　凰

cankaodh@ 163. com

北京市东城区北花市大街 9 号最高人民法院刑三庭　周　川

xingsanting@ sohu. com

北京市东城区北花市大街 9 号最高人民法院刑四庭　陆建红

Lu_Lu_jianhong@ 126. com

北京市东城区北花市大街 9 号最高人民法院刑五庭　方文军

fwjzgf@ sina. com

邮编:100062

特别提示:为避免各庭之间采稿重复,来稿不可同时投递。

最高人民法院刑事审判第一、二、三、四、五庭